中国农村金融创新研究系列论丛

创新和完善农村金融服务
支持体系研究

巩云华　著

中国金融出版社

责任编辑：孔德蕴
责任校对：张志文
责任印制：张　莉

图书在版编目（CIP）数据

创新和完善农村金融服务支持体系研究（Chuangxin he Wanshan Nongcun
Jinrong Fuwu Zhichi Tixi Yanjiu）/巩云华著 . —北京：中国金融出版社，
2009. 11
　　（中国农村金融创新研究系列论著）
　　ISBN 978 - 7 - 5049 - 5280 - 6

　　Ⅰ. 创…　Ⅱ. 巩…　Ⅲ. 农村金融—商业服务—研究—中国　Ⅳ.
F832. 35

中国版本图书馆 CIP 数据核字（2009）第 181679 号

出版　**中国金融出版社**
发行

社址　北京市丰台区益泽路 2 号
市场开发部　（010）63272190，66070804（传真）
网 上 书 店　http://www.chinafph.com
　　　　　　（010）63286832，63365686（传真）
读者服务部　（010）66070833，82672183
邮编　100071
经销　新华书店
印刷　北京松源印刷有限公司
装订　东兴装订厂
尺寸　170 毫米×228 毫米
印张　14.25
字数　253 千
版次　2009 年 11 月第 1 版
印次　2009 年 11 月第 1 次印刷
定价　30.00 元
ISBN 978 - 7 - 5049 - 5280 - 6/F. 4840
如出现印装错误本社负责调换　联系电话（010）63263947

总　序

　　"中国农村金融创新研究系列论著"是结合当前我国农村金融改革多年来的实践而写的。本套丛书是基于北京市属高等学校的"学术创新团队"项目——"农村金融与保险组织制度创新研究"的系列研究成果，将该系列研究成果汇集出版，有利于推动我国农村金融的深入研究。

　　进入21世纪以来，解决好我国"三农"问题已成为推动经济、社会发展，改善民生，构建和谐社会的重要举措。人们也越来越认识到了农村金融在缓解农村贫困、促进农村经济发展、保持社会稳定方面的巨大作用。本套丛书的写作正是基于近年来农村金融的发展、丰富的实践对理论研究提出的挑战。

　　近年来，我国农村金融取得了长足的发展，但是，制约我国农村金融业发展的因素仍然存在，主要问题集中于农村金融服务体系的薄弱，以及以投融资为核心的贷款难、担保难、抵押难等方面。本套丛书对这些问题进行的研究和探讨，旨在对农村金融的改革和发展提出创新思路，其中包括：探讨农村金融生存发展的途径、方法和措施；分析农村金融的内涵、特征、地位与作用；处理好农村金融的制度与国家对农村金融的政策，以及农村金融与其生存环境等方面的关系；对农村金融经营发展现状进行剖析并提出相应的对策和建议等。可以说，这套具有创新思路的丛书是北京市属高校的专家学者们对金融领域深入研究的一套力作，具有鲜明的特色。

　　本套丛书提出的农村金融发展的基本思路与分析框架的主要内容可以概括为以下几点：

　　第一，确立了本套丛书的定位。本套丛书是在把握经济发展和现实条件下，以科学发展观为指导，运用系统分析和动态分析的方法，研究农村金融及其相关因素的发展变化规律，构建农村金融的政策运作方式与体系，以促进农村金融的高效、有序、稳定和健康发展。

　　第二，论述了农村金融发展的客观现实基础。在现代经济中，信用关系的普及、债权债务关系的相互依存、农村金融发展的趋势与要求对整个国家经济发展具有重要作用，因此，农村金融的问题显得尤为突出。

第三，分析了农村金融发展及其与金融监管的关系。本套丛书论述了经济运行中的资源配置和与之相联系的博弈、竞争、进化和发展等，为解决农村金融活动中遇到的问题，并进行动态分析提供了一整套综合的、行之有效的方法、内容和思想框架。

整体来看，我认同作者的见解，即现阶段，我国农村金融发展应当坚持三个统一：一是数量发展和质量发展的统一，二是宏观效率与微观效率的统一，三是农村金融动态效率与静态效率、短期与长远发展的统一。本套丛书深入地论述了农村金融发展的层次和内容，如农村金融内部发展，包括农村金融组织、农村金融市场、农村金融制度的发展，农村金融与经济的发展，农村金融与社会的发展。在宏观方面包括总量发展、结构发展、区域发展、内外发展、利用国家政策及农村金融机构间的发展；在微观方面包括农村金融机构资产与负债发展、资产结构发展、成本—效益与风险的关系等。其研究的重点是在分析农村金融构成要素、运行机制的基础上，解决农村金融的产权结构发展、资金配置发展等问题，以使农村金融与经济社会环境制度相适应、农村金融宏观效率与微观效率相兼顾，从而形成比较完整的农村金融研究体系。

"中国农村金融创新研究系列论著"不仅在理论上具有指导意义，而且在实践上对农村金融的规范、发展及实施相关政策、措施等具有指导价值。

我期盼农村金融业的建设和发展能成为具有中国特色的社会主义社会的重要组成部分。我相信农村金融事业的建设和发展一定能为具有中国特色的农业现代化、农村城市化、新农村建设作出应有的贡献。

曾康霖

零八年四月二日于成都

目　　录

第1章

绪 论

1.1 问题的提出与研究目的

综观我国经济发展历程，在多年的工业化道路中，农村不仅为经济发展提供了大量的农业剩余、低成本的劳动力及其他资源，而且为工业化体系的建立提供了巨额的资金来源，农业在为经济体制转轨和经济可持续发展作出历史性贡献的同时，也制约了自身的发展。改革开放以来，随着我国整体经济发展水平的提高，城乡差距进一步拉大，农业、农村、农民问题成为我国经济社会发展的主要制约因素之一，"三农"问题已成为我国经济社会发展的主要矛盾之一。改革开放30多年来，我国经济在转轨过程中，经历了一个快速发展的时期，积累起的国民财富能够对发展相对滞后的农业部门和农村地区进行一定程度的"反哺"。这种"工业反哺农业、城市支持农村"一方面是制度变迁中必要的补偿，另一方面对于解决城乡矛盾，缩小贫富差距，促进城乡一体化，实现国民经济又好又快发展具有极为重要的战略意义。因此，十六届五中全会明确提出建设社会主义新农村的奋斗目标，随后又推出了《关于推进社会主义新农村建设的若干意见》等一系列重大举措。

由于农业具有显著的弱势性和一定程度的公共品属性，无论是在发达国家还是在发展中国家，都普遍依托金融平台推动农业产业发展，而这又必须以建立完善的农村金融体系为前提和保障。农村金融体系是在一定制度背景下，由农村金融交易主体、金融工具、金融市场和农村金融调控与金融监管多方面相互联系而形成的有机整体。从世界各国农村金融体系的发展状况看，相对于城市金融体系而言，农村金融体系有其自身的特殊性，农村金融体系更多承担的是对农业支持性的职能，市场化、多元化、社会化、规范化程度比较低，很难靠市场化自发地建立和完善，需要在政府主导下建立和完善，因此，建立和完善农村金融服务支持体系研究是世界各国普遍关注的课题。

我国农村金融体系的构建问题从建国初期就已经提出，但1978年前由于我国实行的是计划经济，金融体系在整个国家经济体系中所发挥的作用十分有限，农村经济发展对金融的需求不强，因而，农村金融体系的构建非常缓慢。改革开放以来，由于中国经济转型事实上是从农村最先开始的，农村金融服务需求迅速膨胀，农村金融体系的演进开始加速。特别是改革开放30多年来，农村金融体系从单一的国家银行系统逐渐演化为目前以农业银行、农业发展银行和农村信用社组成的主导型正规金融与民间非正规金融并存的格局，中国农村金融体系的构建和演进基本上走的是"机构路径"的演进模式。

近年来，我国在推进农村金融改革和发展方面做了很多工作，包括加快农村信用社改革步伐、推进农业银行转轨改制、调整农业发展银行业务范围与服务功能、启动邮政储蓄改革、探索小额农贷组织试点等，但相对农村金融服务需求而言，现阶段农村金融服务体系还很不健全，表现为金融服务供给不足、主体单一、外部环境不理想，农村金融仍然是整个金融体系中最薄弱的环节。突出表现为：随着商业性金融机构在农村业务的收缩，农村金融机构网点少、产品和服务单一，"三农"贷款难问题更加突出；农村金融服务主体单一，农村信用社垄断地位业已基本形成，这极大限制了农村金融市场的有效竞争，不利于资金使用效率的提高，同时也不利于农村信用社自身的体制改革与业务创新；由于相应的法律法规不健全，农村民间金融在为农村经济发展作出巨大贡献的同时，也累积了大量的风险，不利于农村金融的可持续发展。针对这种现状，农村金融服务支持体系的建立和完善成为亟待解决的问题，建立和完善农村金融服务支持体系成为解决"三农"问题的关键所在。

近年来，相关学者和管理者在这方面做了很多研究和探讨，也取得了一定的研究成果，但总体上看，有关我国农村金融体系构建和完善的许多问题研究还很不到位。例如：第一，以往的研究更多的侧重微观层面，很少把农村金融体系构建和完善作为一个系统工程，从内部构建到外部环境建设来研究。第二，案例研究相对较少，更多的侧重于理论层面，可借鉴性相对不足。第三，对政府在创新和完善农村金融体系中如何发挥主导作用，应该着重做哪些方面的工作研究不够，这也是造成农村金融服务支持体系建设至今仍不能尽如人意的主要原因之一。另外对民间金融尤其是农村民营中小金融机构的研究也不多；对政策性金融如何在农村金融服务中发挥主导作用以及对合作金融如何创新服务等研究都不够。因此，创新和完善农村金融服务支持体系研究非常必要。

正是在上述背景下笔者尝试了创新和完善农村金融服务支持体系研究，并且这项研究也得到了教育部"十一五"规划项目的资助。笔者期望在充分借鉴已有研究成果的基础上，在有关创新和完善农村金融服务支持体系的理论方面有进一步的探索，同时，又能提出一些切实可行的对策建议。

1.2 框架结构与主题阐释

本论著从框架结构上看由三部分组成，分别为绪论、正文和结论，共 11 章。

第 1 章，绪论。主要介绍本书选题的背景、意义、框架结构、主题、研究方法及每章的主要内容。

第 2 章，创新和完善农村金融服务支持体系的理论基础。本章主要阐述创新和完善农村金融服务支持体系相关的理论基础，根据相关的理论从深层意义上认识和理解新农村建设中金融支持的本质、地位和作用。具体而言，主要参照和借鉴了农村金融制度理论、产权理论和公共产品理论。

第 3 章，农村金融体系的发展现状和问题。本章主要界定了农村金融服务支持体系的内涵，分析了目前中国农村金融体系的架构和创新与完善农村金融服务支持体系的必要性、紧迫性，在此基础上对农村金融发展道路从宏观和微观层面上进行了反思，指出了创新和完善农村金融服务支持体系应吸取的经验教训。

第 4 章，农村金融服务支持体系的国际比较和经验借鉴。第一，本章比较分析了美国、日本、法国、印度农村商业和政策信贷体系状况，总结了相应的经验。第二，比较了美国、日本、印度的农村保险体系状况，总结了其发展经验。第三，小额信贷的国际经验借鉴。分析了孟加拉的乡村银行模式和印度尼西亚的人民银行村行系统模式，总结了相应的可借鉴的经验教训。上述分析比较对创新和完善中国农村金融服务支持体系很有必要。

第 5 章，农村金融服务支持体系构建的原则与环境。本章在充分阐释金融体系含义的基础上，提出了农村金融服务支持体系六要素定义的观点。在上述观点的基础上分析了中国农村金融服务体系的特征，提出了在新的背景下创新和完善中国农村金融服务支持体系的目标和原则。

第 6 章，中国农村金融服务的政策性支持体系。第一，论述了农村政策性金融的含义、目标及其理论支撑，提出了政策性金融应该在现阶段农村金融服务支持体系中发挥主导性，农村金融支持体系从某种程度上说实质是政策性金融占主导地位的金融体系的观点。第二，阐释了农村政策性金融的功能定位，论述了农村政策性金融的主要类型及其功能定位的国际比较，以及农村政策性金融功能定位的理论支撑。在此基础上提出了中国农村政策性金融的功能定位和农村政策性金融体系的基本架构。

第7章，中国农村金融服务的合作支持体系。第一，论述了农村合作金融的含义和目标。第二，提出了中国农村合作金融的功能定位。第三，分析了现阶段农村合作金融的障碍和问题。第四，提出了农村合作金融支持体系的目标、原则和基本架构。

第8章，中国农村金融服务的商业性支持体系。第一，论述了农村商业性金融的含义和目标。第二，分析了现阶段中国农村商业性金融的障碍和存在的主要问题。第三，提出了中国农村商业性金融的功能定位、基本架构和构建时应遵循的基本原则。

第9章，中国农村金融服务的民间支持体系。第一，论述了农村民间金融的含义和目标。第二，提出了中国农村民间金融的功能定位。第三，分析了现阶段农村民间金融的发展状况和发展中存在的问题。第四，提出了农村民间金融支持体系的基本架构、发展路径和制度安排。

第10章，京郊农村金融环境调查分析。为完成创新和完善农村金融服务支持体系研究，选定京郊农村作为中国农村发展状况的一个典型样本，试图在分析此样本的基础上，对创新和完善农村金融服务支持体系提出一些基于现实的构想和有更多实用价值的建议。本章首先主要调查分析了京郊农户贷款状况，发现即使在京郊这样金融服务相对较好的地区，信贷供需矛盾仍然十分突出。然后，从实证的角度分析了京郊农村贷款难的根本原因。在上述分析基础上提出了解决农户信贷问题的总思路和对策建议。

第11章，结论。对本书的主要观点进行了系统归纳，对创新和完善农村金融支持体系研究的成果进行总结。

1.3　研究方法

1. 实证分析与规范分析相结合。本书对农村政策性金融存在的问题进行了实证分析。在实证分析基础上，主要运用规范研究的方法，提炼出规范性的命题——我国农村政策性金融改革发展的思路，并引申出相应的观点，即尽可能为实现某种目标提出行之有效的行动方针和政策建议。

2. 典型分析与比较归纳分析相结合。通过对京郊农村金融环境以及农村金融体系构建和运行比较好的发达国家的分析比较，提炼总结值得借鉴的经验，提出创新和完善中国农村金融服务支持体系的对策建议。

3. 宏观分析与微观分析相结合。坚持宏观分析与微观分析有机结合，既在宏观层面分析我国农村金融体系架构、金融制度建设、金融监管等问题，又在微观层面分析商业性金融、政策性金融、民间金融、合作金融子体系建设以及体系内农业银行、农业发展银行、农村信用社等微观金融中介机构的产权制度、经营机制、业务创新等问题，从而提出具有可操作性的对策建议。

4. 逻辑方法与历史方法相结合。采用了历史考察和现实逻辑相结合的方法，对农村金融的产生、发展历史、运行特征和发展趋势进行了综合分析，引申出满足新农村建设发展战略的金融制度安排的起点，从而提出创新和完善农村金融服务支持体系的合理模式与具体路径。

5. 定性分析与定量分析相结合。在对我国农村金融体系演变路径、金融供求状况及金融供给抑制生成的原因、金融资源配置及效率、金融机构治理与运行等方面进行定性分析，同时运用统计数据、图表等量化工具，增强定性分析结果的可靠性。

正所谓学术研究贵在"创新"，也难在"创新"。针对创新和完善农村金融服务支持体系研究这样一个大题目，笔者的研究非常有限，不敢轻言"创新"。本书的价值在于：借鉴国内外已有研究成果，在充分分析发达国家和发展中国家比较成功的农村金融服务支持体系的基础上，从农村金融服务支持体系的理论基础，到农村金融支持体系各个子系统的构建目标、原则、路径，对创新和完善我国农村金融服务支持体系进行了系统性的研究，并提出了具体的对策建议。

第 2 章

创新和完善农村金融服务支持
体系的理论基础

2.1 农村金融的制度理论

依照制度经济学的观点，我国农村金融服务体系实际上是一种农村金融制度的安排，这一点可以从制度的含义来说明。在新制度经济学家中，舒尔茨 1968年为制度下的定义得到了人们普遍的认可和接受："我将制度定义为一种行为规则，这些规则涉及社会、政治及经济行为。例如，它们包括管束结婚与离婚的规则，支配政治权利的配置与使用的宪法中所包含的规则，以及确立由市场资本主义或政府来分配资源与收入的规则。"① 可见，中国在农村制定的一系列分配金融资源，进而影响农民收入的规则就构成了我国农村现阶段的金融制度，其载体就是我国农村金融服务体系。经过 30 多年的农村金融体制改革，迄今为止我国已形成了包括商业性金融机构、政策性金融机构、合作金融机构和外国在华金融机构等以正规金融机构为主、非正规金融机构为辅的农村金融服务体系。

制度经济学家们很重视制度在经济发展中的作用。例如，科斯证明了由于交易费用的存在，制度安排对资源配置和经济表现是相关的，认为解决市场失败的关键在于制度安排，"没有适当的制度，任何有意义的市场经济都是不可能的"②。诺斯进而认为有效率的制度安排是经济增长的关键，他指出"西方世界兴起的原因就在于发展一种有效率的经济组织。有效率的经济组织需要建立制度化的设施，并确立财产所有权，把个人的经济努力不断引向一种社会性的活动，

---

① 舒尔茨：《制度与人的经济价值的不断提高》，载《财产权利与制度变迁——产权学派与新制度经济学译文集》，253 页，上海，上海三联书店，1994。

② R. Coase, The Institutional of Production, American Economic Review, September , 1992.

使个人的收益率不断接近社会收益率"。从建国以来的实践来看，国家在农村建立的金融体系对于提高粮食产量解决人民温饱、减少贫困人口、提高农民收入和发展农村经济等问题上确实起到了关键的支持性作用。但是按照辩证唯物主义和历史唯物主义的观点，金融制度只属于生产关系层面，它虽然可以促进生产力的发展，可归根结底受生产力发展水平的制约。虽然制度经济学家的制度观有些绝对化，但他们指出制度对经济的促进作用无疑是正确的。当前的农村金融服务体系已经成为解决"三农"问题的"瓶颈"，我们必须立足"三农"的具体情况来创新和完善农村金融服务体系，才能更好地推动农村生产力的发展。

创新和完善意味着农村金融要经历一次制度变迁。实际上，制度变迁和制度创新是一个问题的两个方面。所谓制度创新是指社会规范体系的选择、创造、新建和优化的通称，包括制度的调整、完善、改革和更替。而制度创新的过程就是制度变迁，它是一个演进的过程，包括制度的替代、转换和交易。① 在这里我们要弄清楚谁是这次制度创新的主体。借鉴熊彼特的企业家创新理论，诺斯认为，制度变迁有个人、团体和政府三个层次的变迁主体，这三个层次的变迁主体都是追求最大利润的企业家。建国后实行的高度集中的计划经济体制决定了农村金融制度从开始建立时政府就处于绝对的领导地位，而个人和团体的作用就相对弱化了。从中国农村金融创新发展的过程看，无论是农业银行的几起几落，政策性金融、合作金融的建立，还是农村合作基金会的短暂存在，都属于政府行为，可以说政府主导了历次农村金融制度的变迁，是典型的强制性变迁。而从另一个角度，诺斯把制度变迁的主体区分为初级行动团体和次级行动团体。简单地说，初级行动团体是制度变迁的创新者、策划者、推动者，而次级行动团体是制度变迁的具体实施者。从这方面我们同样可以得出政府在农村金融创新中处于强势主体地位，因为只要政府需要，就可以调整农村的金融制度，在这里政府是典型的初级行动团体。可见，从不同的角度都可以印证政府是我国农村金融制度变迁的主体。

那么，政府为什么要对农村金融制度进行创新，创新的效果如何，有无改进的方法，这些都是值得探讨的问题。

新制度经济学是以现代微观经济学的框架来研究制度变迁的，特别从制度变迁主体的行为动机或追求来解释制度变迁的原因。该学派认为，制度变迁的主体都是效用最大化者，他们参与制度变迁都是为了使自己的利益最大化。因此，从经济学的角度，只有当一项制度安排对创新主体带来的潜在收益大于其实施成本

---

① 国彦兵：《新制度经济学》，上海，立信会计出版社，2006。

时，一项制度才能被创新。就我国农村金融制度的创新来看，政府作为主要推动者，其从制度变迁中获得的收益是远大于成本的。因为就政府对制度的安排而言，没有提供可以推出的选择权，自上而下的决议并不需要一致的同意就可以贯彻下去，对政府而言，制度创新的成本是很低的，而且其成本也不是由政府自身完全承担的。建国以来，农村金融虽几经变迁，但总体来说是政府一直运用强制手段，实行"以农补工"的政策，从农村大规模动员和转移金融资源来实现工业化，农村、农民、农业承担了历次金融变迁的大量成本。张杰（2003）认为，从传统的农业社会来看，社会剩余资源全部来自于农业，这也就是说国家的经济资源来源于农业剩余。

虽然政府对农村金融制度的强制性变迁使得国家多年来保持经济高速增长，但也产生了一些问题。首先，经济持续高增长是以农村、农民和农业的落后为代价的，并且这种城乡二元结构发展至今不仅没有改变，反而有强化的趋势，也成为制约中国经济健康发展，社会和谐稳定的最大障碍。其次，政府的行政命令虽然降低了制度变迁的成本，但忽视方方面面的意见，难免会使创新的效果大打折扣。例如，政府曾经一方面赋予农业银行商业银行的地位，另一方面把政策性金融业务划给农行，使得营利性目标与扶贫性目标冲突，降低了农行对于农村经济发展的作用。又比如，农业合作基金会的成立和消亡完全取决于政府的态度，政府的"朝令夕改"产生了一些消极影响，降低了政府在农民中的公信度，对于农村合作金融的改革是不利的。

应该说这些问题的产生是有深刻根源的。从制度的需求和供给角度看，我国农村金融制度供求不均衡，主要是供给不足。这表现为两个方面：

一、农村金融总量有限，资金外流严重，但近几年这种显现有所改善

我国农村金融的主要供应者是中国农业银行、中国农业发展银行和农村信用合作社。其需求主体是农户和农村企业两大类。几年来，工行、建行、农行等大银行纷纷从农村地区撤出：作为农字号的农业银行，近年来，在内部机构改革不断深入的过程中，考虑自身的生存及利益，机构进行了较大幅度的整合，并纷纷退出农村金融市场。在经济欠发达地区，农行网点从最高峰时的近4万个撤并到如今的2.8万个。截至目前，仅少数地方在乡镇还保留了工行、建行、农行的营业所，其余网点全部并入县城，这使农村金融服务的重任落到了农村信用社肩上。与此同时，农村信用社自身也在进行内部改革，在利益的驱动下，对偏远或较小乡镇的金融网点进行了整合。这样一来，农村地区的银行网点数量就大大减少，许多农村地区甚至是金融服务的空白，农民存款难、办贷难的问题已开始显现，极大地影响了金融对"三农"的支持力度。而农业发展银行，其创立的初

衷是向农村提供政策性金融的服务，但由于其运作机制不完善，加上资金来源渠道单一，不良贷款率高，很难实现资金的自我良性循环，业务呈现萎缩的趋势。当然这种现象随着近年来国家支农政策力度的加大，在逐渐得到改善，说明政策支农效果开始显现。

为评价农村信贷状况及政策支农效果，笔者考察了 1994—2006 年农村存款、贷款总额及存贷差（存款总额与贷款总额的差额），如图 2－1 所示。从图中可见：

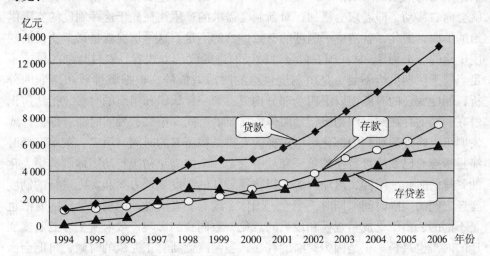

数据来源：《中国统计年鉴》（1994—2007）。

图 2－1 1994—2006 年农村资金存贷差

1. 1997 年前，农村存贷差非常小，几乎可以忽略，说明没有更多的外来资金进入农业体系，金融对农业的支持力度可以忽略。

2. 1997 年后，农村存贷差逐渐拉大，尽管存贷总额都呈现上升趋势，但贷款总额上升的速度在 2001 年后明显加快，说明近年来国家的"三农"政策正逐渐改善着农村信贷环境，政策支农效果从金融领域正在显现。

二、农村金融组织机构僵化，金融产品单一，金融服务功能不到位

长期以来，向农户提供金融服务的主体一直都以国有金融机构为主，非正规金融机构却处于抑制状态。农户小额度、多层次、多元化的资金需求对于正规金融来说成本太高，很难得到满足。例如，大部分农村金融机构仍采取传统贷款方式（抵押、质押和保证担保方式）发放贷款，使很多中下层农户得不到金融服务。还有，农户的金融需求由于农业生产的特点而表现出期限长、周转慢、风险

高的特点，对于一次性投资的畜牧业、农副产品而言，更是如此。对此，金融机构为防范风险，要么抬高贷款门槛，要么只提供短期流动性贷款，这种供给的作用是可想而知的。

从理论上如何解释这些现象呢？制度经济学认为，制度供给不足指的是制度的供给不能满足人们对新制度的需求，从而导致制度真空的存在或低效制度的不能被替代。制度供给不足可以分为短期供给不足和长期供给不足两种情况。短期供给不足的情况是当要素和产品的相对价格等因素发生变化后，制度的需求曲线就会向右移动，即需求会增加，对新制度需求的产生往往先于这种制度的实际供给的形成，因此，就造成了制度的有效供给的不足。这种情况就是诺斯所说的制度供给的"时滞"。从我国农村金融循序渐进的改革方式看，农村金融的供给不足当属于短期供给不足，是由制度供给的时滞造成的，根据戴维斯和诺斯的分析，制度变迁的时滞由以下四个部分构成：第一，认识和组织的时滞，指从辨识潜在利润的存在到组织初级行动团体所需要的时间。第二，发明时滞，即设计或发明可以将外部利润内部化可供选择的安排结构所需的时间。第三，菜单选择时滞是指搜寻已知的可替换的单子和从中选定一个能满足初级行动团体利润最大化的安排的时间。第四，启动时滞，指选择最佳的制度变迁方案和实际进行的制度变迁之间的间隔时间。同时，个人、团体、政府三者所发动的制度变迁的时滞也是不同的，由于受成员规模和成员间意见一致同意的影响，政府所主导的制度变迁的时滞也最长。正是因为时滞的存在，当制度创新真正完成的时候，可能会由于制度环境的改变而使制度需求发生变化，而此时的制度供给往往不适应需求，其效率必然受影响。对于我国集中的计划体制而言，认识和组织的时滞更为漫长，由此造成了农村金融制度的供给严重滞后于农村金融需求。因此，政府在主导农村金融制度创新时，应从国家和农村经济的长远健康发展出发，使新的农村金融体系有一定的超前性和兼容性，才能更好地服务"三农"。但是，如果我国农村金融的供给不足长期得不到有效解决，那么短期供给不足就会演化为长期供给不足。长期供给不足是指制度的供给长期不能满足社会对新制度的需求从而导致制度的真空或低效制度的不能被替代。这主要有以下几个原因：第一，外部性和"搭便车"问题使供给的积极性减弱，必然会导致长期供给的不足。第二，政府主导的强制性变迁也存在失灵的时候，在这种情况下，制度供给的长期不足就有可能发生。第三，在压制创新体制中，政府处于垄断地位，对于制度需求者来说，只能接受政府提供的一种制度，其有效需求很难被满足。因此，农村金融制度的创新要考虑从产权机制入手使外部性内部化，来扩大公共产品的供给；由政府主导的强制性变迁向市场机制发挥主导作用的诱致性变迁过渡；政府要营造一个鼓励创新的政治经济环境。

　　从历史和逻辑的角度看，我国现行农村金融制度的问题乃至将来金融制度的发展还与"路径依赖"有关。路径依赖是新制度经济学特有的名词，它指一个具有正反馈机制的体系，一旦在外部偶然性事件的影响下被系统所采纳，便会沿着一定的路径发展演进，而很难为其他潜在的甚至更优的体系所取代。与传统经济学不同，路径依赖特别强调初始条件，甚至是偶发的、微小的历史事件也会成为影响和决定系统最终将走上哪一条发展路径的重要因素。路径依赖原理告诉我们"历史是至关重要的"，"人们过去作出的选择决定了他们可能的选择"。[①] 初始的制度选择即便是偶然的，但由于其带来"报酬递增"，结果强化了这一制度的刺激和惯性。建国后的很长一段时间里，经济基础薄弱、高度集中的计划体制、优先发展工业的政策、农村金融机构的产权不清、城乡二元的经济结构在很大程度上制约了以后农村金融制度的发展。因此，我国农村金融的问题有很深刻的历史根源，不是一朝一夕能彻底解决的，需要按部就班，循序渐进。

　　在此基础上，诺斯进而把路径分为两种：一条是成功的路径，沿着既有的路径，经济和政治制度的变迁可能进入良性循环的轨道并迅速优化，称为诺斯路径依赖1。另一条是持续失败的路径，即可能顺着原来的错误路径往下滑，称为诺斯路径依赖2。通过研究成功路径的特点，可以优化我国农村金融制度变迁的路径，以便更好地解决问题，使其处于良性循环之中。成功路径的特点是：增加了资本流动性，减少了信息成本，分散了风险，有一个稳定的政府并致力于规范的市场秩序和法律制度的建设。其中几点对于我国农村金融体系的创新和完善具有借鉴意义：比如，我们应不断加强对"三农"的资金投入，通过制度创新来解决信息不对称和高风险的问题，积极培育健康的金融生态环境等。

　　正规金融在农村供给的不足可以说既有历史原因，又有现实原因。其历史原因与上述的路径依赖有关，以国有为主的正规金融机构与国有企业同属国家所有，在产权不清的情况下，关系更是密切；加上地方政府的行政干预，正规金融在信贷方向上对国有企业必然有所倾斜，而对非公有经济部门存在着一定的政策歧视。在现实中，信息不对称带来的逆向选择和道德风险问题使正规金融不断收缩在农村的市场。不对称信息理论是信息经济学的核心概念之一，是指在日常经济活动中，由于某些参与人拥有另一些参与人不拥有的信息，由此造成的不对称信息下交易关系和契约安排的经济理论。从时间角度来看，事前不对称容易产生逆向选择，而事后不对称容易产生道德风险。阿克洛夫（Akerlof）发表于 1970

---

① 诺斯：《制度、制度变迁与经济依赖》，1～2 页，上海，上海三联书店，1994。

年的旧车市场模型开创了逆向选择理论的先河。在旧车市场上，买卖双方对车子质量信息的不对称，卖者知道车的真实质量，买者不知道，只愿意根据平均质量支付价格，这时质量高的车就会退出市场，只有质量低的车进入市场，于是逆向选择便出现了。道德风险是指经济代理人在使其自身效用最大化的同时，损害了委托人或其他代理人的行为。这反映在农村金融市场上，一方面，由于正规金融对农村中小企业和农户信息的缺乏，为了防范风险，只能设立很多苛刻条件来抬高服务门槛；另一方面，那些贷款积极性高的农户都是违约风险高的，极易造成不良贷款，使得正规金融面临巨大的信用风险，不符合其稳健经营的原则，正规金融机构不得不转向风险低、利润高的领域，如城市或发达地区的农村。

可以说信息不对称问题是正规金融机构在农村发展的一个硬伤。信息经济学表明通过设计一个良好的信息激励机制可以在某种程度上协调好委托人和代理人的利益。委托人设计激励机制的目标是：（1）针对因代理人隐蔽信息而面临不利选择的地位，激励的目标是如何使代理人"自觉地"显示他们的私人信息或真实偏好，即所谓的"如何让人说真话"。（2）针对因代理人的隐蔽行动而可能面临的风险问题，激励的目标是如何使代理人"自觉、自动地"尽最大努力工作，诱使代理人不采取道德风险行动，即所谓的"如何让人不偷懒"。其实"让人说真话"和"让人不偷懒"的原理在于：在"经济人"的前提下，如果说真话与说假话的成本相等，多数人会选择说真话；若说假话的成本大于说真话的成本，那么几乎没人说假话；同样，如果偷懒的成本很高，大多数人就不偷懒。依据这一原理，作为委托人的正规金融机构可以在农户和农村中小企业中设立小组联保制度，提高代理人"说假话或偷懒"的成本，促使其积极、主动地依约履行，同时也有效降低了金融机构的监督成本；同时尽快建立农户和农村企业的诚信档案系统，依据诚信记录来"惩恶扬善"，对于信用良好的用户要扩大信贷额度或实行优惠利率，对于信用不良的用户可以通过"警告、罚款、上黑名单"等方法促使其改进。另外，由于小范围内信息的透明化程度高，所以大力发展中小规模金融机构，也可以缓解信息不对称问题。

与正规金融相比，非正规金融在信息不对称方面几乎没有问题。非正规金融（Informal Finance）是指在政府批准并进行监管的金融活动（即正规金融）之外所存在的游离于现行制度法规边缘的金融行为，有时也被贬称为"地下金融"或"草根金融"。从外延上主要包括个人之间、企业之间、企业和个人相互之间的借贷行为、合会、标会、各种基金会的融资、地下钱庄、抬会、银背等各种方式的金融行为。

非正规金融在中国农村一直处于受抑制、受歧视的状态，但实际上，非正规金融早已成为农村金融提供的主力军。如温铁军（1999）对东部、中部、西部15个省份的调查发现，民间借贷的发生率高达95%；何广文等（1999）的调查也发现农户贷款中来自民间借贷的比重高于75%。IFAD（2001）的研究报告也指出，中国农民来自非正规金融市场的贷款约为来自正规金融市场的4倍。非正规金融的存在和发展在理论上也得到国内外学者的支持。国外学者对民间金融产生的原因分析大致有两种：一种是民间金融是由于政策扭曲和金融抑制导致（McKinnon，1973；Taylor，1983；Fry，1995），进而提出民间金融不受管制比正规金融更有效率，因此提高正规金融效率的方法就是金融自由化；另一种就是即使实现金融自由化，民间金融在市场机制中同样有其存在优势（Adams，1992；Wai，1992），正规金融在农村需要支付高额的信息成本，民间金融可以利用其特有优势灵活、高效地处理。国内学者从不同的经济学角度对民间金融的产生原因作出了具体的解释，而刘少波（1999）作出了概括性总结，认为：所有制形式多元化孕育出一批新的资金需求主体，是民间信用产生的直接原因。自1978年改革开放以来，承包经营和乡镇企业的兴起，激发了农民生产、经营的积极性，对资金需求的大量增加必然会诱致资金的供给；国家对金融的垄断式控制及在金融资源配置中充当主角，是我国民间信用产生的根本原因。国家主导的强制性变迁使得国有金融机构垄断了农村金融的正式供给，这种缺乏竞争的供给是僵化和单一的，由此产生的金融抑制必然伴随着供给不足；农村资金的"离心"倾向加剧了农村资金的短缺状况，使农村地区民间信用比城市更为普遍，上文提到农村正规金融机构大规模撤出农村的行为更是扩大了资金供求的不平衡；民间的资金供给能力的增强及越来越明显的趋利性，为民间金融的生成和发展提供了可能性。正规金融机构的存款利率低并且征收利息税，农村非正规金融的利率要在很大程度上高于正规金融的政府管制利率，在这种高利率收益诱导下，使得追求风险收益的民间资金在很大比例上流向了非正规金融渠道。

与正规金融相比，非正规金融有其制度优越性：（1）非正规金融机构往往对一个固定的群体放贷，而且向其成员重复放贷，更了解借款人的信用和收益状况，从而克服了信息不对称带来的道德风险和逆向选择。经典的"囚徒困境"博弈可以解释这一点：由于借款者和贷款者之间因长期和多次交易而建立起的相互信任和合作关系，借款者的违约成本很高，从而有效地抑制了道德风险问题。（2）农村非正规金融借贷行为通常处于封闭的社区内部，依靠地缘、血缘、传统人际关系，加强了信息的传递，违规者会因遭到社区排斥和舆论谴责而付出高昂代价，社区的约束力很强，成员之间合约的履行率也就很高。（3）和正规金融中的关系贷款和人情贷款相比，农村非正规金融具有灵活方便自由、预算约束硬化、服务态度好等特征，因此其贷款回收率高。（4）农村非正规金融的利率通常由借贷双方自由决定，没有任何政府干预，因而更接近于内生性的市场化利率，是局部金融市场资本稀缺程度和资金价格的真实反映。（5）当出现违规行为时，非正规金融因游离于正规制度之外而不受有组织机制的惩罚，这就使得非正规金融逐渐内化，成为社会成员在正常情况下自发服从的、自我执行的约束规则，从而节约了社会成员之间的协调和监控成本。（6）非正规金融可以接受正规金融无法接受的非货币性的贷款抵押，如土地使用权抵押、劳动抵押、未收割的青苗抵押、活畜抵押等。（7）交易的互联性使信贷交易更容易建立，非正式放贷者与借贷者之间的信贷交易，往往可能是它们在土地、劳动或产出市场上的交易的关联交易，信贷交易的条件取决于在其他市场上的交易条件，信贷风险小。

当然，农村非正规金融也并非十全十美，其局限性主要表现为：（1）高利率加重了债务人的生产成本和经济负担，不利于农民尽快脱贫致富；（2）分流了正规金融机构吸收的存款，削弱了正规贷款的投放能力，在一定程度上冲减了央行货币政策的效应；（3）由于许多民间金融行为没有得到国家正式认可，缺乏法律和政策依据，容易滋生大量纠纷，甚至引发犯罪；（4）导致国家存款利息税和贷款利息营业税的流失；（5）由于其有效性局限于封闭的小区域内，随着民间金融规模和范围的不断扩大，一旦突破其可承载的容量，民间金融组织的血缘、地缘关系就会弱化，大大降低民间金融的效率；（6）缺少充裕的资金，很难提供全方位的金融服务。

近年来，中国农村非正规金融呈现出以下特点：由过去的隐蔽型转为目前的公开半公开型；虽然以本地区为主，但开始出现跨村、跨乡甚至跨省借贷；大额借贷比重不断增大，无息借款比重逐渐降低；借款用途由消费性贷款向生产经营性贷款转变，即用于加工业、运输业和养殖业等能短期见效的项目增加，而用于传统粮食种植和婚丧嫁娶之类的生活贷款呈现递减趋势；借贷手续逐渐规范，纠纷逐渐减少；过去以口头约定为主，符合农民文化水平比较低的现实，现在随着风险意识的加强，出现了以存单、债券、房地产等抵押的情况；农村民间金融组织化程度明显加强。

农村非正规金融的发展，也为农村正规金融的发展带来启示。第一，正规金融要积极研究非正规金融的操作办法和金融技术，并进行调整以适应自身的业务；第二，降低贷款的资产抵押率，建立与非公中小企业相适应的金融服务机制；第三，正规金融的较低利率和非正规金融相比，仍然具有竞争性，利率市场化可以使正规金融提高利率以弥补放贷成本；第四，农村非正规金融的发展将刺激农村正规金融经营者的进取精神，从而改善其服务质量和水准；第五，农村正规金融应不断发展和完善小额信贷业务，以巩固其客户群。

　　对于农村非正规金融，不能孤立地看，而要从整体上，特别是从与正规金融的关系上入手。新制度经济学把制度分为正式制度和非正式制度两种类型。正式制度又叫正式规则或硬制度，指的是某些人或组织自觉和有意识地制定的各项法律、法规、规则以及经济活动主体之间签订的正式契约。非正式制度是指对人的行为不成文的限制，是与正式制度相对的一个概念，通常被理解为在社会发展和历史演进过程中自发形成的、不依赖于人们主观意志的文化传统和行为习惯。应该说两者都是规范人们行为的规则，在本质上没有什么差别，它们是相互依存、相互补充的。任何正式制度要想正常有效地发挥作用，都离不开一定的非正式制度的辅助作用，同时任何正式制度安排都是有局限性的，只有通过各种非正式制度的补充，才能形成有效的社会约束体系。而同时非正式制度的约束是非强制性的，只有借助于一定的强制性的正式制度的支持，才能实现其约束力，特别是在涉及各方面的各种复杂的经济关系和社会问题上，离开了正式制度的强制作用，非正式制度是软弱无力的。因此，在我国农村，正规金融要发挥其主导和支柱作用，利用其庞大的资金、相对完善的经营机制促进农村基础设施建设和产业化经营；非正规金融要发挥辅助作用，利用其灵活有效的经营方式满足农户和农村中小企业的资金需求。两者形成既相互竞争又相互合作的关系，共同致力于中国新农村建设。

　　就农村非正规金融的具体安排来说，要实事求是，具体问题具体分析。首先，应使其合法化并鼓励民间金融的发展、壮大。而民间金融中的洗钱、资金和外汇的黑市交易、金融诈骗等行为，既不能适应市场经济发展的客观要求，又容易造成金融秩序的混乱，它们是现行制度法规所明确不容许的，应该坚决予以打击和取缔。其次，规模较大的民间金融组织，由于其涉及资金和区域较大，存在较大的金融风险，应改造为村镇银行或入股农村信用合作社，使其正规化；中小规模的民间金融组织，要在政府的引导下发挥积极作用，限制消极作用，稳定健康地发展。

2.2　农村金融的产权理论

　　下面用产权理论来研究农村合作金融的情况。

　　产权是制度经济学当中一个非常重要的核心概念，因为在制度当中一项非常重要的内容就是产权制度。现实生活的复杂性导致不同的经济学家从不同的经济层面、不同的角度去研究产权，得出了不一样的结论，是一个非常复杂的概念。比如，菲吕博顿和配杰威齐从内涵角度指出："产权制度是一系列用来确定每个人相对于稀缺资源使用时的地位的经济和社会关系。"① 而《牛津法律大辞典》从外延角度来定义产权："产权亦即财产所有权，是指存在于任何客体之中或之上的完全权利，它包括占有权、使用权、出借权、转让权、用尽权、消费权和其他与财产有关的权利。"② 又如，《大不列颠百科全书》从形成机制来定义产权，认为产权是政府所认可的或规定的个人与客体之间的关系。还有德姆塞茨从产权的功能和作用出发来定义产权："产权是一种社会工具，其重要性在于事实上它能帮助一个人形成与他人进行交易的合理预期。产权包括一个人或其他人收益或受损的权利。"③ 以上定义虽然各不相同，但是从不同视角的研究有助于我们对产权的全面理解。

产权所包含的内容是非常丰富的，但从最根本的关系上可以把这些内容分为四大类，即所有权、使用权、处置权和受益权。其中最重要的是处置权，因为只有当产权拥有者能随意处置某个财产时，才能真正说明这个财产是属于其所有者的，而只是在法律意义上拥有所有权，即便可以使用或获得收益，也不能表明拥有真正的产权。就我国农村信用社来说，名义上产权归社员所有，但其处置的权力一直掌握在政府和信用社领导层手中，最重要的权利得不到履行，表明其产权安排是有缺陷的。

产权有以下几个特性：第一，产权的排他性。西方国家产权制度的演变主要经历了三个阶段，即非排他性公有产权——排他性公有产权——排他性私有产权。排他性是所有者自主权的前提条件。所谓产权的排他性，是指决定谁在一个特定的方式下使用一种稀缺资源的权利。从这个意义上讲，农村信用社由于其小范围合作的特性，理应属于排他性公有产权，即信用社社员之间不具有排他性，但是一旦超出这个范围，农村信用社之间、信用社社员同其他非社员之间肯定具有排他性关系。因此，农村信用社应始终定位于服务"三农"，首先满足本社范围内"三农"的要求，这是由其共有产权的特性决定的；其次如果有条件可以发展商业性金融，不断壮大自身经济实力，以更好地服务"三农"，这是由其产权的排他性决定的。第二，产权的可分解性。这是指对特定财产的各项产权可以

---

① 菲吕博顿、配杰威齐：《产权与经济理论：近期文献的一个综述》，载《财产权利与制度变迁——产权学派与新制度经济学派译文集》，204 页，上海，上海三联书店，1994。

② 沃克：《牛津法律大辞典》，729 页，北京，光明日报出版社，1988。

③ 德姆塞茨：《关于产权的理论》，载《财产权利与制度变迁——产权学派与新制度经济学派译文集》，97~98 页，上海，上海三联书店，1994。

分属于不同主体的性质。这意味着产权能被"拆开"，一项资产的纯所有权能与其他各种具体用途上的权利相分离。首先，可以分解出狭义所有权、使用权、处置权和受益权；其次，使用、处置和受益的各项产权又可以分成不同的亚项，甚至这些亚项还可以分解，由不同的主体去行使。产权的这一特性使得农村信用社的所有权与经营权有可能分离，有助于建立规范的法人治理结构。因此，农村信用社要想向现代金融业转变，真正成为自主经营、自我约束、自我发展和自担风险的市场主体，必须完善法人治理结构，而这又必须建立在明晰产权的基础上，否则很难建立有效的法人治理结构。在当前农村信用社产权不顺的情况下急于完善法人治理结构，是很不现实的。第三，产权的可交易性。这意味着所有者有权按照双方共同决定的条件将其财产转让给他人。它既可以是包括四权的整体交易，也可以是其中的部分交易。产权交易过程实质上是资源流动和配置的过程，随着社会不断发展，产权主体的需求也会不断变化，必然会导致产权的交易。就农村信用社而言，产权的交易存在两个问题：从大的方面看，农村金融由政府主导，现在的信用社依然存在着政府的隐形担保，没有合理的退出机制，造成信用社对政府的依赖，难以发挥产权的激励与约束作用；从小的方面看，信用社普遍存在股金存款化，社员的产权主体意识不强，参与管理的积极性不高，造成产权上的所有者缺位。第四，产权的明晰性。这一特性是相对于产权"权利约束"的边界确定而言的，它与产权排他性是等价的命题。排他性的产权通常是明晰的，而非排他性的产权往往是模糊的。这里，值得注意的是，产权的明晰又是有条件的：一是产权的明晰需要费用，特别是对于我国农村信用合作社，由于历史和现实的原因，界定清楚它的产权需要高昂的费用，这也是政府一直到最近才下决心进行农村信用社产权改革的原因。二是产权的明晰需要一定的社会制度条件。在以往我国市场经济体制不完善和政府对经济干预过多的情况下，很难完成对农村信用社的彻底改造。进入 21 世纪，我国市场经济体制进一步完善，政府的宏观调控更加科学、合理，在当前"三农"问题突出的情况下，对农村信用社的改革可以说是恰逢其时。第五，产权的有限性。主要包括两方面的含义：一是指任何产权与别的产权之间，必须有清晰的界限；二是指任何产权必须有限度。反映在农村信用社的清产核资上，既要分清农村信用社和村集体的财产，减少基层政府对农村信用社过多的干预，又要分清不同社员的股金情况，应对社员重新登记，以确认资产所有权的归属，明确每个社员的权利和义务。同时对于历史上形成的呆账、坏账一方面要加大收回力度，另一方面对于实在难以回收的，国家尽快补贴，这样才能有助于农村信用社产权的彻底改革。

明晰产权的主要原因在于产权的功能。一是可以减少不确定性，降低交易费用。二是可以外部性内部化，由于产权具体规定了如何使人们受益，如何使之受损，以及调整人们的行为，各当事人的利益就通过明确的产权得到肯定和维护，产权主体行为的内在动力也就有了保证。三是激励与约束，可以从正反两方面来调节主体行为，从而达到利益最大化。四是资源配置，通过产权安排或产权结构直接形成资源配置状况或驱动资源配置状态来改变或影响对资源配置的调节。因此农村信用社的改革理应从产权入手，只有明晰产权，才能改变原来政社不分，导致外部人控制的局面；才能建立规范的法人治理结构，形成科学的管理体系；才能吸引更多的需求主体入社，不断发展壮大，更好地服务"三农"。

农村信用社的产权不清问题在历史上由来已久。1958—1962年，农民对农村信用社拥有的产权遭到剥夺，农村信用社先后为人民公社和生产大队控制，但法律上并没有规定农村信用社的产权归属集体，开始出现农村信用社产权不清问题。在1963—1977年，农村信用社成为国家银行在农村的基层银行机构，产权归国家控制。产权不清不仅没有得到解决，反而更为复杂。1978—1996年，控制农村信用社产权的主体很多，有代表国家力量的中国人民银行、国有的农行以及地方政府，并且地方政府的控制力量逐渐取得优势。由于农村信用社摊子大、包袱重，1996年农村信用社与农业银行脱钩后，如何进一步推进改革，经过了近8年的论证，以2000年江苏省农村信用社改革试点为起点，2003年终于下定决心改革，扩大到全国8个省（市），2004年则进一步扩展到全国除了西藏和海南之外的所有省市区的农村信用社改革试点。这次改革有两个重点：一是改革农村信用社管理体制，把农村信用社交给省级政府管理；二是产权制度改革模式的多元化和组织形式的多样性。

从近几年的情况看，深化改革试点工作取得了重要进展和阶段性成果，主要表现在以下几个方面：

1. 在管理体制上进行了积极探索，把农村信用社管理和风险责任转交省级政府。通过把农村信用社行业管理职责移交给省政府，调动了方方面面的积极性，初步明确了地方政府的管理责任，为农村信用社的改革创造了良好的环境。

2. 具体工作分阶段、有重点、按计划进行，根据各地区经济发展状况成立相应的农村金融机构。这主要表现在：在产权制度改革模式上，体现了因地制宜、区别对待、分类指导的原则，允许实行多元化和组织形式的多样性。各地农村信用社可以自主选择适宜自身发展状况、适应当地经济环境和监管需要的产权模式和组织形式，初步形成了三种产权模式（合作制、股份制、股份合作制）、四种组织形式（农村商业银行、农村合作银行、县农村信用社统一法人、县与乡镇农村信用社两级法人）。截至2005年末，全国共组建银行类机构72家，其中农村商业银行 12 家，农村合作银行 60 家，另有 9 家农村合作银行机构被批准筹建；组建以县（市）为单位统一法人机构 519 家。

3. 通过中央和地方政府的政策扶持以及自身的积极努力，在消化包袱、化解风险上取得了积极进展。中央政府对农村信用社采取了四项支持政策：（1）对亏损农村信用社因执行国家宏观政策开办保值储蓄而多支付保值贴补息给予补贴。具体办法是，由财政部核定 1994 年至 1997 年期间农村信用社实付保值贴补息数额，由国家财政分期予以拨补。（2）从 2003 年 1 月 1 日起至 2005 年底，对西部地区试点的农村信用社一律暂免征收企业所得税；对其他地区试点的农村信用社，一律按其应纳税额减半征收企业所得税；从 2003 年 1 月 1 日起，对试点地区所有农村信用社的营业税按 3% 的税率征收。（3）对试点地区农村信用社，可采取两种方式给予适当的资金支持以解决农村信用社不良资产问题。一是由人民银行按照 2002 年底实际资不抵债数额的 50%，安排专项再贷款。专项再贷款利率按金融机构准备金存款利率减半确定，期限根据试点地区的情况，可分为 3 年、5 年和 8 年。专项再贷款由省级政府统借统还。二是由人民银行发行专项中央银行票据，用于置换农村信用社的不良贷款，票据期限为 2 年，按适当利率分年付息。这些票据不能流通、转让和抵押，可有条件提前兑付。这两种方式由试点地区和农村信用社选择，极大地调动了地方政府制定配套扶持政策的积极性，也调动了农村信用社和民间参与农村信用社改革的积极性。（4）在民间借贷比较活跃的地方，实行灵活的利率政策。允许农村信用社贷款利率灵活浮动，贷款利率可在基准贷款利率的 1 倍至 2 倍范围内浮动。对农户小额信用贷款利率不上浮，个别风险较大的可小幅上浮（不超过 1.2 倍），对受灾地区的农户贷款，还可适当下浮。地方政府在维护农村信用社合法权益、创建金融生态环境、打击逃废债方面发挥了中央部门难以替代的作用。如自 2003 年以来，全国累计清收旧账约 2 700 多亿元，这在过去的管理体制下是难以做到的。[①] 同时，农村信用社也积极增资扩股，2005 年末股本金余额为 1 870 亿元，农村商业银行资本充足率为 8.8%，农村合作银行资本充足率为 12.9%，农村信用社资本充足率达到 8%（比 2002 年末提高了 16.5 个百分点）。这些综合措施使农村合作金融机构的历史包袱得到了一定程度的化解，整体风险状况有所改善。截至 2005 年末，全国农村合作金融机构不良贷款余额 3 255 亿元，比改革前的 2002 年末下降 1 892 亿元；不良贷款按以往同口径计算占比 14.8%，比 2002 年末下降

---

① 郭家万：《中国农村合作金融》，95～128 页，北京，中国金融出版社，2006。

22.1 个百分点。这些都说明了农村合作金融机构资产质量在改进。①

4. 通过增加支农信贷投放，改进服务方式，在支持"三农"发展上作出了积极贡献。截至 2005 年末，全国农村合作金融机构农业贷款余额 10 071 亿元，比 2002 年末增加 4 492 亿元，增长 80.5%，高于同期各项贷款余额平均增速 22.6 个百分点；农业贷款占各项贷款余额的比重为 45.8%，比 2002 年末提高 5.8 个百分点。其中农户贷款 7 983 亿元，支持了 7 000 多万农户，占有贷款需求农户（1.2 亿户）的 60%。②

农村信用社改革的积极成果，客观上使得农村信用社的社会地位和形象得到改善，地方政府对农村信用社的重视和支持程度得到增强，农村信用社系统干部职工的积极性得到提高。但是，也应该清醒地认识到长期困扰农村合作金融发展的风险、体制、机制和队伍建设等深层次矛盾和问题还未能从根本上得到解决。在这里，我们重点研究产权改革上出现的问题及其解决办法。通常讲产权改革，主要包括明晰产权、资产重组、建立与之相应的法人治理结构等内容。本轮农村信用社的产权改革有两大任务：一是明晰产权；二是在此基础上建立委托—代理机制，形成完善的法人治理结构。可以说，农村信用社的产权改革在这两方面做得还不够彻底，力度有待加强。这主要表现在：

1. 复杂的产权结构和历史问题导致产权明晰的过程异常缓慢和艰难。从资产上看，农村信用社资产可以分为社员的股金（占 20%）和归集体成员所有的公积金（占 80%），形成了复合的产权结构。公积金由历年积累而成，其形成因素十分复杂：既有国家政策扶持，又有中央银行和国家银行的支持；既有在职职工的劳动积累，还有几代职工的劳动积累。因此要想完全弄清产权的归属还是很困难的，从而形成这部分产权的模糊。

2. 增资扩股基础上还未形成有效的法人治理结构。由于农村信用社产权的极度模糊，一方面，农村信用社无法以其法人财产承担民事责任，这突出表现为许多已经严重资不抵债的农村信用社无法正常关闭；另一方面，我国农村信用社的法人治理结构缺乏权力制衡机制，理事会、监事会、社主任未能做到三权分立，社主任权力过于集中，"三会"的作用未能落到实处。比如，张元红 (2005) 对重庆农村信用社改革调研也认为，农村信用社治理结构方面没有根本

---

① 来源于唐双宁在全国合作金融监管暨改革工作会议上的讲话，2006 年 2 月 20 日。
② 同上。

变化，所谓的"三会"仍有可能流于形式。[1] 农村信用社增资扩股后，股权结构不尽合理。占大多数的中西部农村信用社由于工商企业偏少，增资扩股主要靠农民和农村信用社职工，由此导致股本金结构呈现"三多三少"的特点：自然人股多，法人股少；资格股多，投资股少；股民多，股额少。[2] 从历史成因和现状看，我国多数农村还是以小农经济为基础的传统农业社会，一方面市场经济不发达，市场体制不健全，基层民主制度不完善，与市场经济相对应的民主、自由、法制观念尚未起主导作用；另一方面封建的宗族观念、等级思想还根深蒂固，民主管理很难落实。加上长时期地方政府过多的干预，导致不少农村信用社的法人治理结构虚有其表。从这种股权结构的直接作用看，极有可能出现"内部人控制"。一方面，由于广大农户入股份额少，且持股结构较为分散，由于监督成本和监督收益的严重不对称，自然人股东倾向于"搭便车"，放弃对农村信用社的监督，显然不利于产权的再改造；另一方面，农村信用社内部职工自然人股东，具有信息优势，在掌握了农村信用社的内部控股权之后，就难以有力量对之制衡。

3. 地方政府对农村信用社的管理造成产权结构的异化，容易引发"外部人控制"。省联社代表省政府对全省农村信用社进行管理，省级人民政府对当地信用社改革发展的方针政策、目标规划等重大事项进行研究决策，并通过省联社对当地信用社进行管理、指导、协调和服务，省联社自然担负着行政管理职能。但是，从省联社的产权性质来看，是各县联社入股组建的企业，是以经营部分资金业务、清算业务的独立的管理服务型金融企业法人。因此，省联社是集行政职能、行业管理职能和金融企业三种职能于一身的机构组织，尽管改革方案规定省联社对辖内的农村信用社"应坚持政企分开的原则，对农村信用社依法管理，不干预农村信用社的具体业务和经营活动"，但是由于历史上形成的强大的政府控制力使得农村信用社产权改革有着明显的路径依赖，政府对农村信用社的干预也就在所难免，特别是当地方政府与农村信用社的利益有冲突时，这种来自外部的控制更为明显。省联社的股本结构更是加重了"外部人控制"的可能性。当前，农村信用社体制采取基层农村信用社向县联社入股、县联社向市联社入股、市县联社向省联社入股的结构模式，形成自下而上的股权控制；但是在现实中农村信用社主任产生模式由联社提名，经基层信用社理事会表决通过后任命，这就形成了自上而下的管理体制。而在现实中，相当多的省联社在管理架构上，不是

---

① 张元红：《新一轮农村信用社改革及其对农村金融发展的影响——重庆案例调查报告》，载《中国农村观察》，2005（4）。

② 刘锡良：《中国转型期农村金融体系研究》，162 页，北京，中国金融出版社，2006。

按照产权制度和法人治理的客观规律和要求去组织运作，而是较多地采取行政化手段进行管理，对基层社人事安排和日常事务干预的情况比较普遍。

4. 政府的过多干预和新的省联社利益集团的形成容易产生寻租行为。省联社有自身独特的利益，而且对辖内的农村信用社有行政控制的权利，决定了其行为目标不是农村信用社的利益最大化或社员的利益最大化，而是自身的利益最大化，将会利用自身的权力去实现自身的利益。当这种利益最大化行为与政府介入经济活动相联系时，利益集团为了在政府所允许的垄断中获得收益，就产生了寻租活动。制度经济学认为"经济人从寻利到寻租，首先并不是因为他们的道德观念有了什么变化，从而改变了他们的行为方式，主要还是因为社会的制度结构发生了变化，作出个人选择的环境有了改变。当经济从市场自发运转向直接的权利作用下的利益再分配时，寻租活动就会作为一种重要的社会现象而出现。"①政府失灵是导致寻租活动的一个重要原因，政府对市场经济的过多干预，不仅没有解决好原来市场机制的消极作用，反而在某些利益上产生垄断，会诱使利益集团寻租，产生另外一些消极后果。

就租金的来源看，主要有三种情况：一是政府无意设租，由于干预的方式方法不当，造成了政府失灵，可以说是政府好心办了坏事。二是政府被动设租，在民主政体下，政府通过一些能给特殊利益集团带来巨额利益的法案，成为利益集团牟利的工具。三是政府的主动设租，在市场经济不发达阶段，政府官员利用行政干预的办法人为地制造租金，诱使寻租企业向他们"进贡"。在农村信用社的产权改革中，政府的参与是必不可少的，但是我们也应该注意到这种行为随之产生的消极后果：第一是社会资源的浪费，表现为：（1）寻租者游说、疏通关系所花费的精力和金钱。（2）政府官员为使寻租者的"进贡"达到自己的满意水平以及掩人耳目所花费的精力和时间。（3）政府进行的反游说、反贿赂所耗费的精力、资源和时间。第二是经济效率的下降。寻租造成了资源配置的扭曲，阻止了更有效的生产方式的实施，提高了社会的生产成本，企业在争夺租金上耗费了大量的经济资源，而不是专心去改进技术、提高产品质量，降低了整个社会的经济效率。第三是社会财富的分配不公。设租者和寻租者可能大发横财，而专心生产的企业却利润很少。第四是造成社会公害。它毒害社会风气、破坏社会正统的价值观、催生腐败、不利于社会稳定。第五是既得利益集团为了自身利益会尽可能地阻挠经济体制和政治体制的进一步变革。

因此，我们要在产权改革中尽量发挥政府的积极作用，限制其消极作用。从

---

① 国彦兵：《新制度经济学》，上海，立信会计出版社，2006。

长远看应该运用道德的力量去教育寻租者，使经济人不愿为；从根本上看应通过制度创新，消除寻租租金，使经济人不能为。这就要求放松经济活动的政府管制，逐步取消有差别的优惠政策，缩小乃至消除寻租空间。考虑到改革后的农村信用社要向"三农"倾斜，当优惠政策短时间无法避免时，要通过竞争性的加入使租金消除，引入竞争机制，让效率最高的金融企业获得优惠可以最大限度地支持"三农"。

就农村信用社在产权改革上出现的这些问题，在解决思路上应沿着"政府主导，配以中央政策支持——政府逐步淡出，伴随民间资本进入——机构投资者控股"这一过程来开展。其所以一开始需要政府主导是由于农村信用社"摊子大，底子薄，历史包袱重"，政府以其强制力和隐性财政担保可以尽快完成产权再造。同时，国家通过财政补贴、政策优惠等实际行动来吸引民间资本来改变以往的产权结构，以便形成规范的法人治理结构。但是，政府的扶持要有度，特别是在时间上不宜过久。对此，殷丽海（2005）认为过度的政策扶持不利于农村信用社经营机制的转换，也不利于税制公平，更不利于竞争、有序、公平、规范的统一农村金融市场的形成。因此，随着产权改革的不断深入，法人治理结构不断完善，政府只有通过规范的产权交易逐步减少持股比例，直至完全退出，政府充其量发挥监管的作用，从而削弱政府的控制力，才可以有效解决"外部人控制"问题。这里值得注意的是，在政府退出的过程中要吸引、推动有实力、市场经验丰富、产权清晰、治理结构规范的民营企业和投资机构入股农村信用社，使其成为主要出资人和风险的承担者。大股东的进入可以对管理层形成有效激励、约束机制，最大限度地减少"内部人控制"问题。至于这种股权结构可能会使农村信用社向商业性金融转变，削弱对"三农"的支持力度倾向，可以通过政府优惠的政策导向来鼓励对"三农"的投入和制定完善的金融法规使一定比例的资金投向"三农"。

实际上，目前中国农村最需要的是真正意义上的合作金融。由于中国的农业一直是处于弱势的传统农业，广大而分散、经济实力弱小的农户是弱势群体，市场机制逐利的本性决定了其受到商业性金融的排斥，在政府投入不足的情况下，最好的办法就是自己联合起来，形成一种灵活方便的金融服务组织来满足资金上的需求，合作金融就是为满足这种需求而产生的一种制度。1995 年，国际合作社联盟 100 周年曼彻斯特会议确立了"合作社七原则"，即自愿与开放原则；民主管理原则；一人一票原则；非营利性和社员参与分配原则；教育、培训和信息原则；社际合作原则；社会性原则。因此，凡是以国际通行的合作制原则为标准，以金融资产形式参与合作，并在规定的范围内专门从事金融活动的经济成分，都称为合作金融。① 但是在我国却一直没有形成真正意义上的合作金融，主要原因是我国农村金融制度一直处于由国家主导的强制性变迁。一方面，农村信用社官办色彩浓重，没有体现合作的本质特性，主要表现为：社员没有退社自由；管理层基本由上级任命；信用社的成立和撤并由政府决定。另一方面，国家对农村金融制度的安排造成了农村信用社对农村金融的垄断，农民很难得到其他金融机构的支持和服务。

如何在农村信用社的基础上建立符合"三农"需要的合作金融就成为现在比较关注的问题。但是就目前的情况看，如果没有政府的参与是很难完成的。原因主要有两个：其一，从历史角度看，农村信用社长时期产权不清，法人治理结构不健全，不良资产数额巨大，从业人员素质低，在政府的扶持下勉强经营，如果失去政府的依靠会导致大量农村信用社倒闭，更谈不上自发地转变为合作金融机构。其二，即使政府在清产核资的基础上给予补贴，弥补上原来的亏损，如果不运用国家强制力量重塑农村信用社的产权，真正的合作金融也难以出现。这一点可以通过国家与农村信用社的博弈结果来说明。

表 2 – 1　　　　　　　　　　国家与农村信用社的博弈结果

	合作	不合作
支持	(15，30)	(10，60)
不支持	(25，20)	(20，50)

表格左栏的"合作"代表农村信用社愿意改造为真正的合作机构，"不合作"则代表不愿意；第一行的"支持"代表政府出钱出力帮助农村信用社进行改造，第二行的"不支持"则代表顺其自然。表格内左边的数字代表政府的收益，右边的是农村信用社的收益。从表中我们可以看出，无论政府支持还是不支持，不合作始终是农村信用社的最优选择。可见，如果国家不在产权上进行强制安排，农村信用社是没有动力向合作金融转变的。

在这里我们提供一些可供选择的解决思路：首先，应发挥国家强制性变迁可以降低交易成本和减少变迁阻力的优势，运用政府的强制力，按照合作金融的核心原则重组农村信用社，进而规范法人治理结构。其次，随着改革的深入，政府应减少控制力，由国家主导的强制性变迁向符合社员共同需要的诱致性变迁转变。再次，在经济条件好的地区可以吸收机构投资者入股，把原来的农村信用社改组为农村合作银行，充分发挥股份制和合作制的优点；中等和贫困地区要大力

---

① 白永秀：《我国落后地区农村合作金融组织模式的创新研究》，北京，经济科学出版社，2005。

发展社区合作金融，以村为单位组建合作金融机构，充分发挥地缘优势，以最大限度地减少信息不对称所带来的交易成本。最后，要建立与农村信用社自下而上的入股结构相一致的管理体制，下级信用社要成为独立的法人主体，上级信用社只发挥协调、服务的职能，而不能干预下级信用社的具体业务。

2.3　农村金融的公共产品理论

政策性金融是国家支持"三农"的重要手段，从结构上，我国农村政策性金融体系主要包括：从事扶贫功能的国家财政和国际组织（世界银行、亚洲开发银行、国际农业发展基金会等），它们主要提供专项扶贫贷款；提供综合性服务的政策性金融机构，如农业发展银行和国家开发银行；兼营政策性业务的商业性银行机构和非银行金融机构，前者包括农业银行和农村信用合作社，后者包括农业保险和抵押担保机构。就内涵而言，国内外对政策性金融都没有一个统一的解释。国内学者白钦先（1993）指出：政策性金融是以国家信用为基础，由国家作为融资主体，运用各种特殊的金融手段和融资渠道，为配合国家特定经济与社会发展战略而进行的特殊的资金融资行为；政策性金融虽然同其他资金融通形式一样具有融资性和有偿性，但其更重要的特征却是政策性和优惠性。[①] 瞿强（2000）将政策性金融定义为后发展国家为了实现一定的政策目标而采取的手段，它主要是通过建立政策性银行或对银行体系的直接干预，以比市场或商业金融更为优惠的条件，为特定最终需求者提供中长期信用。[②] 总体来说，政策性金融主要对国民经济的基础性产业和战略性产业给以巨额的、持续性的、强大的直接信贷支持。从功能角度讲，政策性金融主要提供一种准公共产品。所有产品按照排他性和竞争性可以划分为公共物品和私人物品。公共物品有两个特性：它们是非竞争的和非排他的。如果一个商品在给定的生产水平下，向一个额外消费者提供商品的边际成本为零，则该商品是非竞争的；如果人们不能被排除在消费一种商品之外，这种商品就是排他的。[③] 私人物品具有明显的排他性和竞争性，其交易建立在等价交换的基础上。而准公共物品介于两者之间。从以上政策性金融的定义我们可以看出，由于其正的外部性而具有较大的公益性，具有一定的非竞争性和非排他性。同时，政策性金融要实现良性循环和可持续发展，至少要收回

[①]　白钦先、曲昭光：《各国政策性金融机构比较》，北京，中国金融出版社，1993。
[②]　瞿强：《经济发展中的金融政策》，北京，中国人民大学出版社，2000。
[③]　平狄克、鲁宾费尔德：《微观经济学》（第四版），北京，中国人民大学出版社，2002。

成本，要由消费者付费才能使用，并不是无偿的，又具有一定的竞争性和排他性。因此，综合起来，政策性金融确是一种准公共产品。

对于我国农村金融来讲，政策性金融的存在是十分必要的，这一点无论从现实还是理论上都可以得到有力的说明。

从现实来看，由于农业是弱质产业，支农贷款期限长、风险大，很难受到以利润最大化为目标的商业性金融的重视，2000年以来，除农行以外的三大国有商业银行减少了近30%的分支机构，剩下的机构也是存多贷少，更是加重了"三农"资金投入的不足。农村信用社是农村正规金融的主力军，其分支机构覆盖面广，与农户的联系最为紧密。但是，由于其长期存在的巨额不良资产，产权定位模糊，法人治理结构混乱，从业人员素质参差不齐，这些都极大地限制了对"三农"金融服务功能的发挥。退一步讲，即使农村信用合作社没有上述问题，其小范围内封闭式金融合作的特性决定了其资金规模有限，难以承担对农村基础设施建设和农村生产、流通环节的长期支持。这样，其他金融机构不愿或不能进行资金支持但是对"三农"乃至整个国家都有益的领域就只能由政策性金融来提供。

从理论上看，由于政策性金融提供的是一种准公共产品，具有明显的正外部性。若由市场提供公共产品，正外部性的存在会使个别厂商的边际收益小于社会的边际收益，而厂商提供产品的数量是由自己的边际收益和边际成本决定的，必然小于社会所需要的数量，整个社会资源配置的效率就会下降。因此，外在性的存在意味着市场失灵。既然公共物品不能由市场交易来实现其生产和再生产，那么，就只能由公共财政承担，或由社会团体集体支出承担。政策性金融就是由国家财政在一定范围内弥补市场失灵的一种重要手段。

当前我国农村政策性金融的运行存在一些突出的问题，主要表现为：

第一，是资金运用效率不高，风险补偿机制不畅，资产质量低下，难以实现良性发展。一方面，资金来源过于狭窄。我国农业发展银行资金主要来源于中央银行再贷款，2002年，在农业发展银行全部资金来源中，中央银行再贷款占到了87%，存款占4.1%，财政支农专项贷款占5.5%，资本金占2.5%。从未来趋势看，由于财政支农力度有限，面向市场发行金融债券的方式将是中国农业发展银行募集资金的主要方式，但是由于这部分资金需要付息，考虑到资金成本，国家开发银行、农业发展银行、中国进出口银行大都发行5年以下的短期金融债券。另一方面，资金运用由于受政府约束而僵化，不能灵活运用，很难实现资金平衡。多年来，农业发展银行实际上仅是单纯的粮棉收购贷款银行，这些项目投资周期长、数额巨大、资金回笼慢，而且国有粮食企业与农业发展银行的所有者都是国家，造成监管不到位，国有粮食企业获得贷款后还贷的激励和压力不够，使农业发展银行产生了较多的不良贷款，而对于一些经济效益和社会效益都好的项目农业发展银行却不能进入，这样势必会造成盈利能力低下，可持续发展难以实现。从全国农发行系统来看，2004 年盈利为 7 292 万元，净资产收益率仅为 0.37%，其利润主要来自利息收入。这个指标大大低于国外政策性金融机构的水平。如日本政策投资银行在 1998 年的总资产收益率为 9.24%，韩国产业银行的净利润为 1.84 亿美元。

这一问题产生的根源在于农业发展银行提供的是一种准公共产品，其产权属于政府，名义上是清楚的，但实际上是含糊的。

首先，由于其产权得不到有效界定，就会导致"搭便车"问题。对于国有粮食企业来说，政策性金融就成了免费的午餐，不拿白不拿，用了也白用。大量的贷款对这些企业只形成软约束，不仅造成了大量呆账、坏账，而且这些企业理所当然地靠这些贷款生存，因为不存在成本约束。对资金的过度使用，造成了资源浪费和配置的低下。据何广文（2005）调查，2001 年底，中国农业发展银行贷款余额为 7 432.38 亿元，而粮食流通企业的不合理占用资金余额在 4 000 亿元左右。

其次，政策性金融同样存在委托—代理问题。委托—代理关系是一种十分普遍的现象。詹森和麦克林认为，委托—代理关系是这样一种明显或隐含的契约关系：在这种契约下，一个人或更多的行为主体指定、雇用另一些行为主体为其提供服务，并授予其某些决策权，委托人根据代理人提供的服务数量和质量支付相应的报酬。[1] 政策性金融机构的领导层作为代理人，基于信息的不对称和契约的不完全性，当以自身的利益最大化为目标时必然会损害委托人（国家）的利益。比如，国家的资金很大一部分用于政策性金融机构的行政性开支，浪费严重。2002 年，东北某县农业发展银行，12 名员工，粮食总贷款额不足 50 万元，而年费却高达 110 多万元。全国 2 000 多个县（市）设有农业发展银行，每个行均需资金百万元乃至上千万元建办公楼，辽宁某市农业发展银行办公楼更是耗资 1.2 亿元。

最后，与产权的模糊有关，其功能定位不清。目前，农业发展银行的资金主要投向国有粮棉企业，甚至明知有些企业无法还贷也投入；而一些农民急需、风险较低的项目，如良种繁育、种子购销等却得不到政府的许可。由于政府的行政

---

① M. Jenson and W. H. Mecking, 1976, Theory of the Firm: Managerial Behavior, Agency Costs and Management Ownership Structure. Journal of Economic History , No. 1, p. 307.

性命令，其定位部分地替代了财政的作用。实际上，政策性金融与财政最大的区别在于政策性金融具备金融性的特征，其资金运用具有偿还和保本微利的特点，而财政资金具有无偿性特征，两者不能混为一谈。

白钦先（2004）对政策性金融的运行机制作出了原则性的说明：政策性金融在运行过程中，必须全面体现和充分贯彻"六大协调均衡"原则，即必须实现商业性金融与政策性金融总量与结构的总体协调均衡；实现国家资源配置宏观主体（政府与政策性金融）与微观配置主体（工商企业、商业性金融机构、证券市场与保险市场）的协调均衡，以及资源配置宏观目标的社会合理性与微观目标的经济有效性之间的协调均衡；实现赋予它的特殊宗旨、目标、任务与其拥有的资本与资金综合实力之间的协调均衡；实现其性质职能的特殊公共性、政策性、非营利性（不以营利最大化为目标，但这并不意味着其不盈利总赔钱）与其具体业务运营管理的市场性之间的协调均衡；实现履行其公共性职能而产生的财务缺口与其自动补偿机制间的协调均衡；实现国家对政策性金融的全力综合配套支持与适度监督之间的协调均衡。

政策性金融与财政在资金运用上应各司其职，才能发挥好各自的作用。政策性金融支持的重点领域包括：（1）资金需求量大，回收慢的农业基础设施贷款。（2）资金风险较高的农业科技投入，如种子工程，新型农机设备的购买。（3）支持大力发展农村产业化经营。（4）粮食流通领域的政策性贷款。而那些带有福利性、不能产生合理收益、纯公益性的项目完全可以由国家财政解决。

政策性金融的第二个问题是其提供的金融产品与需求主体的要求有很大的差距。就农业发展银行来看，其资金运用分为两类：一类为支持粮棉油等农产品流通各环节的顺利进行，以流动资金贷款为主体的收购、调销和储备贷款；另一类是重点支持农业的产前环节，其目的是改善农业生产条件和促进贫困地区的经济发展，以固定资产贷款为主体的各类农业开发和技术改造贷款。随着粮食市场流通体制改革的不断深入，农业发展银行的政策性贷款比重逐渐降低。2002年，在放开购销市场的8个主销区省份，农业发展银行的粮油购销贷款同比下降了56%，支农职能弱化。同时，随着农村产业化经营的兴起，处于发育初期的龙头企业特别需要资金的支持，而政策性金融的支持却很有限。另外，从资金运用期限看，政策性金融以短期贷款为主的期限结构，不能满足"三农"对中长期贷款的需要。

从表面看这是由于政策性金融的运行机制出了问题，对"三农"的供给严重滞后，不能做到与时俱进；但是，从更深层次看，这是由于政府提供政策性金融带来的副作用。政策性金融从成立、发展到现在都是政府作为主导力量推动的，这种强制性变迁虽然对于"三农"的发展起到了巨大的推动作用，但在发展过程中也暴露出一些弱点。制度经济学认为，由于政府的偏好和有限理性，政府的效用函数很难与需求主体的效用函数相一致，这种偏差的程度决定了制度变迁的时效性、方向性和恰当性。从这个角度讲，政策性金融与其需求主体之间存在的供求不平衡也就不难理解了。

那么，如何对政策性金融的主要机构——农业发展银行进行有效的改革呢？国内学术界提出了几种农村政策性金融改革思路[①]：

一是保留现有组织机构，不断扩大业务范围。

二是将农业发展银行改组为农村信贷担保银行，采取股份制方式，实行商业化操作。

三是将农业发展银行办成"土地银行"。农业发展银行对农民存入土地支付利息，再将土地转贷给土地耕作能手，采取分成制或按劳付酬的办法收取利息。

四是将农业发展银行定位为"农业产业化银行"。围绕支持农业产业化发展，适度拓展信贷支持范围和领域。

以上方案各有利弊，这里主要从理论上提供一些我们关于农村政策性金融改革的思路。

首先，就我国的国情而言，农村政策性金融改革仍需要政府的参与和推动。虽然国外发达国家政策性金融中政府所占的比重越来越小，民间资本的比重逐渐增大。但我国农民在人口中所占比例大，广大的农村还很落后，地区间经济发展不平衡，其他金融主体对"三农"的供给有限，最重要的是还没有形成一个有效的农村金融服务体系，这些都决定了政府不能贸然撤出。但是，需要注意的是政府不能随意干涉政策性金融机构的具体业务，要以指导性意见为主，并且决策要经过合理的程序。可以考虑组建一个专家委员会，政策的出台要经过专家的反复论证。要具有宏观性、科学性、前瞻性，将那些真正应当成为政策性服务的资金需要列入支出范围，以更好地满足"三农"的需求。同时，政府要加强对政策性金融的监管，包括市场性的和非市场性的，使资金利用既有效率又不产生浪费，进而提高政策性金融机构的盈利性，实现良性循环发展。

其次，政策性金融除了大部分接受国家的指导，剩下经济效益相对较好、风险较低的项目可以由商业性金融或私人来提供，当然，政府可以提供一定的补贴，但是要注意在补贴过程中，要引入竞争机制和监督机制，以防厂商虚列成本。这样可以突破公共财政规模的限制，通过多渠道为"三农"融资。即使项

---

① 何广文等：《中国农村金融发展与制度变迁》，157 页，北京，中国财政经济出版社，2005。

目不盈利，只要对私人部门有潜在收益，由其提供也不是不可能的。传统的理论将私人部门完全排斥在公共产品的生产之外，这一点今天看来并不准确。作为私人部门的厂商为了非营利性目的而生产公共产品的现象尽管不能说是主流，但也已相当普遍。究其原因可能有这样几个方面：

一是厂商生产公共产品是自我价值的体现，这往往与一些企业的企业文化有关。当厂商资本积累到一定规模，自身的生产和消费都需要缓冲的时候，如果与本企业的企业文化相一致，将一部分盈利外溢于社会，既有助于加强企业的凝聚力，又可以增进同社会的关系。如中国人寿保险股份有限公司是目前中国内地最大的商业人寿保险公司，它吸收中国传统文化和世界先进文化成果的精华，结合自身的优秀传统，形成了以"成己为人、成人达己"为核心的新型企业文化。它的企业使命是：造福社会大众，振兴民族寿险。其中，中国人寿保险股份有限公司上海市分公司以"造福大众，回馈社会"为己任，为上海经济发展做了大量配合工作，如开发推广中小学生住院医疗保险、外资企业养老保险等；积极参与公益活动，以实际行动回报社会，提升了保险事业的社会意义，为社会稳定、健康发展作出了贡献。

二是间接服务于经济利益，但这种经济利益不具有可预见性或必然性，只能说可为经济利益的获得做一些铺垫。对厂商而言，能产生经济效益更好，没有经济效益也无伤大雅。因为企业通过做一些公益活动，不仅可以扩大经济影响，改善企业形象，还可以在社区内推销相关商品和服务。

三是为企业未来服务，通过提供公共产品，建立与政府良好的关系，在需要时可以获得政府的优惠和支持。

同时，我们也应该认识到将公共产品交由厂商来生产往往导致的是企业行为政府化。企业行为政府化有两层含义：第一是企业在竞争发展中直接或间接地采用政府行为。第二是企业本身拥有许多政府职能，实现企业的准政府化。而这一点又会带来以下问题：

（1）会导致以政府行为干预企业间的正常竞争，破坏了市场的平等原则。

（2）会使企业、地方政府甚至中央政府之间的关系复杂化，造成不必要的矛盾。

（3）由于政府的干预，在某些地方、某种程度上影响了资源的最优配置。

（4）容易使企业借助政府行为垄断市场，降低有效需求。

总的原则是政策性金融的提供目前应以国家提供为主，私人提供为辅。但是，随着经济的不断发展，政府可以逐步退出，代之以民间资本。究竟什么时候退，退出多少，应视国家和私人提供公共产品的收益和成本而定，没有一个绝对的标准。国家和私人谁的收益大、成本少，就应交给谁去提供。

最后，还有两个特别要注意的问题：一是国家提供政策性金融的规模要适度。由于公共产品主要由公共财政承担，而财政又以税收为基础。政策性金融规模过大，国家财政难以承受；规模过小，财政资金得不到有效利用，会影响政策性金融的功能发挥。二是要严格界定以公共支出生产但却由个人排他性使用的行为。这种产品既不是真正的公共物品，因为它在使用上具有排他性；也非私人产品，因为它在使用上具有非竞争性。在这种情况下，由于使用者不付费就可以使用，其需求会不合理地扩大，影响资源配置的均衡。比如，过多的资金被用于行政性支出，一部分资金长期被不合理地占用，这些都会导致政策性金融供给不足。

2.4　金融体系比较说、金融功能观与农村金融发展模式论

金融体系比较说与农村金融功能观是随着经济全球化的发展而产生的比较有影响的金融理论，前者着重于比较和选择哪一种金融体系更加有效率，后者着重金融体系的功能。

一、金融体系比较说

经济全球化促进了金融体系比较的研究，哪一种金融体系更能提高金融运行的稳定性和效率，更能增强经济体的竞争力，成为经济学家关注的焦点。20世纪90年代，以金融体系比较为主要内容的相关研究日益增多，研究的内容主要集中于金融体系以市场主导还是银行中介主导的问题。对此，西方经济学中最具有代表性的理论有弗兰克林·艾伦（Franklin Allen）和道格拉斯·盖尔（Douglas Gale）的"金融体系比较说"。

艾伦和盖尔的比较金融研究，从英、美等5个主要发达国家金融体系的演变及现状入手，分别分析了银行和金融市场在风险分担、资源配置、公司治理中的作用和优势，同时研究了银行业竞争、金融危机等问题，他们认为：（1）与银行等金融中介相比，金融市场在风险分散方面并没有必然优势，片面强调金融领域市场化是错误的。（2）银行业的竞争未必有利于资源配置，一味强调竞争是没有根据的。（3）金融危机是坏事也是好事，对金融机构的硬性消除可能是有害的。（4）在公司治理方面，所有权和控制权的分离可能是合意的，即委托—代理问题没有想象的严重。（5）金融市场和金融中介是互补关系，而不是替代关系。（6）在金融系统的发展过程中，要特别重视投资者的参与成本。艾伦和

盖尔的观点虽然是针对英、美发达国家金融体系发展状况有感而发的，但对于类似我国这样的经济发展中国家的农村金融体系构建来说，仍具有一定的借鉴意义。

二、金融功能观

1995 年，美国学者罗伯特·默顿（Robert C. Merton）等人首次将金融体系固有的功能作为理论的核心，并围绕这一核心研究金融体系结构的变化，提出"金融功能观"。

"金融功能观"是相对于传统的"金融机构观"而言的，在这样的金融体系中，金融活动的功能被视为给定的条件或者说是外生的，而体系所要求的制度形式则是内生决定的。"机构观"将现有的金融机构与组织看做是既定的，是分析讨论所有金融问题的前提，它遵循的是"结构—功能—行为绩效"的思路。"功能观"把金融体系（金融中介、金融市场）的功能视为经济条件给定的，在这个假设条件下探讨这些功能的最佳实现形式。与"机构观"相比，"功能观"是一种由外至内目标先行的方法，它遵循的是"外部环境—功能—结构"的思路。

上述学者总结了金融体系所具有的主要功能：提供支付手段或支付系统以方便各种商品和劳务的交换；动员储蓄或筹集资源；实现经济周期在时间、空间和不同经济主体之间的转移，提供风险分散服务；提供利率价格信息，以协调经济主体之间的分散化决策；设计并实施相关契约，低成本地解决经济和金融交易中的激励问题。

他们认为：（1）金融功能比金融机构更稳定。金融机构结构通常随着时间而变化，并随着政治地域的细分而有所不同，而且，即使是同一机构，在不同时期所发挥的功能常常也会有较大的差异。相比之下，经济体系中金融功能的变化要比金融机构相对稳定，在本质上是不变的。因此，从金融体系的功能，而不是运作这些功能的机构出发，可以获得一个更加稳定和持久的参照架构。（2）竞争和创新将导致金融机构结构的变化，并推动金融体系具有更强的功能和更高的效率。金融体系功能的发挥最终体现为金融产品，金融机构则提供了这些产品的定制服务，更为重要的是，机构还具有创造与检验新产品的潜在功能。机构通过创造出构成新市场基础的产品和加大市场上已有产品的交易量来帮助市场成长。反过来，市场通过降低生产产品的成本帮助机构创造更多新的产品，二者相互促进，共同发展，推动金融体系朝着更有效率的方向演进。

三、农村金融发展模式理论

农村金融发展模式理论主要研究的是农村金融与农业发展的关系，美国耶鲁大学经济学家休·帕特里克（Hugh T. Patrick，1966）针对发展中国家的农业和农村经济发展实际，曾提出两种模式：一种是需求追随模式。该模式认为随着经济增长，经济主体会产生对金融体系提供融资与服务的强烈需求，作为对这种需求的反应，金融体系将不断趋于发展、完善，发展了的金融体系又将反过来形成对农业和农村经济增长的推动。其含义是：伴随经济增长导致对金融融资与服务的需求扩大，进而导致金融机构扩张、金融负债与资产多样性以及相关金融服务领域的深化。该模式强调的是金融需求引致金融发展，其传导机制是：经济增长—金融需求增强—金融机构扩张—金融资产多元化—金融服务多元化。另一种是供给领先模式。该模式认为金融机构、金融资产、金融负债以及相关金融服务的供给必须领先于金融需求，只有全面、完善的金融供给才能刺激金融需求增长，并保证满足金融需求，从而金融需求拉动投资增长，进而促进农业和农村经济增长。该模式强调金融供给拉动经济增长的作用，其传导机制是：金融机构扩张—金融资产多元化—金融服务多元化—金融需求增强—投资增长经济增长。

帕特里克认为上述两种模式与发展中国家农业和农村经济发展的不同阶段相适应，两种模式之间存在一个优先顺序问题：在农业和农村经济发展的早期阶段，由于金融不完善，同时也由于存在一定程度的金融抑制，金融供给成为农业和农村经济发展的主要约束，因此，健全和完善农村金融供给就成为促进经济发展的先决条件，所以处于早期发展阶段的发展中国家应该选择"供给领先型金融模式"。通过完善的金融服务和较高的金融利率，广泛而充分地吸收社会金融剩余，并使之转变为经济发展可支配的储蓄—金融资源。事实上，帕特里克的"供给领先型金融"的内涵隐含的假设是：经济社会金融供给不足，而金融体系的不完善性又不能够有效动员社会的金融资源，因此一个可行的途径就是：依靠政府力量强化金融管制，管制化方式能够促进政府在短期内实现社会金融剩余的有效动员。当经济发展到一个新的增长水平时，问题也将发生变化，金融重点将由过去的供给不足转化为金融需求不足，此时政府应将金融制度安排或金融政策方向由供给型金融转移到需求型金融，通过市场化方式，建立竞争性金融体系，充分动员并有效配置社会的储蓄资源，从而引致投资增长。需求型金融的本质在于主张或强调政府放松甚至放弃对金融经济的管制，让市场机制发挥对经济社会储蓄—金融资源的动员与配置的基础性作用。

笔者认为帕特里克所阐述的两种金融发展模式对我国农业和农村经济发展及金融发展模式的选择很有意义。

2.5　农村金融发展的三种理论流派

农村金融发展的三种理论流派不仅对发达国家农村金融体系建设产生过重要影响，对发展中国家农村金融体系建设也有重要的借鉴意义，笔者认为上述理论流派也可以作为创新和完善中国农村金融体系的重要理论支撑。

一、信贷补贴论

20 世纪 80 年代以前，在西方经济学农村金融理论界占据主导地位的是传统的信贷补贴论（Subsidized Credit Paradigm）。该理论的假设前提是：农村居民特别是贫困农民没有储蓄能力，农村面临严重的资金短缺。由于农业产业的特殊性（收入不确定、投资周期长、高风险、低收益等）不可能成为以追逐利润为目标的商业银行的贷款对象。因此，为增加农业生产和缓解农村贫困，有必要从农村外部注入政策性资金，并建立非营利性的农业政策性银行来进行资金投入，以满足农业和农村经济发展对资金的需求。

根据该理论的观点，为缩小农业与工业等其他产业之间的收入差距，对农业的贷款利率必须较其他产业为低。同时，考虑到地主和商人发放的高利贷及一般以高利贷为特征的非正规金融使得农民更加贫困和阻碍农业和农村经济的发展，也需要通过银行的农村分支机构及营业网点和农村信用合作组织，将大量低利的政策性贷款注入农村。

该理论的产生，曾使以农村贫困阶层为对象的专项贷款兴盛一时。20 世纪 60～70 年代发展中国家广泛实行上述金融政策，促进了农业和农村经济发展，但同时也使农村金融陷入了困境。储蓄动员不力、过分依赖外部资金、资金回收率低、不良贷款率升高等问题十分严重。因此，就构建一个多元、高效的农村金融体系来说，该理论还存在不足。

二、农村金融市场论

为了弥补信贷补贴论的不足，20 世纪 80 年代，随着经济全球化和发展中国家经济体制转轨的出现，农村金融市场论（Rural - Financial Market Paradigm）逐渐替代了信贷补贴论而居主流位置。该理论是在对信贷补贴论批判的基础上产生的，强调市场机制的作用，其主要理论前提与信贷补贴论相反，认为农村居民包括贫困阶层是有储蓄能力的，没有必要由外部向农村注入资金。认为低利率政策阻碍人们向金融机构存款，抑制了农村金融发展。农村金融机构资金的外部依赖性高是导致其贷款回收率低的重要原因。由于向农业和农村经济放贷具有较高的机会成本和风险费用，非正规金融的高利率是在所难免的，因此，应实施以自由竞争为主要内容的农村金融改革。

根据农村金融市场论的观点，农村金融改革的主要措施有：（1）农村金融机构的最大作用在于农村内部的金融中介（资金盈余部门和资金短缺部门之间的借贷中介），而储蓄动员则是金融中介的关键功能。（2）为了实现储蓄动员、平衡资金供求，利率必须由市场决定。实际存款利率不能成为负数。（3）计算融资对于农业生产的贡献是困难的。农村金融的成功与否，应当根据金融机构的成果（资金中介量）及其经营的自立性和可持续性来判断。（4）没有必要实行专项特定目标贷款制度。（5）非正规金融具有合理性，不应一概取消。应当将正规金融市场与非正规金融市场结合起来，取长补短，共同发展。

该理论强调完全依赖市场机制、极力排除政策性扭曲农村金融市场，在 20世纪 80 年代受到人们的广泛接受，至今仍是农村金融理论的主流学派之一。

三、不完全竞争市场论

20 世纪 90 年代，俄罗斯向市场经济转型过程中，"休克疗法"所引发的各种混乱，拉美和东南亚国家爆发的金融危机，都证明市场机制不是万能的，政府干预对于稳定金融秩序是十分必要的。在此背景下，经济学家也认识到要减少金融风险，培育有序、高效的农村金融市场，仍需要一些非市场因素的作用，政府究竟应该在发展农村金融市场方面起什么样的作用，再次成为人们关注的焦点。

美国经济学家斯蒂格利茨的不完全竞争论（Imperfect Market Paradigm）对上述问题作了说明。他认为，发展中国家的农村金融市场不是一个完全竞争的市场，尤其是放款一方（金融机构）对于借款人的情况根本无法充分掌握，在不完全信息的情况下，如果完全依靠市场机制就无法培育出一个社会所需要的金融市场。为了补救市场的失效，仍需要一些社会性的、非市场因素的支持，有必要采取诸如政府适当介入金融市场以及借款人的组织化等非市场措施，即仍需要政府适度干预。

不完全竞争市场理论对农村金融市场发展提出如下政策建议：（1）金融市场发展的前提条件是低通胀率等宏观经济的稳定。（2）在金融市场得到一定程度的发育之前，比起利率的自由化来，更应当注意用政策手段将实际存款利率保持正值，并同时抑制利率的增长（包括存款和贷款利率）。对于因此而产生的信用分配和信用需求过度问题，在不损害金融机构储蓄动员动机的同时，可由政府从外部供给资金。（3）为促进金融机构的发展，应给予其一定的特殊政策，如限制新参与者等保护措施。（4）在不损害银行最基本利润的范围内，政策性金融（面向特定部门的低息融资）是有效的。（5）为确保贷款的回收，融资与实物买卖（肥料、作物等）相结合的方法是有效的。（6）为改善信息的非对称性，利用担保融资、使用权担保以及互助储金会等办法是有效的。（7）为避免农村金融市场存在不完全信息而导致的贷款回收率低下问题，可以利用借款人、联保小组以及组织借款人互助合作的形式。政府应该鼓励这种农民组织的形成。（8）非正规金融市场一般效率较低，可以通过政府的适当介入来加以改善。

　　笔者认为上述经济理论，必将对我国农村金融体系的创新和完善有重要的指导意义。

第3章

农村金融体系的发展现状和问题

3.1　农村金融体系的现状

3.1.1　农村金融服务体系的含义

2007年政府工作报告中提到要加快农村金融改革，构建分工合理、投资多元、功能完善、服务高效的农村金融组织体系。在这里，我们特别强调农村金融组织的服务功能，即全方位地满足农村、农业、农民对金融的需求，以促进它们的发展。因此，我们主张尽快创新和完善农村金融服务体系。

3.1.2　目前的体系构架

农村金融体系主要包括正规金融组织和非正规金融组织两部分。正规金融组织主要是指农村信用社和农村合作银行等合作金融机构，农业银行、农村商业银行等商业性金融机构，农业发展银行、国家开发银行等政策性金融机构和非银行金融机构。非正规金融组织主要以金融服务社、基金会、私人钱庄和各种协会等民间金融机构形式存在。

3.1.3　尽快完善农村金融服务体系的紧迫性和必要性

农村金融体系的基本功能在于融通不同部门的资金余缺，使资金由盈余部门向短缺部门转移，把资金配置到最有效率的地方去，以更好地促进农村经济发展、农业产业升级、农民增收。从世界经济发展的规律看，很多国家的农村金融系统都能有效地支持农村经济的发展。中国农村金融发展至今，其突出问题是农村金融的供给和需求存在巨大的差距：一方面，随着中国经济的快速发展，"三

农"对于资金的需求在量上表现为规模扩大，在质上表现为多样化。农村社会
保障的不断完善、农民收入的不断提高以及农民消费习惯的改变必然会对各种金
融需求提出更高的要求，对资金的需求量也日益扩大，据国家统计局初步测算，
到 2020 年，新农村建设新增资金需求总量为 15 万亿元左右，按照过去农村投入
资金中财政资金、信贷资金和社会资金的经验比例，即使考虑到公共财政加大对
新农村建设投入的情况，新农村建设资金需求中的大部分仍需要由银行业金融机
构提供。同以往相比，农民和农村企业对金融服务的需求层次也变得更为复
杂，对农户来说，具体可以划分为有生产能力的贫困农户、收入水平中等的
农业兼业户和非农业兼业户、非农业户。农村企业根据规模可分为微型企业、
小型企业、有一定规模的企业、发育初期和成熟期的龙头企业。它们对信贷
的需求特征也各不相同，具有鲜明的多层次特征。另一方面，现有农村金融
体系对"三农"的金融供给有限，表现为：四大国有商业银行大举撤出农村
网点；农业发展银行局限于粮棉补贴，支农渠道狭窄；农村信用社历史包袱
沉重，且规模偏小。

　　从表 3-1 可以看出，近几年来，我国农业贷款规模占全国信贷规模的百分
比在 3.1% ~5.3%，这同农业对我国经济发展的贡献极不相称。从 2004 年的数
字可看出，农业总产值占我国 GDP 的 15.20%，而农业从我国金融机构获得的贷
款仅占贷款余额的 5.78%（见表 3-2、表 3-3）。①

表 3-1　　　　　　　　　　我国农业信贷规模　　　　　　　　　　单位：亿元

年份	各项贷款总额	农业贷款	农业贷款所占百分比（%）
1996	61 156	1 919	3.1
1997	74 914	3 314	4.4
1998	86 524	4 444	5.1
1999	93 734	4 792	5.1
2000	99 371	4 889	4.9
2001	112 314	5 711	5.1
2002	131 293	6 885	5.2
2003	158 996	8 411	5.3

---

　　① 郝亚明、张荣乐：《中国农村金融改革：市场视角下的思考与选择》，载《管理现代化》，2005
(3)。

表 3 – 2　　　　　　2004 年各季度农业总产值及其占 GDP 的比重　　　　单位：亿元

2004 年	农业总产值	GDP	比重（%）
第一季度	2 028.77	27 128	7.48
第二季度	4 148.23	31 660	13.10
第三季度	6 384	34 356	18.58
第四季度	8 183	43 371	18.87
合计	20 744	136 515	15.20

表 3 – 3　　　　　　2004 年各季度农业贷款及其占贷款的比重　　　　单位：亿元

2004 年	农业贷款	贷款总额	比重（%）
第一季度	27 502.8	492 983.7	5.58
第二季度	29 773.3	509 906.3	5.84
第三季度	30 533.5	514 397.7	5.94
第四季度	30 219.1	526 316.5	5.74
合计	118 028.7	2 043 604.2	5.78

　　创新和完善我国农村金融服务体系必须要立足我国国情，当前"三农"问题集多种矛盾于一身，成为影响中国改革、发展、稳定的重要问题，具体来看应当解决好以下四种"强位弱势群体"的问题：（1）农业是一个强位弱势产业群体，是人类生存、延续和发展的基础，是国民经济各行各业的基础，也是受自然力与环境影响巨大、物质再生产与环境再生产相统一而又高风险与低积累率的弱质性产业；（2）占全国人口 72% 的近 10 亿农民更是中国社会一个典型的强位弱势群体，农民的诸多问题是一个尖锐的社会问题；（3）农村经济以中小企业和个体经济为主体，农村中小企业和个体经济构成中国中小企业和个体经济的压倒性主体，但由于规模不经济、范围不经济，竞争力弱、技术水平相对低，在诸多困难中尤以融资难为甚，又是一个强位弱势企业群体；（4）全国中小金融机构的 90% 以上在农村，数量大、规模小、资本与资金实力弱、高分散、管理差、问题多、风险大，难以支撑农村经济与社会发展稳定的重任，成为中国金融体系中的强位弱势群体。我们的目标是通过创新和完善农村金融服务体系来解决中小农户和农村中小企业贷款难的突出问题，以此为突破来带动整个农业、农村经济的全面发展。①

---

① 　白钦先、刘刚：《再论中国农村金融体制改革的战略性重构》，2007 年中国农村金融论坛。

3.2　市场经济体制下的中国农村金融发展历程

一、农村信用社改革

1996 年 8 月 22 日，国务院出台《关于农村金融体制改革的决定》，开始实施以农村信用社管理体制改革为重点的新一轮农村金融体制改革。首先，在组织体制上，农村信用社与农业银行脱离行政隶属关系，普遍实行二级法人体制，即乡镇一级、县联社一级，并且县联社对基层社行使管理、服务、协调的职能；其次，农村信用社的业务管理和金融监管分别由县联社和中国人民银行承担；最后，要求农村信用社按照市场经济的原则进行制度安排，按合作制原则加以规范。2003 年 6 月，中央政府决定通过制度创新来加大改革力度，这次农村信用社改革的总体方案是"明晰产权关系，强化约束机制，增强服务功能，国家适当扶持，地方政府负责"。国务院决定在浙江、山东、江西、贵州、吉林、重庆、陕西和江苏 8 省市率先进行农村信用社改革试点。就内容而言包括：一是以法人为单位，改革信用社产权制度，明晰产权关系，完善法人治理结构，区别各类情况，确定不同的产权形式；二是改革信用社管理体制，将信用社的管理交由地方政府负责。2004 年 11 月，随着第一批试点工作整体进展顺利和阶段性成果的取得，国家在第一批试点的 8 个省市改革向纵深推进的过程中，扩大推出了第二批 21 个省市农村信用社改革试点，并已取得初步成效。截至 2005 年末，全国农村合作金融机构（包含农村信用社、农村商业银行、农村合作银行）各项业务有了较大发展，资产总额为 37 206 亿元，其中各项贷款余额为 22 008 亿元，比 2002 年增长 57.9%；总负债为 35 553 亿元，增长 62.4%；所有者权益为 1 653 亿元，比 2002 年末增加 1 927 亿元。[①] 就成果经验来看，主要包括以下四个方面：

一是通过将农村信用社管理和风险责任移交省级政府，在管理体制上进行了积极探索，初步明确了地方政府的责任。

二是通过试点组建农村银行类机构，在产权制度和经营机制上迈出了积极步伐。试验了股份制、股份合作制等新的产权模式，试点组建了农村商业银行和农村合作银行以及以县（市）为单位统一法人等新的产权组织形式。截至 2005 年末，全国共组建银行类机构 72 家，其中农村商业银行 12 家，农村合作银行 60 家，组建以县（市）为单位统一法人机构 519 家。

---

① 来源于中国银监会网站：www.cbrc.gov.cn。

三是通过中央和地方的政策扶持以及自身的积极努力，在消化包袱、化解风险上取得了积极进展。中央银行主要通过资金和财政的政策扶持、地方政府出钱出物，农村信用社通过自身的增资扩股使整体风险有所改善。2005 年农村信用社资本充足率达到 8%，比 2002 年末提高了 16.5 个百分点。

四是通过增加支农信贷投放，改进服务方式，在支持"三农"发展上作出了积极贡献。截至 2005 年末，全国农村金融机构农业贷款余额为 10 071 亿元，比 2002 年末增长 80.5%，其中，农户贷款余额为 7 983 亿元，支持了 7 000 多万农户，约占全国 2.2 亿农户的 32%，占有贷款需求农户的 60%。

当然，我们还应该清醒地认识到，长期困扰农村合作金融发展的风险、体制、机制和队伍建设等深层次矛盾和问题还未能从根本上解决，改革之路还很长。

二、农业银行改革

农行在其成立的几十年间，作为国家农村金融政策的体现，对我国农业和农村经济的发展发挥了重要作用。随着我国金融体制改革的不断深入，根据国务院 1993 年 12 月颁发的《关于金融体制改革的决定》精神，农行由国家专业银行转变为国有商业银行。1994 年，中国农业发展银行成立，决策者试图通过农发行的建立将政策性金融业务从农行和农村信用社的业务中剥离出来。与此同时，加快了农行商业化的步伐，包括全面推行经营目标责任制，对信贷资金进行规模经营，集中管理贷款的审批权限，等等。应该说，这一步使农行的性质从此发生了变化，随之而来的是其业务领域、服务对象、经营机制、管理体制等都发生了深刻变化，服务对象逐步脱离"三农"，业务重点转向城镇。

在国有商业银行改革进程中，农行的综合改革在四大商业银行的改制过程中被经济和金融界人士认为是难度最大的。说农行改革难度最大，是因为在四大商业银行中，由于历史因素，农行相对落后。从经营利润来看，农行 2003 年实现经营利润 197.1 亿元，增幅高达 56.4%，但与其他三家大银行相比仍有差距，要深入消化自 1979 年恢复以来由于政策原因而背上的历史包袱还面临很大挑战。农业银行公开发布的 2005 年年报摘要显示，不良贷款额超过了 7 400 亿元人民币，占到同期四大国有商业银行不良贷款余额 10 725 亿元的 69.0%。具体如图 3 - 1 所示。

2007 年 1 月全国金融工作会议确定农行改革的"面向'三农'、整体改制、商业运作、择机上市"十六字方针，股改大幕正式拉开。

三、农业发展银行

为了完善农村金融服务体系，更好地贯彻落实国家对"三农"的政策性业务，国务院于 1994 年 4 月 19 日发出《关于组建中国农业发展银行的通知》，批

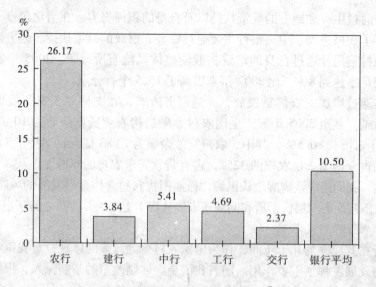

图3-1　各商业银行不良贷款率①

准了中国农业发展银行组建方案和章程。1994年6月30日，农业发展银行正式接受中国农业银行、中国工商银行划转的农业政策性信贷业务。1998年3月，国务院又将中国农业发展银行承办的农村扶贫、农业综合开发、粮棉企业附营业务等贷款业务划转到有关国有商业银行，中国农业发展银行主要集中精力加强粮棉油收购资金的封闭管理。

　　农业发展银行自成立以来，每年都发放了2 000亿元的农产品收购贷款，直接或间接地转化为农民收入，对农业的发展和农村社会的稳定起到了很大作用。但是农业发展银行由于自身体制和经营机制的问题以及贷款经济效益差，积累了较高的不良贷款，不仅不利于自身的良性循环，而且大大减弱了支农力度。农业发展银行也在进行改革，基本思路是"按照功能扩大化方向改革农业发展银行，扩大业务范围和服务领域，增强支农服务功能"。银监会前副主席唐双宁曾指出，农业发展银行可以考虑按照"增加功能，划分地域，企业经营，国家补助"的思路深化改革；按照分业经营、分账核算、分别考核的原则，在继续做好现有业务的基础上，进一步拓展业务领域和资金来源，增加对贫困县的信贷投放；机构网点不足的，可由农村信用社代理。②

---

① 数据来源于新浪网财经中心：http：//finance.sina.com.cn。
② 来源于2007年中国农村金融论坛。

四、国家开发银行

值得一提的是国家开发银行也承担了一部分农村政策性金融的职能。国家开发银行成立于 1994 年 3 月，是直属于国务院领导、具有法定国家信用的开发性金融机构。重点支持"两基一支"和高新技术产业及其配套工程建设，致力于缓解国民经济发展的"瓶颈"制约。但其在农村的作用还是有限的，比如 2004 年投放于农业和水利基础设施贷款总额为 275.72 亿元，仅占贷款总额的 2%。①目前，国家开发银行已经在业务发展中确定了对"三农"问题的三个介入角度：一是与建设部合作，提出了用融资推进全国重点小城镇融资体制建设的初步方案；二是提出了支持农业产业化的战略，有效防范风险的融资新思路；三是根据不同情况提供特定的小额农业贷款。可以预见，国家开发银行对"三农"的支持力度将越来越大。

3.3　农村金融困境与农村金融道路的反思

3.3.1　从宏观角度的反思

自改革开放以来，政府在农村金融领域实行了一系列措施：成立农业发展银行；农业银行的政策性业务交由农发行以及农业银行向商业银行的转变；农村信用社与农业银行脱离及按合作性原则重塑农村信用社；关闭农村合作基金会；规范非正规金融；在产权模式和组织形式上不断创新，建立了一大批农村中小银行；等等。这些措施在一定程度上整合了农村金融资源，提高了资金的利用效率，降低了农村金融风险，提高了对"三农"的服务水平，有助于国家对农村的宏观调控。但是从整体上看，中国农村金融市场上，正规金融机构单一化、垄断化的趋势比较明显，且提供的金融服务比较单一，覆盖面窄；农业投入资金短缺；农户和农村企业贷款难的问题仍较为突出。具体来说，主要体现在以下几方面：

一、农村金融机构运行机制僵化，金融服务滞后于"三农"的实际金融需求

现有金融机构虽然在一定程度上促进了"三农"的发展，但其在贷款期限、额度、方式上还不能根据当地资金需求实际，适时满足"三农"需要。比如，信贷结构不适应新型农业对资金的需求。随着我国农业产业结构逐步优化，传统的种植业在农业中所占比例不断下降，而畜牧业、水产业、绿色蔬菜业和庭院经济等非传统种植业所占份额逐年上升。根据我国国民经济和社会发展统计公报，

---

① 来源于国家开发银行年报。

1998 年以来，传统种植业呈负增长，而水产养殖和林果业以每年 4% 的速度递增，大大超出了传统种植业的发展水平。面对这种变化，农村金融组织的决策机构反应滞后，不能及时调整信贷结构来适应新型农业的需求，而银行基层结构由于内部信贷授权的约束，也对此无能为力。以至于农村金融机构的贷款仍局限于传统小农业领域，对于增长速度较快的水产养殖业、林果业缺乏有效的资金支持。另外，贷款期限仍然是依照传统农业种植生产周期确定的，期限大多在半年以下，已不符合结构调整后的新农业产业特点。由于大量商业性金融机构分支、网点从农村撤出，即使中国农业银行也只能支持农村的大型基础设施建设、生态工程和产业化龙头企业，而无法满足广大的农村中小型建设项目和中小型企业的产业化经营；作为政策性金融机构的中国农业发展银行只面向部分国有粮棉油收购企业，大量中小粮棉油收购和加工企业是被忽略的；剩下的就是农村信用社了，成为农村正规金融供给的主力军，在许多地区，农村信用社是当地唯一的金融机构，而整个金融机构农业贷款的 90% 左右是由农村信用社提供的。但是，由于受历史条件的制约，农村信用社提供的金融服务无论是从服务品种，还是服务质量上都难以满足"三农"的实际需求。以下两点可以说明这个问题：（1）大多数农村信用社只开展了债券分销、现券买卖业务，农村信用社的上网拆借资格有限，不能作为独立法人进入全国银行间同业拆借市场，跨区域性的网下拆借困难，大大降低了资金调动能力和运行效率，难以满足农村多层次的金融需要。（2）农村信用社的金融产品仍然停留在存款、贷款等传统业务上，而受"三农"欢迎的抵押、担保、承兑、贴现、承诺、咨询服务、代收代付等中间业务在农村很少开展，至于信用卡业务、网上银行等业务则更为缺乏。虽然农村信用社现已开展了小额信用贷款和联保贷款，却只能满足一部分农户简单的农业再生产的小额需求，对农户大额的生产资金需求以及非农的资金需求还无法满足。并且，由于在实际操作中，中小农户的违约风险很高，农村信用社的小额贷款发放量也很有限。这一点也可以从农村非正规金融的膨胀得到佐证。如农村固定观察点办公室的调查显示（曹立群，2001），2000 年每个农户累计借入款为 1 020元，其中 700 元来自民间借贷，约占 68.6%；人民银行常德市中心支行课题组（2001）的调查发现，湖南常德的 334 家个体工商户中，有过民间借贷行为的占76.6%，民间金融成为农村融资的主渠道。

　　二、财政支农资金有效投入不足

　　农业在国民经济中的基础产业地位及其特有的弱质性行业特征，决定了政府必须对农业的发展提供支持。财政支农一直是政府对农业扶持最重要、最直接的手段，按目前的统计口径，财政支农支出主要包括农业基本建设、农业科技三项费用、农业科研、支援农村生产、农业综合开发、农林水气等部门事业费、农产品流通补贴、农业生产资料补贴、财政扶贫和农业税收减免等项支出。虽然财政支农资金总量逐年递增，2006 年中央财政全部支农资金达到了 3 397 亿元人民币，比上年增加 422 亿元人民币，但所占比重波动较大且具有下降趋势。具体讲，我国财政支农资金存在以下问题：

（一）政府财政支农资金支出总量不足

近年来，尽管政府财政支农资金投入的增长幅度较大，但政府对农业的支持总量仍偏小，如果按世界贸易组织协议计算口径，把支持贫困地区发展的财政支出、粮棉油糖价格补贴计算在内，1996—2000 年，我国农业支持总量分别为1 083 亿元、1 267 亿元、1 826 亿元、1 709 亿元和 2 200 亿元，分别占当年农业总产值的 4.9%、5.3%、7.4%、7% 和 8.8%。按照相同的口径，发达国家的支持水平约为 30% ~ 50%，巴基斯坦、泰国、印度、巴西等发展中国家约为10% ~ 20%。虽然 2005 年这一数字有所上升（2005 年财政支农 2 975 亿元，农业总产值 22 718 亿元，其比值为 13.1%），但是考虑到农业对我国经济的特殊重要性，财政支农水平与其他发展中国家相比还是落后的。另外，在世界贸易组织规则允许的 12 种"绿箱"政策措施中，我国使用了 6 种（政府的一般服务支出、食物安全储备、国内食物援助、自然灾害救助、生态环境保护和地区发展援助）。"黄箱"支出在 1996—1998 年计算基期内年均 297 亿元，占农业总产值的1.23%，与谈判允许的 8.5%（1 740 亿元）相比，我国"黄箱"政策的支持空间还有 1 443 亿元。

（二）政府支农资金投入结构不合理

财政支农支出可以分为若干项，而各项投入的侧重点不同，按比重的大小，平均依次为政策性补贴，占 30.43%；农林水气事业费，占 20.10%；农业基本建设，占 19.57%；支援生产支出，占 12.81%；财政扶贫支出，占 6.11%；农业综合开发，占 5.84%；农业科学事业费，占 2.25%；农业科技三项费用，占0.15%；其他项目占 2% 左右。其支出结构的不合理之处主要是：

1. 行政事业费过高，真正的支农资金比例并不高。我国政府农业财政支出中，"吃饭财政"特征明显，支援农业生产支出和农林水气部门的事业费占主体地位。比如，根据《中国农村投融资体制改革研究课题组研究报告》，2002 年100 个县财政总支出人均 510.8 元/人，而直接用于农业项目支出的只有人均26.9 元/人，仅占 5.27%，对乡镇近 80% 的财政支出主要被用做行政、教育等费用支出。再如，湖南省 2003 年财政预算安排了 7 亿元作为省本级的财政支农资金（不含农业综合开发），其中近 3 亿元用于省级的农口单位的人头费和事业费。四川省 2003 年各级的财政支农资金大约为 50 亿元（不含基本建设支出），其中 35 亿元用于"吃饭"。还有，新疆伊宁县 1999 年至 2002 年，农林水事业单位人员由 1 358 人增加到 2 018 人，增长 49%，导致财政支农资金用于非生产性支出的比重则由 2001 年的 64.8% 上升到 2002 年 85.2%。

2. 支农资金分流严重，农民直接获得的收益较少。除了以上提到的行政事业费外，其中一个重大项目支出就是大型水利建设，一些列入财政支农支出项目的水利建设如江海堤防、南水北调、防洪防汛等。1996—2000 年，中央财政累计安排水利基础设施建设投入达 1 100 多亿元。另外，还有相当一部分支农资金是通过扶持农业科技推广、产业化、乡镇企业、农产品流通等来推动农业和农村经济的发展，但在实际操作过程中却是大量资金流向了科研院所、工业企业和农业管理部门等，农民直接受益的份额很少。幸运的是，政府也注意到这个问题，情况有所好转。随着农村税费改革的不断推进，财政专项转移支付数额逐年增加。2006 年中央一号文件对"三农"的投入提出了"三个高于"的要求，即国家财政支农资金增量要高于上年，国债和预算内资金用于农村建设的比重要高于上年，其中直接用于改善农村生产生活条件的资金要高于上年。这些重大政策措施，极大地减轻了农民负担。在农民负担全面得到减轻的同时，粮食直补、良种补贴和农机补贴等各项支农惠农政策也逐步强化。中央财政又专门安排了 125 亿元人民币，对种粮农民实行农业生产资料价格综合补贴，进一步调动了农民种粮和发展生产的积极性。

3. 在政府农业投入中，直接用于流通环节的补贴过高。流通领域的贷款主要目的是稳定农业产品市场，确保粮食安全，1998 年以来，政府支农投入中，每年用于粮、棉、油、糖流通的补贴在 500 亿 ~700 亿元，占政府农业支持总量的 30% 以上。但是这一比例过高不仅会浪费有限的资金、造成一些国有企业的恶性循环，而且会挤占一些关系农业发展全局的基础性、战略性、公益性项目，如农业品质改良、重大病害控制、食品安全保障、执法体系建设、社会化服务体系建设等。

（三）政府财政支农资金管理体制不完善，资金使用效果不理想

我国现行的管理体制的主要特点是①：（1）按照事权和财权的划分，各级财政承担本级农业财政支出的管理，中央财政同时负责全国性农业财政政策的制定以及重要农业财政专项资金管理制度的制定。上一级财政对下一级农业财政支出

---

① 王振猛、郭俊荣、何宇：《现阶段我国财政支农资金存在的问题及对策》，"中国论文下载中心"，www. studa. net/2007 年 4 月。

管理负有指导的责任。（2）按政府机构的设置和职能划分，农业财政支出分块管理。国务院发展研究中心的调查统计表明，政府对农业的投入渠道多且乱，大约涉及 26 块，主要有：农业基本建设投资主要由发展改革委系统单独管理或发展改革委与农口主管部门共同管理；农业科研费用主要由财政部门和科技部门或者科技部门与农口主管部门共同管理；支援农村生产支出、农林水气等部门事业费、农业综合开发资金由财政部门或财政部门与农口主管部门共同管理；农产品补贴由财政部门或财政部门与流通主管部门共同管理。这种管理模式存在以下问题：

1. 各级投入的随意性强、波动性大，不利于整个支农投入的稳定增长。一方面，地方政府财政支农投入高度依赖中央政府，中央财政预算安排的财政农业支出约占整个农业财政支出的 65%。中央政府和地方政府之间农业投入职责划分不清，而地方政府财力有限，对农业的投入严重不足，地方财政农业支出比重呈逐年下降趋势，1991 年为 9.6%，1995 年为 7.9%，到 2000 年下降为 6.6%。另一方面，省、市（地）级财政支农资金投入增长低，县本级财政压力大。根据《中华人民共和国审计署 2004 年第 2 号审计结果公告》：50 个县所在的 17 个省、市和 38 个市（地）本级财政 2002 年对支农的资金投入，均低于其财政经常性收入增长幅度。其中，省级财政支农资金投入平均比上年增长 3.5%，低于其财政经常性收入增长幅度 2.5 个百分点；市（地）级财政支农资金投入平均比上年增长 7.4%，低于其财政经常性收入增长幅度 0.9 个百分点。2002 年 50 个县财政支农资金投入中，中央投入占 50.8%，县本级投入占 23.3%（东部县占 45%，中部县占 21%，西部县占 14%），而省、市（地）级投入分别仅占 19.5% 和 6.4%。

2. 财政农业支出实行分块管理，部门分割严重，有限的资金不能形成合力。目前政府对农业的投入渠道较多，农业财政支出分部门管理。不同渠道的投资在使用方向、实施范围、建设内容、项目安排等方面有相当程度的重复和交叉，但由于分属不同部门管理，因而不同程度地存在条块分割、相互之间协调不够、重复投入、资金管理成本高等问题，很难形成支农力度最大化。比如，黑龙江省宾县 2002 年上级拨入支农资金 32 项，其中农业 16 项（由 6 个部门拨付）、林业 7 项、水利 12 项（由 5 个部门拨付）、农机 3 项；这些项目中投资额小于 10 万元的有 22 项，最少的一项仅 1 000 元。

（四）部分财政支农资金投入不到位或被挤占挪用

在执行财政支农资金预算的过程中，由于上级财政支农资金下方的链条过多，加上一些地方政府在局部利益和眼前利益的驱使下，经常挪用、挤占、截留支农资金，进一步削弱了财政支农资金的规模。据李光（2005）等人统计，财政对农业投入有 30% 左右不能及时到位或根本不能到位，特别是上级财政农业立项投资规模也普遍少于实际投资规模。根据《中华人民共和国审计署 2004 年第 2 号审计结果公告》：50 个县挤占挪用财政支农资金 4.95 亿元，主要用于平衡财政预算、弥补经费、出借、经营、建房买车等，占财政支农资金投入总额的10%。如云南省马龙县财政局 2002 年 12 月初将 1 000 万元烤烟专项资金拨到各相关乡镇和单位后，当月底划回用于平衡财政预算。四川省南部县财政局 2002年直接扣减应付乡镇的农村税费改革转移支付补助 653 万元，用于抵扣乡镇应缴的农业税。1999 年至 2003 年 6 月，山西省平遥县农机局挪用财政支农资金81.58 万元，用于该局自身的副食品基地建设和职工福利等支出。

（五）政府财政支农资金使用的引导、监督机制落后

一方面，政府投资的农业项目实行按投资额度确定权限，审批手续繁杂、程序较多，而且"政出多门"的分散投入也加大了监督的难度；另一方面，项目审批制度化、公开化、科学化不够，存在一定的盲目性和随意性。对农业项目投资存在财务软约束现象，导致对农业项目投入普遍缺乏科学的投资预算决策分析，造成大量的低效农业项目的投入，甚至形成了部分投入资金的完全损失。

三、农村资金外流严重

首先，由于农业的高风险与商业银行稳健经营要求相矛盾，原国有商业银行撤并了在农村的大量分支机构。商业银行必然以利润最大化为主要经营目标，其"放弃农村，进军城市"的战略也是可以理解的，因为对于只会"锦上添花"不愿"雪中送炭"的商业银行来讲，这也是其理性选择的必然结果。资金的趋利性、信息不对称及无规模经济的客观现实使得国有商业银行不愿将资金投放到期限长、见效慢、风险高的农业项目，以及规模小、分散、缺少抵押担保的农户和农村中小企业（见表 3 - 4）。

表 3 - 4　　　　1998—2000 年四大国有商业银行所撤并的县支行①

	撤并数（家）	撤并比例（%）
工商银行	541	27.8
中国银行	204	18.6
建设银行	464	24.1
农业银行	377	15.4

作为曾经占农村金融主导地位的农业银行在商业化改革中，资金投放也从农

① 数据来源：http：//202.113.23.39/zil - iao/jrnj2001/2001C/nj050.htm。

业为主转向城市工商业为主（农业银行全部贷款只有10%投向了农村，而在20世纪80年代中期以前，这个比例是98%）。[①] 在机构减少的同时，这些商业银行纷纷上收贷款权限，在农村存在严重的惜贷现象。这样，吸收存款就成了商业银行分支机构在农村的主要功能，使得农村金融机构在机构数量和贷款业务上出现双重萎缩。缺少了这四家全国最大金融机构的资金投入，"三农"的融资困难可想而知。

其次，邮政储蓄只存不贷的特殊制度对于有限的农村金融资源有漏出效应。由于我国邮政储蓄只吸收存款而不发放贷款，且转存人民银行利率过高，使邮政储蓄成为农村资金流向城市的主渠道。2003年底，全国邮储存款8 984亿元，占同期城镇储蓄的8.6%，成为仅次于四大商业银行的第五大吸储大户，按70%来自县及县域以下计算，仅从这一渠道流失资金达6 000多亿元。直到2006年底中国邮政储蓄银行成立，开始实行小额贷款试点，情况有所改观，但还是没有根本改变充当"农村金融抽水机"的角色。

最后，农村信用社也在一定程度上分流农村资金。一方面，农村信用社通过存放同业款，将吸收的农村存款存放商业银行，形成大额农村资金分流，即使剩下部分也用于非农领域如乡镇个体工商户贷款等。据李光（2005）等人调查，2002年100个县农村信用社当年贷款净增额为97.78亿元，而农业贷款净增额仅为65.21亿元，用于非农领域的贷款占到近1/3。另一方面，由于农村信用社历史包袱沉重，央行允许其贷款利率在国家法定利率基础上可以浮动50%～100%，为此农民贷款要多付利息，农民贷款利息负担加重，挫伤了农民贷款的积极性。

四、农村融资体系不健全

上面提到原有农村金融体系在一定程度上分流农村有限的资金，制约了"三农"的发展。实际上就算没有这个问题，现有农村金融体系也很难适应"三农"发展的融资需要。因为，现有农村金融体系不健全，现代金融服务品种和业务种类和城市相比，存在较大的滞后性。一方面，融资渠道单一，资金融通都是通过间接融资方式。从融资角度看，金融体系至少包含两个组成部分，即直接融资的资本市场和间接融资的银行体系，由于通过金融市场的正规直接融资方式缺乏，农村企业很少通过发行股票债券来筹措资金，目前1 400多家上市公司中涉及农林的上市公司仅30多家，其数量之少可见一斑；金融机构之间的同业拆借无法进行；农民个人的货币结余也只能选择储蓄存款，没有更多的投资渠道购

---

① 彭俊：《农业投融资为何这么难》，载《人民日报》，2003-11-27。

买证券、保险，从而更多地依赖间接融资。另一方面，农民急需的金融服务，如中小额贷款担保、信用卡、电子银行、利用期货市场套期保值、农业保险、租赁服务等现代金融服务产品得不到满足。

就目前"三农"的实际情况，大力发展直接融资有一系列的积极意义：

首先，开辟直接融资渠道有利于壮大一些涉农上市公司的经济实力，从而实现增加对"三农"的资金投入的作用。农业和乡镇企业一般缺乏最低限度的资本金，资产负债率过高，难以满足商业性贷款的必要条件。通过直接融资，则可以直接增加资本金，既能直接扩大农村和农业的资金投入，又能降低农业的资产负债率，增加贷款抵押品，成为银行扩大农业贷款的有力杠杆，进而从总体上解决"三农"的资金投入不足问题。

其次，开辟直接融资渠道有利于优化农村和农业的资源配置。商业性农业贷款一般投向周期短、规模小的项目，而对那些周期长、风险大，对农业经济发展能起到至关重要作用的农村基础设施项目，主要通过财政和政策性金融提供的贷款来解决，正如以上分析的，财政拨款和政策性金融对"三农"的支持力度不够，资金投入严重不足，影响了农业的整体发展。而通过直接融资方式，利用股票市场不可赎回的特点进行长期融资，可以引导资金投入到周期长的农村基础设施项目，从而优化"三农"发展环境，促进农村经济结构的调整和升级。

最后，开辟直接融资渠道有利于防范农村金融风险。当前农业贷款的不良率比较高，形成了较大的金融风险。农业是一种弱质性产业，其所产生的风险必然通过贷款传递给贷款机构。开辟直接融资渠道，构建多层次的融资体系，丰富融资品种，有利于降低对银行贷款的过度依赖，分散金融风险。

为此，积极改革和创新农村金融体制，积极开辟为"三农"服务的直接融资渠道，多层次地引入现代投资银行业务的理念和手段，运用新的金融工具和市场化的运作方式，支持和促进农村经济的快速健康发展，势在必行。

五、农村金融机构风险突出，金融监管存在不适应性

我国农村金融系统的运行存在高风险，这主要是由以下几个方面的因素引起的。

首先，由于农业是弱质产业，其生产的"高风险性、分散性、波动性、长期性"会使风险通过农业贷款向农村金融机构传递，如果长期积累得不到有效化解，会对整个农村金融体系造成致命打击。一方面，农作物的生长周期较长，从种植到收获，市场价格可能发生很大变化。我国农业生产极度分散，难以实现规模化和机械化，也无法利用现代耕作技术，资本有机构成高而收益率低，而加入世界贸易组织后，国际农产品由于质量稳定、价格低廉而大规模进入我国，我

国弱小分散的小农户面临国际农产品市场的冲击，市场风险陡增。另一方面，我国是世界上自然灾害最严重的国家之一，灾害种类多、发生频率高、分布地域广、造成损失大，进入 20 世纪 90 年代以来，受地球变暖等诸多因素的影响，自然风险已成为影响农业经济发展的重要因素。

其次，在农村信贷中缺乏有效的抵押品。为了防范金融风险，预防赖账损失，20 世纪 90 年代中后期以后，农村金融机构发放的贷款主要以抵押贷款为主了。我国农村土地集体所有，农民承包的集体所有荒地的土地使用权可以抵押，但是土地对于银行这些金融机构而言，也算不上是很好的抵押品，因为在很偏远的农村，一块土地对银行来说并不具有多大价值。乡（镇）村企业的厂房等建筑物占用范围内的集体土地使用权，可以做抵押，除了这些，其他的都不能作为抵押品；农民的房屋是农民的基本生活资料，难以用来抵押，农民住房的宅基地不能做抵押；农户的生产性财产，比如果树、奶牛等也不能作为抵押品。可见，在农村非常缺乏商业银行需要的抵押物，缺乏可以将抵押物变现的机制。

再次，农村信贷市场存在严重的信息不对称。融资上的信息不对称是指，即使金融机构愿意向借款人放贷，它们也难以获得控制放贷风险、确保贷款回收的信息。由于农村居民居住十分分散，单笔信贷金额又很小，而农村金融机构网点相对城市较少，人力不足，又没有建立起关于客户完整的诚信档案系统，这些都使得"三农"贷款极易发生道德风险，提高了违约风险，也加大了农村金融机构支农贷款的操作难度。

最后，农村借贷往往是以非生产性用途为主。非生产性借贷如生活性借款，包括盖房、教育、医疗、日常支出等。生活性借款的偿还缺少保障，很容易出现偿还难问题。对农村金融机构来讲，由于没有未来的现金流，通常不愿意发放非生产性贷款。国务院发展研究中心的一个调查也可以说明这种现象：农户借款中用于看病、孩子教育、婚丧嫁娶、建房等非生产性活动的比例分别为 15.4%、27.8%、6.4% 和 11.6%；生活性用途的借款占到有效样本的约 60%，生产性用途的借款占到有效样本的约 40%。生活性用途的借款比重明显高于生产性用途的借款比重。而生活性借款的逾期率是 35%，高于生产性借款的逾期率 20%。

对于农村金融系统的高风险，监管机构却存在着不适应性，具体表现为：

一方面，对于该放开的领域管得过死。从改革开放到 1997 年的近 20 年间，政府对农村金融的发展一直采取约束和抑制政策，实行信贷配给和信贷补贴制度，限制农村金融机构的多样化，禁止农村民间金融组织的发展。这样做不但减少了农村金融的有效供给、削弱了对"三农"的金融支持，还由于缺乏竞争和国家财政的隐性担保而使得农村正规金融机构（主要包括农村信用社和农业银行）丧失了自我发展的动力，亏损严重。中国农业银行全行多年亏损，50%～60%的农村信用社亏损，30%～40%的农村信用社甚至出现资不抵债，不利于农村金融机构的自我发展和良性循环。考察金融机构抗风险能力的一个重要指标是资本充足率。2002年农村信用社、农业银行的资本充足率分别为2.35%（徐滇庆，2004）和3.41%（谢欣等，2004），都远低于《巴塞尔资本协议》规定的资本充足率8%的最低标准。虽然2004年以来，农村信用社资本充足率在"央行票据置换资本充足率标准"的作用下超常增长（截至2004年9月末，试点的8省市农村信用社资本充足率平均达到7.38%），但其稳定性受到质疑（谭兴林、李体锋，2004）。

由于监管机构对农村金融市场规定了严格的准入制度，农村的民间金融一直得不到正式的认可，甚至受到打压，处于不规范状态。以农村合作基金会的兴衰为例，农村合作基金会是20世纪80年代中期兴起的准正规金融组织，其经营资本主要依赖于农户的资金注入，其经营活动归农业部而不是中国人民银行管辖。到1996年，农村合作基金会的存款规模为农村信用社的1/9。农村合作基金会对农村经济的融资需求提供了极大的支持，一项全国性的调查表明，农村合作基金会45%的贷款提供给了农户，24%的贷款提供给了乡镇企业。这不仅大大超过了农业银行的相应贷款比例，而且超过了农村信用社的贷款中投入农村经济的比例（章奇，2004）。由于农村合作基金会不受货币当局的利率管制，因此其贷款利率较农村信用合作社更为灵活，贷款的平均收益也更高（Brandt、Park 和Wang，2001）。为了消除来自农村合作基金会的竞争对农村信用社经营所造成的冲击（Park，2001），1997年国家作出了清理整顿、关闭合并农村合作基金会的决定。随后在1998—1999年，包括村级基金会在内的整个农村合作基金会被彻底解散并进行了清算。

另一方面，对于理应监管的领域却不到位。

第一，农村信用合作社一直受政府强制性变迁制约，其官办色彩浓重，导致监管部门难以按真正的合作性原则去规范农村信用合作社的经营，农村信用社也就很难起到组织农民在经济上互助、合作的作用。

第二，农村金融市场准入新机制使得大量金融机构涌入农村，监管力度不足日益凸显。

2006年12月20日，中国银行业监督管理委员会颁布了《关于调整放宽农村地区银行业金融机构准入政策更好支持社会主义新农村建设的若干意见》（以下简称《意见》），进而确立了农村金融市场准入新政。2007年1月20日，进一步出台了《村镇银行管理暂行规定》、《贷款公司管理暂行规定》、《农村资金互助社管理暂行规定》及村镇银行、贷款公司、农村资金互助社组建审批工作指引，把以农村金融机构多元化、规范化和市场开放为中心的农村金融制度改革推向深入。

根据银监会的《意见》及相关的规定，鼓励境内外银行资本、产业资本和民间资本到中西部、东北和海南省的县（市）及县（市）以下地区，以及其他省（区、市）的国定贫困县和省定贫困县投资、收购、新设以下各类银行业金融机构：一是鼓励各类资本到农村地区新设主要为当地农户提供金融服务的村镇银行；二是农村地区的农民和农村小企业也可按照自愿原则，发起设立为入股社员服务、实行社员民主管理的社区性信用合作组织；三是鼓励境内商业银行和农村合作银行在农村地区设立专营贷款业务的全资子公司；四是支持各类资本参股、收购、重组现有农村地区银行业金融机构，也可将管理相对规范、业务量较大的信用代办站改造为银行业金融机构；五是支持专业经验丰富、经营业绩良好、内控管理能力强的商业银行和农村合作银行到农村地区设立分支机构，鼓励现有的农村合作金融机构在本机构所在地辖内的乡（镇）和行政村增设分支机构。

《意见》调低了设立相关机构的注册资本。一是在县（市）设立的村镇银行，其注册资本不得低于人民币 300 万元；在乡（镇）设立的村镇银行，其注册资本不得低于人民币 100 万元。二是在乡（镇）新设立的信用合作组织，其注册资本不得低于人民币 30 万元；在行政村新设立的信用合作组织，其注册资本不得低于人民币 10 万元。三是商业银行和农村合作银行设立的专营贷款业务的全资子公司，其注册资本不得低于人民币 50 万元。四是适当降低农村地区现有银行业金融机构通过合并、重组、改制方式设立银行业金融机构的注册资本，其中，农村合作银行的注册资本不得低于人民币 1 000 万元，以县（市）为单位实施统一法人的机构，其注册资本不得低于人民币 300 万元。

农村银行类机构的增多，必然增加监管压力。监管办是银监会的最基层。2003 年银监会从中国人民银行独立出去后，基层的监管办和人民银行基层行也分家，少数人员也从人民银行基层行到了监管办。目前，监管办正式工作人员一般在 3 人左右。部分县市甚至只有一人，远远应付不了对辖区内银行类金融机构的监管，因此监管的有效性必然会受到影响。

3.3.2　从微观角度的反思

一、政策性银行

首先，资金来源渠道单一，筹资成本过高。从理论上讲，中国农业发展银行的资金来源广泛，可有下列渠道：资本金，业务范围内开户企事业单位的存款，同业拆借资金，发行金融债券，财政支农资金，向中央银行申请再贷款，境外筹资等。但事实上，受各种条件的制约，当前农发行的资金来源渠道主要是向中央银行借款，即由农发行总行负责向人民银行统借统还，各基层行则通过直接向总行申请系统内借款满足资金需求。由于我国的财政总量有限，中央银行的拨补资金常常不能按时到位，很难对农发行给予有力的支持。目前，中国农业发展银行负债中的中央银行再贷款占95%，这种单一的资金来源，根本不能保证其资产业务需求，只能通过向商业银行发行金融债券和向中央银行借款来筹集资金，但由于其高成本，只占很少的比例。在主要依赖中央银行供应资金的情况下，一方面加大了中央银行投放基础货币的压力，另一方面提高了农发行的资金运营成本，制约了其发挥政策性金融作用的空间，长期看，不利于农发行的生存和发展。

其次，由于农业发展银行主要提供公共产品，会产生一些弊端。毫无疑问，在我国目前情况下，"三农"领域的高风险决定了市场机制很难为"三农"的发展提供足够的资金支持，而政策性金融以贯彻政府政策意图、实现国家产业政策和区域发展战略等宏观经济政策为目的，不以营利为主要目标，在农业及相关领域从事资金融通，支持、保护农业生产，在促进农业、农村经济发展和农民增收方面起到不可替代的作用。但是，正如我们在前面理论部分中提到的，公共产品的供给会导致"外部人控制"，如一些贷款会体现政府的意图，而不是建立在科学论证的基础上，会加大贷款的风险；或是"内部人控制"，如机构臃肿，行政事业费过高等。还会浪费本来就有限的资金，如对一些长期亏损的粮棉油国营企业的贷款，很难及时回收，降低了资金的使用效率。

最后，农发行政策性业务与商业性业务有一定的矛盾。就政策性业务看，总体规模有不断萎缩的趋势。这一点源于政策性业务的高风险。一方面，众所周知，农发行是政策性金融在农村的唯一机构，由于其担负提供公共产品的职能，依赖政府提供资金，所形成的风险和损失由国家财政负担。在资金的流向方面，受政府政策导向指引，成为财政职能在预算外的延伸渠道。因此，农发行在经营成本上存在软约束，缺少市场化约束，贷款风险敞口，一旦违约必然形成不良资产，其中相当大部分不得不采取挂账、透支的形式。另一方面，由于历史和政策的原因，农发行发放的贷款大多数都是信用、保证贷款，资金投向大都是经济效益较差的国有粮食购销企业和棉花企业，其信贷资产质量可想而知。随着粮食购销市场化改革的深入，农发行的经营风险将进一步加剧。一是增量贷款风险加大。粮棉市场化改革后，大部分粮食品种退出了保护价收购的范围，农发行的信贷资产业务由过去全部为政策性业务变为政策性业务和经营性业务并存，甚至以经营性业务为主。此时，农发行的信贷风险更多地转化为市场风险。由于大量贷款企业长期对贷款形成依赖，而且资产都属国家所有，没有还款动力，一旦市场行情发生变化，企业发生亏损，若没有国家的财政补贴，就会导致贷款损失。二是贷款收息难。市场化改革前，粮食企业支付贷款利息的主要来源是财政补贴，只有很少一部分是通过销售利润支付利息。而改革后，国家将逐步减少乃至取消对粮食企业的财政补贴，在市场竞争日益激烈的情况下，企业很难及时足额支付贷款利息，农发行的收息难度会越来越大，业务经营面临前所未有的压力。这两方面决定了农发行的政策性业务存在极大的经营风险，这一点也可以从农发行的资本充足率得到印证，资本充足率的本质是，银行资产风险程度越高，风险资产的数额越大，产生资产损失的数额和可能性越大，需要更多的资本冲销坏账。在给定资本总量的情况下，银行风险资产扩张的规模必须控制在一定的范围之内。2005 年末，按上报银监会口径，农发行资本充足率为 - 23.79%，要达到 8% 的资本充足率，需要补充资本金 1 435.4 亿元。

同时国家给农发行的定位却是"风险可控、保本微利"，要求实行"独立核算，自主、保本经营，企业化管理"。结果必然导致农发行压缩这部分高风险业务。1998 年以来，为了配合粮食流通体制改革，加强对粮棉油收购资金的管理，国务院决定将开发性贷款和粮棉加工企业贷款从农发行划出，农发行的职能变成了单一的粮棉油收购资金管理，农发行成为事实上的粮食收购银行。不仅如此，随着粮食流通体制改革的深化，农发行的粮油贷款业务萎缩现象日益突出。

就商业性业务看，有不断扩大之势。前银监会副主席唐双宁曾指出："按照功能扩大化方向改革农业发展银行，扩大业务范围和服务领域，增强支农服务功能。"在这种改革思路的引导下，农发行目前确定了一体两翼的发展格局。对此，农发行一位部门负责人表示，这一思路即是允许农发行在"风险可控、保本微利"的前提下，积极发展新业务。他透露说，目前，农发行在业务范围方面已经确定了一体两翼的发展格局，即以继续做好粮棉油收购贷款业务为主体，支持龙头企业、农副产品加工和转化，同时以支持农业和农村发展的中长期贷款业务、发展中间业务为补充的两翼格局。他称这一思路已经得到了发展改革委、财政部、银监会和央行的理解与支持。①

在对商业性业务肯定的同时，也存在一些担心：

一是政策性金融机构受利润的驱动也在追逐市场份额，力争将自己做大做

---

① 苗燕：《中国农业发展银行改革路径明确　须强化支农》，国际贸易网：http：//news.1798.cn，2006 年 7 月。

强，纷纷向竞争性的商业金融业务渗透，业务超出了银行业监管机构核定的范围；而农业、基础产业等需要政策性金融发挥作用的领域又缺少相应的融资途径，制约了这些行业的发展，这与政策性金融的性质相违背，不利于政策性金融作用的发挥。

二是在商业性业务上会破坏同其他商业银行公平竞争的局面。由于农发行享受国家财政无偿划拨和中央银行的优惠贷款，同四大商业银行相比，其融资成本很低，如果经营同样的商业性业务，农发行处于特权地位，势必会排挤其他商业性银行和扰乱金融市场正常的秩序。

二、农村信用社不能完全适应农村经济发展的需要

1996 年以来，农村信用社与中国农业银行脱钩后，国家要求农村信用社按照市场经济的原则进行制度安排，按合作制加以规范。一方面，政府通过财政拨款、税收减免、发行专项票据等手段来减轻历史包袱，支持农村信用社的改革；另一方面，农村信用社自身在清产核资的基础上也开始新一轮增资扩股，有效地增加了规模，改善了治理结构。农村信用社的分支机构遍及几乎所有的乡镇甚至村庄，也是农村正规金融机构中唯一与农业农户具有直接业务联系的金融机构，截至 2003 年 6 月末，农村信用社农业贷款余额为 6 966 亿元，占全部正规金融机构农业贷款总额的 83.8%，比 1996 年末增加了 5 483 亿元；农村 80% 的贷款是农村信用社提供的，成为农村金融供给的核心力量。但是，农村信用社改革至今还有一些不尽如人意的地方：

第一，农村信用社的产权模式容易导致"外部人控制"现象。长期以来，农村信用社的产权模糊不清。农村信用社的产权制度是由股金制度构成的，股金制度是农村信用社的基本产权制度，从信用社股金构成看，有农村社员股、信用社职工股、国家股、法人股、乡村集体股等。从理论上讲，农村信用社的产权主体是明晰的，结构也比较健全，但在实践中产权安排却不完善，农村信用社在法律上属集体所有，但实际上，法人产权是一个模糊不清的概念。这种产权不清的状况导致产权边界不明确，产权监护人不落实、不固定等情况。入股农民没有独立的产权，不能或很少转让自己的股份，所有者的权利难以体现，产权主体已经变异为国家或集体，该集体并不是全体入股社员，而是一个以地方政府为主体的模糊主体。这样，政府成了农村信用社的实际控制人，农村信用社的官办色彩十分强烈，必然引发"外部人控制"问题。改革后，把农村信用社交由地方政府管理和成立省联社对县联社实行自上而下的管理更是加重了这个问题。

第二，原有产权组织形式，甚至是改革过程中创新的三种产权组织形式极易产生内部人控制问题。农村信用社摆脱了与农业银行的隶属关系之后按照合作制

原则进行了规范，重新设置了股权，清理、增扩了股金，建立了理事会、监事会和社员代表大会制度，已形成了最高权力机构是社员代表大会，决策机构是理事会，执行机构是经营管理队伍，监督机构是监事会的法人治理结构框架。这一法人治理结构框架却存在许多不合理的表现形式：（1）"三会"组织形同虚设，难以发挥应有职能。信用社的社员代表普遍素质不高，从未把社员代表大会当做信用社的最高权力机构来看待，实际上信用社职工代表大会代替了社员代表大会。信用社领导干部会议代替了理事会，监事会也基本上未能履行章程赋予的职责。（2）民主管理流于形式，根本不可能去邀请农民社员代表参与信用社管理，法人代表权力过大，监事会、理事会和股东大会起不到应有的作用，形成"内部人控制"的局面。在组织形式创新上，出现农村商业银行、农村合作银行、以县（市）为统一法人等。刘锡良（2006）认为，特别是在中西部地区，以县（市）为统一法人形式为主，由于工商企业偏少，增资扩股主要依靠农民和农村信用社职工，由此导致股本金结构呈现"三多三少"的特点：自然人股多，法人股少；资格股多，投资股少；股民多，股额少 。由于农户股份额小，持股分散，农户的民主意识比较淡薄，入股社员只愿获取利益，对经营状况漠不关心，从而产生"搭便车"现象，这也促使内部人控制的发生。

第三，外部人控制和内部人控制的同时存在，加上社员入股的实际情况，使得现有的农村信用社很难真正贯彻合作制。根据国际劳工组织（1994）定义，合作社是一个自愿组织在一起的民主组织形式、一个具有共同目标的协会，1995年9月国际合作社联盟100周年大会上通过了"合作社七原则"：自愿与开放原则；民主管理、一人一票原则；非营利和社员参与分配原则；自主和不负债原则；教育、培训和信息原则；社际合作原则；社会性原则。具体到合作金融的定义上，在1997年版《农村信用合作社管理规定》中，合作金融可理解为"由社员入股组成、实行社员民主管理、主要为社员提供金融服务"；1998年的《关于进行农村信用合作社改革整顿规范管理工作的意见》，把合作制理解为"自愿入股、民主管理和主要为入股社员服务"。合作金融的基本特征包含：自愿性、互助共济性；民主管理性；非营利性。由于真正的所有者的权利不能实现，农村信用社的经营管理层受自身利益驱动，自然偏向商业化经营，营利性逐步取代合作性。其贷款程序、贷款对象、人力资源管理与商业银行类似，非社员贷款所占比例较大，约为30%～50%，投资贷款投向没有体现社员优先、社员为主的原则，农民也从来不认为信用社是一种农民的互助性合作金融组织。因此，农村信用合作社在经济互助方面并没有充分发挥其合作制的特殊作用。

第四，农村信用社的内部控制制度不健全。农村信用社的内部控制制度是农村信用社的一种自律行为，是农村信用社的内部为完成既定的发展目标和防范风险，所制定的进行风险控制、制度管理和相互制约的方法、措施和程序，良好和有效率的内部控制制度是农村信用社达到既定的目标和维持良好的财务状况的基础，是农村信用社自我管理的强有力保障。由于我国农村经济长期处于滞后状态，农村信用社对农村经济的支持力度不够大，而且农村信用社本身对内部控制制度没有足够的重视，内部控制制度不健全，自我约束能力差，加大了农村信用社的经营风险。2005 年末，在四级分类下，不良贷款总量依然很大：全国农村合作金融机构不良贷款在中央银行专项票据置换的情况下，账面余额仍达 3 255亿元，实际情况可能更为严重。另外，新增贷款质量令人担忧。近些年，农村合作金融机构股金和存款增加较多，短期内资金运用和股金分红压力大，贷款投放较猛。2005 年各项贷款余额增加 3 452 亿元，增长 18.6%，是历史上增加最多的一年。不少地方出现了追求规模而忽视贷款质量的现象，极易产生不良贷款。总体来看，表现为以下几个方面：

首先，规范的法人治理结构尚未真正建立，名义上的"三会"形同虚设，许多规定在实际中难以执行，社员代表大会长期不开，农村信用社的领导常常兼任监事会理事，致使管理层缺乏必要的监督和制约。

其次，缺乏科学合理的内控机制。为了推动农村信用社的改革与可持续发展，农村信用社在内部控制制度建设上应建立严厉有效的组织机构，明确各业务部门的职责分工，建立科学有效的管理信息系统、独立的会计核算系统、有效的内部审计和稽核系统、严格的授权和审批制约制度。但目前农村信用社的内控制度流于形式，有些甚至仍在沿用农业银行有关规则制度和管理模式，导致有的制度与信用社的管理实际脱节，一些新业务更是缺少有效的管理制度，使农村信用社缺乏真正的约束力。

最后，内控制度执行不力。信用社的内控制度表面看很多，但是执行力度不够。由于稽核人员来自农村信用社内部，在具体检查中只能提出整改意见，很难对相关责任人进行处罚，在缺乏有效反馈机制的情况下，一些问题经常不了了之。

第五，对农村信用社的多头监管，造成监管效率低下。农村信用社的金融监管，是指金融监管的特定主体对农村信用社的市场准入、业务经营及市场退出等进行全方位监督管理的活动，作为政府宏观经济调控及规制金融活动的一项重要手段，其基本含义是维持农村信用社安全及稳健经营，从而从整体上确保农村金融体系的安全和农村金融秩序的稳定。农村信用社改革后，农村信用社交给省级政府管理，其业务管理和金融监管分别由县联社和中国人民银行承担。央行的监管理念是法人监管，监管的内容是风险；而省政府对农村信用社管理的是人财物和经营行为，由于这部分支出来自省财政，省政府的意愿会更多地影响农村信用社。多头的管理或监管难免产生分歧，甚至是矛盾。当监管部门对农村信用社的一些违规行为进行查处时，农村信用社可能用政府的文件和指示来对抗，很容易抵消监管的作用，产生无人监控的真空地带。

三、农业银行发展定位难

长期以来，作为四大国有银行之一的中国农业银行一直在农村金融市场上处于主导地位，但是自 1996 年以后，农行原来承担的大部分政策性金融业务转交给农发行，开始向商业银行转变。商业银行的"安全性、流动性、盈利性"的经营原则与农业生产的"高风险性、分散性、波动性、长期性"相背离；农业银行将农业资金从以农业为主转为与工商业并举，竞争视角从农村转向城市，以获取足够的资金来源及高额回报，2003 年农业银行全部贷款只有 10% 投向了农村，而在 20 世纪 80 年代中期以前，这个比例是 98%。因此，农行的主导地位逐步让位于农村信用社。即便如此，现在的农行（截至 2006 年末）共有境内分支机构 24 937 个，并在新加坡、香港设有分行，在伦敦、东京、纽约设有代表处，在岗员工 452 464 名，是唯一一家全国各县市都设有分支机构和电子化网络的国有商业银行，依托全国最多的服务网点、覆盖面最广的城乡一体化金融服务网络、最多的客户服务人员，经济效益不断提高，各项业务保持良好发展势头，综合实力、市场竞争力、抗风险能力明显增强。

2007 年 1 月全国金融工作会议确定农行改革的"面向'三农'、整体改制、商业运作、择机上市"十六字方针。可以说十六字方针里最重要的就是"面向'三农'和商业运作"，这关系到农行的市场定位和经营原则。要想把这两点有效结合实属不易，因为"三农"的高风险性与商业银行的三性存在一定的矛盾。一方面，从产业分割和地域分割的角度看，"三农"确实属于弱势产业、高风险区域和弱势群体，它们对中高层次商业金融的需求规模都很有限。而且，县域经济总体发展水平不高，县域产业层次低，企业规模小；农村信用环境不健全，缺乏抵押物，经营风险确实不可低估；大部分"三农"客户金融需求额度小，地域分散，管理难度大，交易成本远高于城市业务。可以说，众多不利条件加大了农村金融运作的风险与难度，使得四大商业银行望而生畏。另一方面，坚持商业运作就是采取市场化的手段实现经济效益目标，形成自负盈亏、自我发展、自我约束的经济主体。但是，与其他三大商业银行不同，农行自成立以来就承担了大量的政策性金融业务，时至今日形成了大量不良贷款，成为农行改革的历史包袱。由于历史上主要服务于"三农"等弱势产业、区域和群体，农行为此付出了沉重的改革和转型成本。农业银行公开发布的 2005 年年报摘要显示，不良贷款额超过了 7 400 亿元人民币，其中近一半不良贷款出自政府的指令性贷款，占到同期四大国有商业银行不良贷款余额 10 725 亿元的 69.0%。不良贷款率为 26.17%，远远超出国有商业银行 10.5% 的平均水平。不仅如此，农行的人员素质、经营管理水平和风险防范机制也都明显逊于其他三大行。农行按国务院要求须在每个县都保留支行建制，因而机构人员规模在四大行中最为庞大，经营效率大大低于同业水平。若要以营利为主要目标，短期内农行势必要撤掉一些边远地区贷款风险高、经济效益不好的网点，把资金流向相对安全和效益较好的城市或农村的富裕地区。而农村落后地区广大的农户和中小企业恰恰是"三农"中最需要金融服务的，如果农行不能服务它们就明显有悖于服务"三农"的职能。

这一问题同样存在于农行的股改和上市方案中。对于农行改革，学术界曾有两种意见，一种是"整体上市"方案，另一种是"分拆上市"方案。这两种方案可以说各有各的优势。"整体上市"的好处是可以发挥农行的规模优势，金融企业是一个特殊企业，特别是商业银行，规模越大，管辖内调度资金余地越强、灵活性越高，抵御单个网点的支付风险、抗御单个网点以及基层行的信贷风险能力就越强。同时，金融业又是一个高风险行业，最需要发挥规模优势和整体优势。从目前看，县域农村金融市场仍是农行业务经营的基础，仍有相当大的业务量分布于这一地区，农行 60% 的网点、51% 的员工、42% 的存款、35% 的贷款分布在县域。而且，农业银行几十年来已经形成了遍布城乡的网点优势，这一点正是农行的核心优势所在，一旦分拆，这种竞争优势将丧失殆尽，也不利于对"三农"的金融服务。"分拆上市"的理由是在政府放松农村金融机构准入门槛的情况下，民间资本和外资会大量进入农村，可以很好地服务于"三农"，而且分拆后经营更加灵活，有助于形成规范的公司治理结构，当然有一个前提，即在引进战略投资者与多元股东的时候，必须把经营权与收益权也一并交给这些民间股东，这样才能避免股东对资产不负责任的大分红与恶意贷款，进行掠夺式的即时消费。

实际上，定位"三农"与商业运作也不是绝对矛盾的，处理得好也是兼容的。一个例子就是香港上海汇丰银行日前宣称，已获中国银监会批准，筹建成立"湖北随州曾都汇丰村镇银行公司"，为当地提供金融服务。汇丰也因此成为首家获准进入中国农村地区的外资银行。为什么外资银行对我国农村金融这么感兴趣？它们看中了农村金融市场的长远利益。首先，中国农村金融市场潜力巨大，主要得益于农民收入的不断增长，新一轮村镇民营企业的崛起和产业结构调整导致东部产业的西移，这些对于银行来说也是利润增长点。其次，农村金融供给严重不足意味着缺少有效竞争。国内四大商业银行的逐步退出，农村信用社规模偏小，新成立的村镇银行又不成气候，这些都不足以成为外资银行的竞争对手。最后，政府对农村金融结构实行优惠政策，包括在税收和补贴方面的优惠，也吸引了外资银行。就目前"三农"情况看，有一定风险，外资金融机构可能短期得不到很大利润，但是长期看，伴随着中国经济的高速发展和"三农"问题的解决，农村金融市场的利润必将是丰厚的。在这方面，外资金融机构的战略眼光可谓十分长远。

就农行发展趋势而言，定位"三农"有了新的举措。2007年9月，农行先是在福建、湖南、吉林、四川、广西、甘肃等地的6家分行开展"三农"金融服务试点，在创新风险控制、绩效考评、资源配置机构及业务发展模式方面进行试点，探索在商业化运作机制下农行面向"三农"的有效途径和模式。10月又增加安徽省分行为第7个试点。同时，根据农行制定的《中国农业银行服务"三农"总体实施方案》，三年内，农行的农村网点达到16 000个以上，投放到县域的自助设备不少于6 000台，对农业产业化龙头企业和基地的服务覆盖面达到50%以上，对全国千强镇的支持面达到50%以上，直接对农户的信贷服务覆盖面达到30%以上，并力争每户农户至少持有一张农业银行发行的可提供信贷、存款、汇兑、理财等服务功能的银行卡。

四、民间金融的负面效应

农村民间金融，又被称为农村非正规金融，是指在政府批准并进行监管的金融活动之外所存在的游离于现行制度法规边缘的金融行为（何广文，2005）。其外延包括自由借贷、银背和私人钱庄、合会、典当业信用、民间集资、民间贴现和其他民间借贷组织（如金融服务公司、财务服务公司、股份基金会等）（郭沛，2004）。

目前，农村民间金融发展迅速，规模不断扩大。来自中央财经大学的调查表明，民间金融的规模在7 400亿元至8 300亿元之间，相当于正规金融机构贷款业务增加额的近30%；花旗银行则估计，仅在2004年5月到10月期间，银行居民存款流失额在9 000亿元左右，这些资金都用于自己投资或民间融资；中国人民银行公布的部分官方数据也表明，民间金融的规模相当于被调查各省当年融资增量的15%至25%。据估计，中国2.4亿个农民家庭中，大约只有15%从正规金融机构获得贷款，85%左右的农户要获得贷款基本上都是通过民间借贷来解决（陈锡文，2004）。另据国际农业发展基金的研究报告，中国农民来自非正规金融市场的借贷大约为来自正规金融市场的4倍，对于农民来说，非正规金融的重要性要远远超过正规金融市场（IFAD，2001）。同时，农村民间金融的不断发展也在一定程度上缓解了"三农"贷款难的问题，这从农村民间金融的高借贷率可以证明：张胜林等（2002）对 50 个个体户、50 家个体私营企业和 200 个农户的调查表明，发生民间借贷行为的分别为 82%、94% 和 24%。从更大规模的调查和研究来看，农村民间借贷的发生率也是非常高的，如温铁军（1999）对我国东部、中部、西部 15 个省份的抽样调查发现，民间借贷发生率高达 95%。

农村民间金融规模迅速扩大的原因来自于内外两个方面。从外部看，以四大商业银行为首的正规金融机构纷纷撤离农村地区，造成农村金融供给不足，这就为农村民间金融的发展提供了广阔的空间。从内部看，民间金融与生俱来的优势决定其有着顽强的生命力。这些优势包括：规模通常比较小，一般依靠地缘和血缘关系而建，信息透明度高；不受法律监管；利率一般由借贷双方协商而定，比较灵活；同时高利率也容易吸引闲散资金，等等。这些都使得民间金融的交易成本大大低于正规金融。

应该说，民间金融在农村发挥了不可替代的作用，这一点是毋庸置疑的。但是，农村民间金融也有不少缺陷，处理不好不仅会产生较大的金融风险，甚至会影响到对整个"三农"的金融服务。其问题主要体现在以下几个方面：

1. 民间金融的利率较高，在一定程度上加重了"三农"的负担。温铁军（1999）对 57 起农村民间借贷的调查发现，民间借贷中无息借贷 8 起，月利在 0~1.5% 的 8 起，1.5%~2% 的 9 起，2%~4% 的 8 起，超过 4% 的 11 起，不清楚的 13 起。在已知的月利（44 起）中，低于当时一般资金市场利率的，也即月利低于 1.5% 的借贷，占了 36.4%。其余为高利贷款，也就是高于资金市场利率的贷款，占 63.6%。即便是亲戚朋友间的借贷不收利息，但作为人情回报，借款者仍会以实物形式予以弥补，按等价折算其利率一般仍高于正常贷款利率。鉴于农村民间金融在农村的规模，高于法定利率的贷款无疑会加重借款者的负担，提高"三农"的借贷成本，不利于"三农"的快速发展。

2. 民间金融纠纷多，给社会增加了不稳定因素。民间借贷的手续简便，往往通过口头约定，缺乏正式的合同和必要的抵押物，贷款人很少对借款人进行有效的审查，事后也没有对借款用途进行监督，而借款人也很难做到根据自己的还款能力进行借款，因此，民间借贷违约的可能性很大。温铁军（1999）对 56 起农村民间借贷的调查发现，能够按时归还的 15 起，仅占 26.8%，延期 33 起，占 58.9%，不清楚的 14.3%。一旦发生违约，就会造成纠纷，而且很少运用法律手段来解决，在得不到法律有效保护的情况下，农村民间金融产权的保护只能通过私人来提供，诸如黑社会等非法组织往往会成为债权人的选择，这样更加大了社会的不安定因素。

3. 农村民间金融潜伏着较大的金融风险。由于民间金融游离于国家金融监管部门的控制范围之外，又缺乏法律保障，而且规模较小，抵御市场风险的能力较差，尤其是加入世界贸易组织后，中国金融在世界金融的地位越来越强大，受国外金融的影响也越大，此外，民间金融还缺少科学的管理和完善的风险防范机制，因而风险很大。如若不加规范，风险积聚到一定程度就会爆发出来，且金融风险具有很强的传递性，会对整个金融系统造成冲击。福安标会倒会就是一个典型的例子。倒会始于2004年5月16日，估计涉案金额9亿元。此前，福安标会资金通过"会抬会"、"会套会"的形式被那些会首集中，大量流入当地赌场，利率不断标高，资金流动不断加快，新会的会期不断缩短，一些会首、会员由于不能及时支付会钱，导致标会的资金链发生断裂，从而引发崩盘。福安标会倒会案涉案人员在2004年12月14日被判刑，既涉及"集资诈骗"，又涉及"非法吸取公众存款罪"。

4. 农村民间金融不利于国家的宏观调控。由于民间金融是一种自发、盲目、分散的信用活动，不受中央银行的控制，再加上民间金融的总量已达到一定规模，它的活动使得央行的调控作用大打折扣。比如，国家的产业政策要限制高污染企业的发展，遏制房地产投资过热，淘汰一些落后产业等，央行可能积极配合要求各商业银行减少甚至是停止这些企业贷款，而民间金融却可以随意进出这些企业，形成对政府宏观调控的干扰。再如，面对流动性过剩，整个社会面临通货膨胀的影响，央行会提高再贴现率和存款准备金率来减少货币供应量，但是民间金融有自己的运行方式，国家很难搞清民间金融的现状，不但不会减少对整个社会的资金供给，甚至还会增加，从而加大了央行货币政策的操作难度，也削弱了货币政策的执行力度。

5. 民间金融发展的两难选择。一方面，民间金融总体虽然已有一定规模，但从个体来看都较小，难以适应新农村经济发展的需要，从这个角度看应大力发展民间金融。另一方面，农村民间金融只在小规模区域内具有优势，一旦发展起来，超出有效区域的临界，如果不在政府的指导下向正规金融转变，民间金融的交易成本将变得非常高，会出现规模不经济，从而引发大量消极后果，因此从目前政府没有立法规范的情况下，又不宜过快发展农村民间金融。

五、农业保险急需改善

农业保险是保险公司对农业生产者从事种植业和养殖业生产过程中遭受自然灾害和意外事故所造成的经济损失提供经济保障的一种保险。由于农业的弱质性和我国自然灾害频繁，经营农业具有很高的风险，十分需要农业保险来分散和补偿。农业保险的经营按照经营方式可以分为两种：商业性保险和政策性保险，商业性农业保险即是由保险机构完全按照商业化的运作方式，以营利为目的而经营的保险；政策性农业保险即是由保险机构根据社会利益最大化原则，不以营利为目的的，在政府资金和法律法规的支持下开办保险业务，支持农业发展的保险。从世界各国农业保险的发展来看，农业保险的高赔付率使得商业性保险逐渐淡出，政策性保险一直处于主要地位。我国是于1982年恢复农业保险业务的。农业保险主要是由中国国有商业性保险公司——中国人民保险公司一家经营，在此期间，中华联合财产保险公司只针对新疆地区开展一些地方性的保险业务。1994年发展到鼎盛时期，而后逐步萎缩，从1993年开始，人保的保费收入逐年下降，1993年的保费收入为56 130万元，1995年、1996年两年保费收入虽有上升的波动，但1997年之后保费收入是逐年下降，从当年的71 250万元降至2002年的27 200万元，年平均递减17.2%，年平均赔付率为88%，高于盈亏平衡点65%~70%的水平，1985年、1986年、1987年这三年的赔付率高达121.6%、136.3%、125.7%，完全是处于亏损经营状态；直至2005年有所好转，全国农业保险保费收入达到7.3亿元，扭转了自1994年以来连续萎缩的局面，但与1994年农险保费收入8.6亿元相比仍有不小的差距。总体来看，制约我国农业保险快速发展的原因是：

从供给上讲，政府对农业保险的重视程度不够。这表现为：一方面从财政上讲，税收扶持不到位，目前我国在涉农险种中，只对种、养业保险免征营业税，其他农业保险还需按章纳税；并且财政补贴制度不健全，没有建立在科学规划的基础上，具有较大的随意性。另一方面对农业保险的立法不够，未能从制度上保障其发展。从农业保险开展比较成功的国家来看，大都有比较健全的法律体系。各国虽然国情不同，农业保险设立伊始也不尽如人意，但是经过不断实践、总结都探讨出适合本国国情的补贴办法，并从法律上对农业保险的经营原则、保险责任、保险费率、赔偿办法、农业保险经营主体的地位以及政府在农业保险中的作用等都作出了明确的规定，如日本的《农业灾害补偿法》、美国的《联邦作物保险法》、加拿大的《农作物保险法》、韩国的《农业灾害损失补偿法》等，可以说，保险制度健全是各国农业保险成功的共同因素，值得借鉴。

而政府对农业保险的认识误区又与以下因素有关：

1. 我国农业保险面临的情况异常复杂。我国幅员辽阔，自然环境复杂多样，自北至南依次出现寒温带、温带、暖温带、亚热带、热带、赤道带6个气候带，区域结构复杂，为农业保险的合理制定增加了难度。

2. 从历史上看，一旦出现农业灾害，政府往往动用财政进行补贴或动员社会捐款、捐物来援助，而对农业保险的优越性认识不够。比如有些官员认为，农业保险的补贴效果如何值得怀疑，极有可能形成只补贴给保险经营机构而没有补贴给真正的受益者——农民。还有官员认为，中国农户的经营规模非常小，这种小规模的农户本身就有良好的化解风险的功能，可能根本不需要农业保险的支持。

3. 由于农业保险特别容易产生逆向选择和道德风险问题，且难以防范，政府担心投入的巨额财政资金会浪费，得不到有效利用。据有关专家统计，就农作物保险赔付这一项，其中道德风险所占的比例就高达 20%，在牲畜赔付中骗赔现象更为严重。

4. 地方政府对农业保险的支持力度不够。政策性保险的实施往往是由中央财政、地方财政和农户共同负担。而中国各地经济发展水平有较大的差异，各地农业在国民生产总值中所占的份额完全不同，很多农业大省财政资金匮乏，补贴的积极性不高，资金难以到位，尤其是到县一级财政更不容易落实补贴，形成"中央补得起，地方贴不起"的矛盾。这从客观上不利于农业保险的进一步扩大。

从需求上讲，农民投保的积极性不高，据资料统计，目前全国农民参保率还不及 0.5%。以下几点可以解释这种现象：

1. 从我国农业保险的历史看，起步较晚，农民对农业保险认识不够，普遍持怀疑的态度，而且经常与"乱收费"、"行政性摊派"等消极现象联系在一起，对农业保险有误解。一些农民认为参不参加农业保险无所谓：年景好，生产经营靠天收；年景不好遇灾害，指望政府救助。受灾时感到保险重要，无灾时缺乏防范心理，等到大灾临头，却只能后悔；还有一些农民认为参加保险后如果无灾损，经济上大吃亏，甚至要求保险公司退保费，有些农民则把保险公司作为救济机构，想方设法向保险公司多要钱，造成保险公司无法进行正常的经营。

2. 农民收入过低，无法承担农业保险的高费率。一方面，农业保险的保险费率远高于一般财产保险的保险费率。如中华联合财产保险公司的农业保险费率约为 5%～12%，其中玉米、小麦为 5%，棉花为 6%，甜菜和蔬菜达到 10%，而一般财产保险的保险费率仅为 0.2%～2%。导致农业保险费率高的原因是农作物损失率和养殖业死亡率高。另一方面，较高的保险费率与农民的承受能力相差甚远。按费率 10% 计算，即农民要投保 1 000 元的保额，需交 100 元的保费，但是现在农民收入水平依然偏低，加之农业生产成本居高不下，农民可支配收入较少，2003 年全国农民人均收入为 2 622 元，还不到城镇居民人均收入的 1/3。在许多农村地区尤其是贫困地区农民仅够维持简单的再生产，而无多余的资金去投保。通过调研，种植业和养殖业农民平均只能承受 30% 左右的保险费，大约占保费额度的 1/3。

3. 落后的农业生产方式也制约投保的积极性。我国虽然是一个农业大国，农业耕作人口占全国人口的 58.2%，但人均耕地面积不及世界人均的 1/3，农业生产经营体制是小规模的家庭联产承包责任制。随着经济的发展，这种经营体制的弊端越来越明显，极大地制约了生产的规模化经营，无法实现规模经济，有些地区人均耕地不足一亩，对于他们来说，宁愿自己承担风险也不愿购买保险。而且，随着市场经济的快速发展，城镇化与工业化进程加快，农村的劳动力大量向城市转移，而农业已不再是农户家庭收入的唯一来源，进城务工的收入已经在一定程度上弥补着农业面临的风险，这必然降低对农业保险的有效需求。

六、小额信贷的作用还未能充分发挥

按照国际通行的定义，小额信贷是不发达国家向贫困人口实行的一种以数额小、期限短、分期偿还、没有抵押和担保为特征的金融服务方式。小额信贷于 1976 年最先出现在孟加拉国，由穆罕默德·尤努斯教授创立的乡村银行——格莱珉银行（Grameen Bank，GB）小额信贷实验项目，在扶贫和经济发展方面取得巨大成功，并于 1993 年引入中国，获得快速发展。

我国早期的小额信贷资金上完全依赖国内外捐助，操作上也是政府运作，项目基本上属于短期行为，难以持续发展，从运作机制和扶贫效果方面与当前国际流行的小额信贷还有较大差距。当今国际小额信贷运动的核心是以富有成效的金融创新，同时在金融服务覆盖面和机构可持续发展两个方面取得进展，并以此实现减贫和农村经济增长的二元目标。[①]

目前我国提供小额信贷的组织主要有两类：一是传统金融机构，包括农村信用合作社和商业银行；二是新出现的小额信贷公司，我国自 2005 年开始启动"商业性小额贷款公司试点"工作，强调在中央统一规定之内，发挥地方政府和民间资本的积极作用，试点地区可以因地制宜地制订适合当地情况的方案。目前包括山西、陕西、四川、贵州、内蒙古进行商业性小额信贷试点的五省区共成立了晋源泰、日升隆、全力、华地、信昌、大洋汇鑫和融丰 7 家小额贷款公司。新建的小额贷款公司被明确界定为"只贷不存"，且只能在机构所在的县级行政区域以下开展业务，不得跨行政区域经营。虽然它们在扶贫和解决贷款难方面起到了积极作用，但是仍存在一些缺陷，制约了其作用的有效发挥。

从农村信用合作社和商业银行（以农行为主）方面看主要问题是：

---

① 焦瑾璞、杨骏：《小额信贷和农村金融》，118 页，北京，中国金融出版社，2006。

1. 过低的优惠利率提高了运行成本，不利于可持续发展。由于传统金融机构发放的小额贷款是央行支农再贷款和扶贫贴息贷款，具有政府和社会公益性，以扶贫为主要目标，而忽视了小额信贷运作中的有偿性和可持续性，不仅加大了财政的负担，而且贷款者的还款压力不大，导致高违约率。对于小额信贷的利率，我国政府和中央银行的政策有严格的规定，尤其对政府和银行专项扶贫的贴息低利率更不允许作任何的变通，支农再贷款最初的时候利率为 2.25%，2005年 1 月 1 日上调至 3.24%，一直低于一般贷款利率。低利率会使农民产生错觉，误认为小额贷款是国家免费的补助，不要白不要，容易引发道德风险。比如，2004 年 6 月末，农行 381 亿元的扶贫贴息贷款余额中，贷款不良率高达 70%。除此之外，低利率还容易催生腐败。在实践中，低息贷款有不少流入到农村的有权阶层手中，成为牟利的工具。而严格意义上的小额信贷要求在不依赖政府和国际组织提供的补贴和优惠资金的前提下，项目和机构的经营收入能覆盖其成本，因此，小额信贷的利率应与商业利率看齐，甚至由于承担"三农"的高风险性，其利率还应略高于银行一般贷款利率。

2. 小额贷款的一些具体规定已不适应农村经济的发展。首先，信用额度过少难以满足农村产业化对资金的需要。随着农村产业化进程的深入，农民素质的提高和科学技术的迅速传播，一部分农民已经从传统意义上的小农户转变为能产生规模经济的养殖专业户和种植大户，他们对资金的需求明显加大，而信用社发放的小额贷款由于受众广、业务量大、成本高、利润低，且受自身资金规模限制，因此，额度一开始规定是在 5 000 元以内，但是现在看来显然是过少了。其次，贷款使用期限与新型农业的发展不相适应。随着农业科学技术的不断发展，一方面农业生产项目也在不断延伸和改变，农业生产的周期和链条也在延长；另一方面高附加值和高市场化的新型农业使得生产周期出现多样化，这些与"春种秋收"的传统生产周期有了很大改变。当前的"一次核定、随用随贷、余额控制、周转使用、期限 1 年"的小额贷款制度期限太短，不利于对新型农业的生产进行持续支持，也使贷款回收的难度加大。例如，对于种植多年生的药材、林木，季节性的果蔬，特殊的养殖业及其产品的加工，如果一年就要求农民还贷，无疑加大了贷款不能按期偿还的因素。

3. 小额贷款行政化带来的负面影响。农行本身就是国有企业，而农村信用社名义上是合作金融机构，但所有者缺位，带有十分强烈的官办色彩，而政府是小额贷款的推动者，于是小额贷款在各级地方政府的参与下获得快速发展，但也产生了一个问题——小额贷款的发放逐步演变为金融机构与地方政府共同参与的一项政治任务，出现目标置换（Goal Replacement）现象。比如，有些地方把小额贷款发放的数量与乡村干部的政绩相联系，片面追求量的发展，使得小额贷款流于形式，由于农户众多而工作人员数量有限，短时间内对小额贷款的突击发放根本不可能建立在对农户信用等级科学评定的基础上，必然会产生以下危害：一方面，贷款不能真正到达信用良好的农户手中，不利于资金的优化配置，也难以起到支持"三农"发展的作用；另一方面，当贷款被信用不良的农户使用，可能产生浪费，提高了还贷的风险。另外，总的看来，小额信贷的信用评级主体、标准、程序不明确，比较粗糙，还没有建成一个科学合理的信用评级体系。

4. 缺乏对农户全方位的指导，加大了还款的风险。目前的小额贷款为方便农户，多为信用贷款，不需要抵押物，有不少农户看到贷款手续简化，利率较低，加上对还款机制的认识还不到位，纷纷申请贷款，具有很大的盲目性。由于单个农户的市场信息不足，技术水平有限，参与市场竞争、承受市场风险的能力较弱，而金融机构的工作人员往往只关心贷款本身，而缺乏对农户产前产后的综合服务：在产前缺少小额信贷还贷方式的宣传，也很少对农户的经营项目提供完善的市场供求信息；产中未能协助农户获得专家的技术指导；产后也不能及时帮助农户收集销售信息。可以说在这三个环节中，任何一个环节出问题，都有可能使农户亏损，使得小额贷款很难及时回收。当然，要想弥补这一缺陷，仅仅靠金融机构的力量是不够的，还需要各级政府的积极配合，才能为农户贷款后迅速走向致富之路提供有力的保障。

从新试点的小额信贷公司看，主要问题是：

1. 缺乏资金支持，难以实现可持续发展。小额贷款公司处于试点阶段，国家严格控制其规模。比如规定了只贷不存，只能以股东合法的自有资金和捐赠资金发放小额贷款，不得以任何形式吸收公众存款，不得发行债券和彩票。还有贷款对象仅限于"三农"，不得跨区经营，等等。这些措施会使小额贷款公司难以获得稳定的资金来源，不利于发展壮大，也不符合国际小额贷款流行的做法，即便是尤努斯教授创办的乡村银行也没有限制存款，只是规定了贷款只限于当地的农户。

2. 难以惠及农村的贫困人口，扶贫作用不明显。比如贷款还基本需要抵押和担保，而且单笔贷款规模过大，显然不符合贫困农户的实际需要。具体情况如表 3 - 5 所示。

表 3 - 5　　　　　　　　　　小额信贷组织试点公司一览表

公司名称	公司地点	单笔贷款规模	贷款利率（年）	期限
晋源泰	山西太原	10 万元（自然人），5 万元以下农户贷款比例不得少于 70%	20.05%（至 2006 年 8 月 2 日）	1 年以内
日升隆			16.398%（至 2006 年 8 月 18 日）	3 个月至 1 年

公司名称	公司地点	单笔贷款规模	贷款利率（年）	期限
全力	四川广元	40 万元	9.396%~23.4%（至 2006 年 10 月）	1 个月至 1 年
华地	贵州铜仁	60 万元	基准利率的 2.5 倍（成立当天）	6 个月至 1 年
信昌	陕西户县	40 万元	18.6%（成立当天）	N/A
大洋汇鑫		40 万元	18.6%（成立当天）	15 日至 1 年
融丰	内蒙古东胜	250 万元	农户 16.74%~18.3%；个体工商户 22.3%~24.48%（2006 年 10 月 24 日）	3 个月至 1 年

第4章

农村金融服务支持体系的
国际比较和经验借鉴

我国现在仍然是一个发展中国家，整个金融体系，特别是农村金融体系的效率还很低，对"三农"的支持力度还很不够。在经济全球化快速发展的今天，要想创新和完善农村金融服务体系，就必须积极借鉴其他发达国家和发展中国家在这方面的成功经验。也只有这样，才能更好地利用后发优势来提升我国农村金融体系服务"三农"的水平。

以下我们本着先宏观、后微观的思路，根据世界上农村金融体系比较完善、金融服务功能较强的一些国家的具体情况来逐一介绍。

从宏观上看，这些成功的国家大都建立了包括政策性金融、合作金融、商业性金融在内的功能完备的农村金融服务体系，只是各国的侧重点不同。发达国家主要借鉴美国、日本和法国，发展中国家主要借鉴印度。

4.1 农业金融的国际比较和经验借鉴

4.1.1 美国的农村金融体系

美国是世界上农业高度发达的国家，除了自然条件优越、科学技术发达之外，很重要的一点就是美国的农村金融体系为农业的发展提供了强大的资金支持和全面的金融服务。美国的农业金融机构建立于20世纪初，至今已经建立了以合作金融体系为主导、以政策性金融为补充的、商业金融和私人信贷也提供一定程度支持的多层次、全方位的农村金融体系。这里主要介绍美国的合作金融和政策性金融。

一、合作金融体系

农户信贷系统是美国的合作金融体系，根据1916年政府颁布的《农户信贷法》由政府出资，采取自上而下的方式，逐步发展起来。它的主要目的是通过对农业相关组织、农业发展项目放贷，扩大农业可用资金的来源，改善农民工作条件和福利，增加农民收入，加快农业发展。其系统主要包括三大部分：联邦中期信用银行、合作社银行以及联邦土地银行。其组织机构如图 4 – 1 所示。

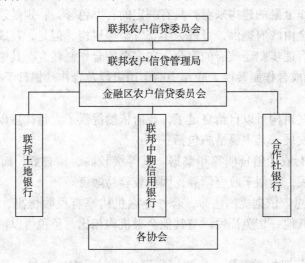

图 4 – 1　美国农户信贷系统

政府成立独立的领导机构——联邦农户信贷管理局，负责领导、监督和管理整个农户信贷系统。它的具体管理机构是联邦农户信贷委员会，为确保政府对农户优惠政策的执行，又下设 12 个农户信贷区，并成立金融区农户信贷委员会进行领导。每个信贷区又分别设立三家不同的专业化信贷机构：联邦中期信用银行、合作社银行以及联邦土地银行。

联邦中期信用银行是美国最重要的农业信用合作系统，该系统由 1923 年美国政府在 12 个信用区建立的 12 家联邦中期信用银行组成。主要是提供中短期的动产农业抵押贷款，它的建立在于沟通都市工商业金融与农村的农业金融，以吸取都市资金用于农村。但它不是直接贷款给农户，而是贷给农民的合作社及其他各种农民的营业组织，以贷给生产信用社为主，以促进农牧业的生产与经营。

合作社银行是负责清算和资金调剂的中央机构，其主要职能是为区域的农业合作社提供贷款和咨询服务，目的是为了帮助合作社扩大农产品销售、储存、包装、加工农产品，保证农业生产资料供应和其他与农业有关的活动。合作社银行主要提供三种贷款：一是设备贷款，二是经营贷款，三是商品贷款。除这三种贷款外，合作社银行还开展国际银行业务，为农业合作社农产品出口提供便利。

联邦土地银行实行股份所有制，每个合作社必须向联邦土地银行缴纳本社社员借款总额的 5% 股金，银行股权归全体合作社所有，也间接地归全体借款人所有；联邦土地银行的主要业务是提供长期的不动产抵押贷款，贷款对象主要是个体农场主，贷款期限为法定的 5~40 年。

从美国合作金融的建构来看，具有一定的官办色彩，特别是这三家专业性银行的资本金完全由政府提供，可视为半官方金融机构。但是，在成立后的一段时间内，这些银行逐步归还政府的资金，向完全的合作制转变。其中，联邦土地银行于 1947 年完成合作制转换，联邦中期信用银行及合作社银行于 1968 年实现合作制。

即便是这些机构可以自给自足了，政府依然提供了大量优惠以促进合作金融体系的可持续发展。其主要措施包括三个：

1. 允许发行农业信贷债券和票据。其等级较高、信誉好，而且持有者免征州和地方所得税，类似于政府债券，因而较容易融资。

2. 税收优惠。依据美国法律，合作金融机构享有税收优惠，除自身所有的不动产之外，其他一切免征税。与其他金融机构相比，免税可以增强合作金融机构的竞争力。

3. 允许进行股权类融资。这些银行可以发行没有投票权，只有分红权利的"参与证"来融资，这样既可以扩大资金来源，又不违背合作制的基本精神。

1985 年，为适应美国金融体系购并、重组的浪潮，根据修订的《农业信贷法》，其合作金融体系在结构上进行了较大的改革。总体结构如图 4－2 所示。

改革最大的变化就是区域结构的改变，原有各区域内平行分布的专业金融机构已经重组为综合性的机构：美国农业银行、农业银行、第一农业银行、得克萨斯农户信贷银行和合作社银行。改革后，在一定区域内只要一家金融机构就可以办理综合性业务，进一步降低了成本，提高了竞争力。

二、政策性金融体系

美国的农村金融服务体系中与合作金融体系相配套的是政府主导的政策性金融体系，它专门针对于农村和农业发展来实施政府的优惠政策。虽然在深度和广度上远不及合作金融体系，但是它在实施政府农业补贴、调节农业生产的规模和发展方向、贯彻政府的农业支持政策方面发挥了难以替代的作用。根据《农业信贷法》这个体系由农民家计局、农村电气化管理局、商品信贷公司和小企业管理局组成。这些金融机构的资金主要来源于政府提供的资本金、预算拨款、贷款周转资金和部分借款，服务对象各有侧重。

1. 农民家计局（FmHA）是美国政府办理农业信贷的主要机构，其设立宗

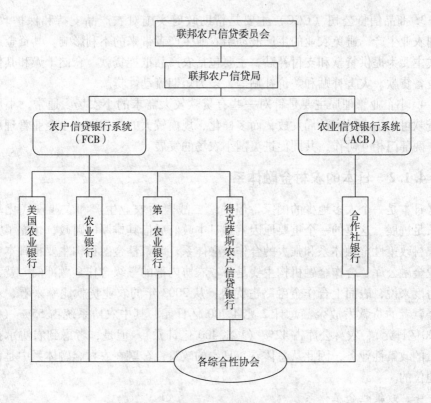

图 4 - 2　美国农户信贷系统（改革后）

旨是：创立自耕农户，改进农业生产，改善农民生活。服务对象主要是那些无法从商业银行和其他农业信贷机构借到贷款的农业从业人员，帮助贫困地区和低收入的农民解决资金短缺问题。农民家计局资金运用主要是提供贷款和担保。贷款可以分为直接贷款计划和紧急贷款计划两种，包括农场所有权贷款、经营支出贷款、农房建设贷款、水利开发和土壤保护贷款等；担保主要是为了方便农民贷款，通过对商业银行和其他金融机构对农民发放的贷款提供担保，并补贴由此产生的利差来解决农民贷款难的问题。同时，农民家计局也是政府农业政策实施的主要工具，在农业部的领导下有力地促进了农村的发展。

2. 农村电气化管理局主要为改善农村公共设施和环境而设立，由于农村社区发展、水利建设、电力设施等有关农村基本建设问题，需要大量的资金，且回收时间长，风险大，一般的金融机构难以胜任，只有国家出面，在统一规划的基础上，利用财政和优惠贷款来解决。成立以来，通过对农村电业合作社和农场等借款人发放贷款极大地提高了农村电气化水平。

3. 商品信贷公司（CCC）主要是帮助政府实施对农产品支持和保护政策，控制农业生产，避免农业的生产波动给农业生产者带来的不利影响。其资金运用形式主要为提供贷款和支付补贴，主要包括农产品抵押贷款、仓储干燥和其他处理设备贷款、灾害补贴和差价补贴等，多为短期流动性贷款。

4. 小企业管理局主要是针对一些有贷款较大需求的小农场。通常，小规模的贷款可以由农民家计局发放，而多样化、规模较大的贷款则由小企业管理局发放。两部门相互协作，共同促进美国小农场的发展。

4.1.2　日本的农村金融体系

日本是一个人多地少的国家，但是"二战"后农业生产和农业现代化却有了长足进展。这里的一个重要原因就是日本政府凭借其雄厚的财政，建立了完善的农村政策性金融体系和强大的合作金融体系。政策性金融机构主要指日本农林渔业金融公库；合作金融机构主要是日本农协内部的三级合作金融部门。就其支农力度来说，表面上合作金融略占优势：从 2003 年的农业贷款比率来看，对农业经营者的贷款发放余额总计 2 兆 4 700 亿日元，其中农协系统占 55%（1 兆 3 700亿日元），农林公库占 42%（1 兆 400 亿日元）。但是，考虑到农协承担着大量的政策性业务，因此从总体看，日本的政策性金融在农村金融体系中是占主导地位的。

一、政策性金融体系

（一）日本农林渔业金融公库

它建立的目的是在农林渔业者向农林中央金库和其他金融机构筹资发生困难时，给它们提供利率较低、偿还期较长的资金。长期以来，该机构一直运行较好，极大地促进了日本农林渔业的发展。其成功之处源于以下三个方面：

第一，实行严格的计划管理，保证资金的供给。公库设有总店和支店两级机构，其财务管理实行一级法人、统一核算、专项管理。每年公库都要向财务省上报财务预算，经核准后根据实际情况决定补助金，结余上交，不足则必须追加。总店和支店的资金往来也严格按计划执行，各项费用由总店统一管理，统一支付。

第二，对贷款实行严格的贷放审查和及时跟进的贷后管理援助。贷放审查要经过三级：分别是市、町、村长审查农户的贷款资格；公库支店或业务代理审查贷款使用期限；总店根据各机构意见作出决定并通知农户。贷后管理主要包括监督资金的运用和提供必要的资金支持，项目初期要防止资金被挪用，待运转后帮助解决实际困难，以确保贷款的回收。

第三，根据政策需要适时调整职能定位。由于在经济发展的不同阶段，农业对信贷要求不同，政府的农业信贷导向也不同，这些都决定了公库要及时调整贷款重点，以适应农业在不同时期对信贷资金的需求。具体来讲，公库的职能经历了四个阶段：（1）20世纪60年代以前公库主要为增加粮食生产、实施土地改良和促进生产力发展提供资金。（2）20世纪60年代至1975年，贷款范围急剧扩大，主要用于农业生产结构的调整，缩小与其他产业的差距。（3）1976—1990年，公库贷款主要支持农产品出口，提高农业在世界范围的竞争力。（4）1990年以后，贷款重点转向农户和农村基础设施建设，进一步提高农户收入，提高农业产量，稳定农业生产。

（二）日本农协的政策性业务

尽管农协的信贷业务属于合作金融范围，但是由于日本农林渔业金融公库的资金投放以委托放款为主要形式，故农协系统承担着相当比重的政策性贷款业务，主要包括农业现代化资金、农业改良资金、农业经营改善资金和灾害资金。

（三）农业信用担保保险制度

这一制度可分为担保保险制度和信用保险制度。担保保险制度是为了方便农户向农协贷款设立的一种担保制度。当农户缺乏必要的抵押物或贷款困难时，只要得到县级农业信用基金协会的担保承诺就可以顺利从农协得到贷款，一旦到期不能偿还，则由基金协会代偿。基金协会的资金主要来自各会员的出资、储备金余额、县级政府补助金和来自信用基金的保险基金等。信用保险制度相当于对各县级基金协会的再保险制度。由国家、47个基金协会和农林中央金库共同出资建立农林渔业信用资金，主要对基金协会受理的担保给予保险和对不经基金协会担保而直接向农林中央金库、信农联和其他指定机构申请的贷款进行保险。

二、合作金融体系

农协是日本的合作金融组织，从中央到地方形成三级体系：最高层的是农林中央金库，为中央一级，是各级农协内部以及农协组织与其他金融机构融通资金的渠道。它是农协系统的领导机构，负责系统内资金的融通、调剂、清算。由于其突出的地位，它的资金主要贷给信农联和全国性的大企业；中间一层是都道府县级组织，成立信用农业协同组合联合会，简称信农联，主要帮助基层农协进行资金管理，并在全县范围内组织农业资金的结算、调剂和运用。其资金要首先满足辖区内部的基层农协的资金需求，然后再满足县内中等企业的要求；最基层的是农业协同组合，为市町村一级，主要把资金贷给内部社员，不以营利为目的。

三、日本农村金融的最新发展趋势

2005年12月，根据政策性金融改革要求，决定缩减政府金融机构的融资规模，扩大民间金融的规模，政府金融机构彻底成为民间行业的补充机构。农林公库的融资今后将进一步限定于政策要求高、风险评估难、公益性强的领域。政府金融机构要为激活包括农协系统在内的民间金融机构开展农业融资而创造环境，促进民间机构参与中短期融资及运转资金投放，使农业经营者在金融方面能够多些选择。

具体实施方法和步骤是：第一，推进与民间的协调融资；第二，与民间金融机构签订业务合作协定，提供公库所拥有的农业审查的智慧与经验；第三，研究提出新的金融体系构造，即为农业融资债权流动提供证券化支持和利用金融衍生产品（以股份、债券、汇率、利率的变动为对象的金融交易商品）来减轻信用风险；第四，通过提供信用风险数据库，采取对农业融资信用风险进行统计评估模式，开展信用风险的补充服务。

4.1.3　法国的农村金融体系

一、法国农村金融体系概况

法国的农村金融机构主要包括法国农业信贷集团、互助信贷联合银行、大众银行和法国土地信贷银行等农业信贷机构。其中，最为重要的机构是法国农业信贷集团，它采用多种所有制复合形成的"上官下民"模式，较好地把政策性金融和合作金融结合到一起，具有较强的借鉴意义。

该集团由三个层次构成：最高层是法国农业信贷银行，它是会计独立的官方金融机构，也是全国农业信贷互助银行的最高管理机关；中间层是省农业信贷互助银行，属于合作金融机构，负责协调省辖基层农业信贷互助银行的业务，分配管理资金，并可办理转账、投资等业务；基层是地方农业信贷互助银行，主要负责吸收和管理活期存款及储蓄资金，也属于互助合作性质的金融机构，凡从事农业活动的自然人和机构法人均可成为会员。基层行吸收存款并上缴所属省级银行，由省级银行根据基层行的审核意见向会员发放贷款，多余的存款交给中央一级的法国农业信贷银行统一调拨使用。

二、法国农村金融体系的优点

由于信贷集团的最高层属于政府管理，因此，就极大地保证了政府对农村优惠政策的实施效果。具体表现在以下三个方面：

1. 代表中央一级的法国农业信贷银行参与制定国家农业信贷政策，为政府提供农业发展的合理政策和建议，既有助于政府在农业方面的科学决策，又在某种程度上加强了农业信贷银行在整个金融体系中的特殊地位和政府的扶持优势。

2. 享有发行由政府担保债券的特权，加强了在债券市场上的融资能力；还有一部分来自于政府借款以及其他方式募集的资金，这些政府的优惠措施保障了资金的充分供应。

3. 信贷集团从地方到中央都享有减免税收的待遇，并且政府对于该行的政策性低息贷款给予补贴，使其在全国金融体系中处于一个较为有利的地位，以促使其业务规模和实力不断壮大。

虽然法国信贷集团由政府管理，但并没有因此形成一个僵化的体制，相反它的业务是十分灵活和有效的。从其业务范围看，不仅有大量的存、贷款，而且涉及农村各方面的投资和担保活动。贷款主要是与农业生产有关的普通贷款和优惠贷款，其中优惠贷款更能体现政策性贷款的职能，期限较长，主要满足个人购地、农村组织建设、电气化和农田水利建设等需要。涉农投资主要采取商业化运作，涉及面广，大到农村的工业和教育，小到个人经营和住房需要，但主要是为了改善农村环境，提高农业技术水平。担保主要是为了农户和合作金融组织更加有效地开展贷款活动。

总的看来，以农业信贷集团为标志的法国农村金融体系较好地把政策性金融机构和合作金融机构融合为一个体系，既保证了政府的适当干预和控制，快速有效地贯彻政府的农业政策，又没有过分干预基层机构，充分发挥了中下级合作金融的积极性，从而保证了整个体系的灵活性。

4.1.4　印度的农村金融体系

印度是发展中的农业大国，与我国有很多相似的地方，其农村金融的成功方面尤其值得我国借鉴。

一、印度农村金融体系的演进

印度独立初期，高利贷占印度农村信贷总额的一半以上，其他信贷规模比较低。20世纪60年代中期以前，成立于1904年的印度合作金融机构是农村信贷资金的主要提供者；随后，商业银行在农村经济发展中发挥了重要的作用。但流向农村的信贷资金从未充分地满足农户的需要。但是印度政府从20世纪60年代开始，实施绿色革命，以各种措施来支持农村金融的发展。在1969年至1980年进行了两次银行国有化运动，直接控制国有银行，并在农村设立大量的金融机构。印度政府还要求私人银行与外资银行也必须增加农村网点，同时颁布了一系列的法令，设立土地发展银行、地区农村银行，调整监管体系，另外还规定银行对优先部门的贷款比例以保证有机构进入农村的同时还有足够的资金进入农村，从而增加对农户信贷资金的供给。政府还实施了一系列的计划直接或间接支持农村的金融活动，主要包括推行现代农业技术为中心，辅之以农业信贷、财政补贴、农产品价格支持等。随着这些措施的实行，印度支持农业发展的金融体系逐渐得到发展和完善，同时也在很大程度上满足了农村的金融需求。

二、印度农村金融体系现状

目前，印度农村金融体系主要包括印度储备银行（RBI）、商业银行、地区农村银行（Regional Rural Banks，RRBs）、合作银行（或合作社）、国家农业和农村开发银行（the National Bank for Agriculture and Rural Development，NABARD）。

印度储备银行是国家的中央银行，它对农村的金融机构实施单独的许可准入制度，以鼓励和促进农村金融机构的发展。在1982年以前，负责监管和协调各农村金融机构。为了加强政府的扶持力度和对农村金融的监管，1982年7月，印度将印度储备银行农业信贷部、农村计划和信贷办公室与农业再融资开发公司合并，成立全国农业和农村开发银行（以下简称农发行）。农发行的地位相当于农村金融体系的中央银行，为农村金融机构贷款，并负责监管所有农村的金融机构，是整个农村金融体系的核心。其职能主要包括信贷职能、开发职能和监管职能。贷款方面可分为：一是生产性贷款，只贷给各邦合作银行和地区农村银行，期限相对较短，一般不超过18个月，用于涉农物资的购销和农村中小企业的可持续发展。二是投资性贷款，服务对象为各类农村金融机构，主要用于加强农村基础设施建设、产业结构调整和环境保护。贷款期限较长，运行模式采用项目管理，为防范风险，充分考察项目的可行性，并且规定项目所有者自有资金的比例，大大提高了项目的安全性。政府根据不同的项目提供不同的利率优惠，并且优先满足不发达地区的资金需要。三是转换性贷款，该贷款主要用于自然灾害时期，当农村中小金融机构的短期贷款回收困难时，农发行向其提供信贷支持，把贷款期限延长为中期贷款，但一般不超过7年。在开发方面，农发行花费了大量的人力、物力增强合作银行和地区农村银行的实力和规模，通过建立各种专项基金开展人力资源培训、信息系统更新、基层组织建设等。监管上范围广泛，但主要检查合作银行和地区农村银行，除了非现场监管外，还包括业务检查、系统研究、管理审计和财务状况评估等。

另一个政策性很强的金融机构是地区农村银行。由于农村信用社的资金来源和经营管理都比较薄弱，而印度商业银行资金雄厚，管理专业，但却以城市服务为主要对象。为了结合两者的长处，印度1976年通过《地区农村银行法》，建立了地区农村银行。每个地区农村银行均由一家商业银行主办，由中央政府认缴50%，邦政府认缴35%，主办商业银行认缴15%，还可通过发行债券筹措资金。地区农村银行的营业机构主要建立在农村信贷机构薄弱的地区，贷款对象主要是小农、无地农民和农村小手工业者等贫穷农民,还给贫苦农民提供维持生活的消费贷款,贷款利率一般低于当地农业信用合作机构。地区农村银行大量机构的设立,大大提高了印度农村地区金融机构的覆盖率。而政府的直接支持,维持了这些地区农村银行在农村信贷体系中的特殊地位。

印度的合作金融机构是整个农村金融的基础力量,它分为两类:一类是提供短、中期贷款的合作机构,主要是信贷合作社;另一类是提供长期信贷的合作机构,主要是土地开发银行。信贷合作社自下而上又可分为三个层次:最低一级的是初级农业信用社,由农民集资入股而成,主要向社员提供短中期贷款,期限一般是一年,利率比较低。除提供贷款外,它还向社员提供生产资料供应、安排剩余农产品销售等服务;在初级农业信用社的基础上形成地区性中心合作银行,是中层信贷合作机构,其经营活动限于某一特定区域,主要是向由农民组成的初级农业信用社发放贷款,以解决其成员即初级农业信用社资金不足的困难。它是初级农业信用社和邦合作银行的桥梁;最高一级的是邦合作银行,其成员为邦内所有的中心合作银行。它的资金主要来源于从印度储备银行取得的短期、中期贷款,还有一部分来自个人存款及中心合作银行的储备。

土地开发银行是为了满足农民购买价值较高的农业设备、改良土壤、偿还国债和为赎回抵押土地的需要而提供一种长期信贷。它也分两级,即每个邦的中心土地开发银行和基层的初级土地开发银行。初级土地开发银行直接与农民发生业务联系;中心土地开发银行则主要向初级土地开发银行提供资金。

对于各商业银行来说,由于农村金融业务的高风险,其在农村的业务规模不大,政府为了使资金流向农村,实行对"优先部门"的强制性贷款规定:本国银行对优先部门的放款不得低于贷款净额的40%;外商银行不得低于32%。这些优先部门包括农业、小型企业、出口产业,甚至涵盖政府推动的住宅贷款计划,其中对直接用于农业部分不得低于贷款净额的18%,对农业薄弱部门和农村地区有关活动的直接贷款须占对农业贷款的55%。如果达不到规定比例,差额部分的资金以低于市场利率的资金价格存放到国家农业农村发展银行,由国家农业农村发展银行对地区农村银行和邦农村合作银行进行再融资,也可以购买印度农业农村发展银行的债券。大量的贷款保证了农村发展的资金支持,提高了农业的增长率。

4.1.5 经验总结与借鉴

一、发达国家农村金融成功的经验

从发达国家看,各国农村金融成功方面的共同点是:

各国都建立了较为完善的农村金融体系。该体系包括政策性金融机构、合作金融机构，还有其他一些商业性金融机构及私人借贷等，它们互为补充、互相促进，共同支持农业的发展。

政策性金融机构在体系中占据着主导地位或重要地位，并且，国家通过各种措施和渠道保证政策性金融机构的良性运转，以保障其良好的资金供应能力。这一点充分体现了一国农村金融体系的建设离不开政府的财政支持和政策倾斜。

国家财政的大力支持，范围广泛，涉及整个农村金融体系。由于发达国家有着雄厚的经济基础，为了发展高效的农村金融体系，各农村金融机构在发展过程中都得到了政府在财力上和优惠政策方面的大力支持，利率比较低，贷款条件比较宽松。

涉农金融机构融资渠道广泛，并且含有政府的隐性或显性担保。由于政府的政策优惠，农村金融机构除了可以获得国家的优惠贷款之外，还可以凭借其特殊地位，通过发债较为容易地在资本市场上融资。

各农村金融机构不仅仅发放贷款，而且对农民的生产还带有一定的指导性。这样不仅有利于帮助农民进行科学生产，帮助农民致富，同时也减少了贷款的不确定性，降低了贷款的风险。

虽然政策性金融的地位依然重要，但新的发展趋势却是政策性金融的规模有所下降，合作金融的规模有所上升。这种变化的目的可能会提高整个农村金融体系的支农效率，因为政府主导的政策性金融机构的效率低下，而合作金融机构网点多、分布广、同农民联系密切、经营方式灵活、业务范围大。

各国都通过立法来保障整个农村金融体系的正常运行。金融支持农业发展需要法律的保障。美国、日本等国家都有比较完善的关于农业金融的法律体系。如美国的《联邦农业贷款法案》、《农业信用法案》等，同时，美国还把农业金融的运作融合到其他的相关法律体系中，从而使金融支持农业发展有法可依；日本的《信用担保保险法》、法国的关于农业信贷银行的法令等，这些法律都有效地促进了支持农业发展的金融机构的作用发挥。

各国大都建立了内容广泛、行之有效的农业保险制度。各国大都把农业保险制度的建立作为支持农业发展的一个重要环节。如美国在农业保险的发展过程中，政府对农业保险提供高额补贴及其他优惠政策，对保护农业生产者免遭自然灾害侵袭起了很大作用。这些国家通过财政补贴及其他经济政策（如农业信贷政策）支持农业保险的发展。农业保险为农业发展的自然、经济、社会三大风险提供了有效的保障功能，成为各国政府扶持农业的重要政策。

二、印度农村金融的成功经验

印度与中国同为发展中的农业大国，因此印度的经验更加值得借鉴，具体表现在以下几个方面：

政策性银行机构地位突出，职能比较全面。印度农业农村发展银行作为农业政策性银行，是印度政府制定农村金融服务政策、信贷投放计划、执行国家农村金融政策和监管所有农村金融机构的核心部门，它较好地协调、统一了全国金融机构的农村金融活动，在促进农村、农业发展方面形成了合力。

国有大型商业银行在农村金融体系中发挥着重要的作用。目前，印度共有28家国有银行，占整个银行资产的80%，规模庞大。通过政府政策引导，主要国有商业银行不断提高支农力度，并利用其先进的管理经验和技术优势，提升了农村金融服务的整体水平。截至2006年3月末，印度最大的商业银行——印度国家银行的农业贷款余额为3 052亿卢比，占其各项贷款余额的40%，在农村和郊区有5 800个分支机构，占其国内机构总数的62%。

分布广泛的农村合作金融机构。经过长期的发展，印度农村合作银行建立起了健全的服务体系和合理的运行机制，加之其网点分布广泛、更加贴近农民的优势，弥补了商业银行服务网络和服务手段的欠缺，成为农村金融服务的基础力量。

政府在农村金融方面的强制性措施强化了支农力度。印度政府要求私人银行与外资银行必须增加农村网点。于是，1973—1985年，在政府的直接支持下，银行营业点在农村地区迅速普及，年均增加15.2%；还有就是上面提到的对优先部门贷款比例的要求。除此之外，政府还制定了大量的计划，通过各种渠道使资金能到达更多的农户手中，例如农村综合发展计划（Integrated Rural Development Programme）、农村青年培训及自就业计划（Training of Rural for Self–Employment）、农村妇幼发展计划（Development of Women and Children in Rural Areas）、全国农村就业计划（National Rural Employment Programme）以及农村无土地人口就业保障计划（Rural Landless Employment Guarantee Programme）等。

注重提升农村金融机构从业人员的业务素质。印度储备银行、印度国家农业农村发展银行和各类商业金融机构都建立了相对完整、覆盖面广泛的培训组织体系，结合农村金融的特点和实际，有针对性地开展培训工作。

4.2 农业保险的国际比较和经验借鉴

从微观上，主要涉及农业保险、小额贷款和存款保险三个方面。

农业保险始于两百多年前西欧的农作物雹灾保险，德国是世界上最早建立农业保险机构的国家。当时，许多欧洲国家的农业处于向产业化的转型过程中，农业保险的需求开始出现，由于农业风险的相对集中性、风险损失的相对严重性、风险承担者的分散性、风险的明显区域性等特点，一些商业保险公司的农业保险业务很难满足这种需求，许多国家采用了政府与市场相结合的方法，支持保险公司开办农业保险，来分散农业风险，稳定农业生产。目前，世界上约有 40 多个国家推行农业保险，这里主要介绍美国、日本、印度的成功经验。

4.2.1　美国的农业保险

美国是农业保险发展得比较完善的国家之一，其农业保险始于 20 世纪 30 年代，于 1938 年颁布《联邦农作物保险法》，规定了农作物保险的目的、性质、开展办法和经办机构等内容，为联邦政府全面实施农作物保险业务提供了法律依据和保障，并根据此法成立了联邦农作物保险公司（FCIC），由政府经营。此后，随着农业保险规模的不断扩大，政府开始逐步退出了农作物保险的直接业务，将业务全部交给了私营公司经营或代理。联邦农作物保险公司只负责规则的制定、履行稽核和监督职能，并提供再保险。

经过不断的发展，目前美国的农业保险已经比较完善，广泛涉及农业的方方面面，主要可分为三类：一是对遭灾减产作物保险；二是区域单产保险，即向单产接近的地区提供作物保险；三是气候—作物保险，即对某些特殊气候因素的地区提供保险。2004 年，美国从事农业保险的保险企业共收到保费为 41.9 亿美元，承保面积 2.21 亿英亩，赔偿责任金额为 446.2 亿美元，对于稳定农业生产起到了积极的作用。其所以取得这么好的效果，是因为美国政府的大力扶持政策。扶持方式主要是依靠政府财政的补贴，比如 2004 年政府对农业保险的补贴达到 24.8 亿美元，占美国农业增加值的 1% 以上。具体来看，补贴可分为两个层次：第一个层次是对农场主或农户的补贴，参保农场主可以得到政府 30% 的保费补贴；同时，参加保险的农场主不仅可以得到银行的优惠贷款，而且还享受税收减免照顾。现在，已有 50% 多的农场主参加了农业保险。第二个层次是对保险公司的补贴，从事农业保险的私人保险公司不仅可以得到政府的保费补贴和各种政策优惠，而且可向 FCIC 或私人再保险公司进行分保以分散风险，再保险公司又可从政府获取费用补贴及税收优惠。

4.2.2　日本的农业保险

日本的农业险是 20 世纪 20 年代发展起来的，现行的农业保险制度由 1947 年颁布的《农业灾害补偿法》确立，实行"三级"制村民共济制度，形成了政府与民间团体相结合的自上而下的农业保险组织体系：农业共济组合是设置在市、镇或村一级不以营利为目的的民间保险相互会社，其作为最基层组织直接向本地区所有成员承保；都道府县一级成立共济联合会，承担共济组合的分保；中央一级的全国农业保险协会承担各共济联合会的再保险。三重风险保障机制的确立有效地分散了农业风险。

保险实施方式的特点是强制保险（或称法定保险）与自愿保险相结合。凡关系国计民生和对农民收入影响较大的农作物和饲养动物实行强制险，凡生产数量超过规定数额的农民和农场必须参加保险，还有一种情况就是如果政府指令种植农作物的农户，不用投保就自动参加了保险；自愿保险主要是满足一些小规模农作物种植户的个别需求。

在农业保险体系中，政府的投入也是相当大的。除了承担份额较大的再保险之外，政府还对农业保险提供一定比例的保费补贴，保费补贴比例依费率不同而高低有别，费率越高，补贴越高，水稻补贴70%，小麦最高补贴80%。另外，政府为了稳定农业保险的规模，还建立了以各府农业相互救济协会联合会为成员的"农业相互救济基金会"，以保证资金的供应。

4.2.3　印度的农业保险

印度的农业保险可追溯到20世纪40年代，但一开始由于得不到政府的财政支持，农业保险没能发展起来。直到1972年政府通过建立全国性保险机构直接组织和经营，并实行保险责任由中央政府与邦政府两级按比例分摊、经营管理费用全由国家负责之后，农业保险才得以迅速发展。

印度的保险模式是自愿保险与有条件的强制保险相结合的方式，即进行生产性贷款的农户必须参加相关农业保险，其他的保险如牲畜保险，实行自愿的原则，由农户根据自己的条件选择是否参加。由于开展农业保险市场环境不够成熟和政府的财力有限，印度农业保险的承保范围只限于关系国计民生的一些领域。

应该说，政府支持的农业保险也曾经走了一段弯路，这是一个值得借鉴的地方。1985年印度政府针对信贷农户正式推出了综合作物保险计划。该计划由一般保险公司和各邦政府按照2:1的比例分担农户投保风险损失，各邦自愿选择办理这项保险计划，农户则自愿参加。综合作物保险先后经历了5年的时间，最终仍然是由于赔付率较高而终止。经过总结后，政府于1999年开始执行新的全国农业保险计划，这次有了明显的变化：覆盖了所有农户，多种作物均可选择投保；排除了投保金额的限制；合理设计了费率级差；以乡村自治委员会为单位投保，提高了参保率；大面积灾害保障与单独灾害分别承保，灵活性较强。现在，政府一方面对一般的经济作物给予大量的财政补贴；另一方面对单独园艺和种植园等经济作物不再优惠，而由国民保险公司等四家补贴型保险公司承办。这样就极大地减轻了政府的财政负担。

4.2.4　经验总结与借鉴

从法律上保证农业保险的特殊地位，使其有法可依。从各国的普遍经验看，成立专门的农业保险法后，农业保险的发展都比较迅速。可见，当农业保险被法律强化后，就可以作为一种制度被很好地确立下来。由于我国目前还没有颁布专门的农业保险法，对保障目标、保障范围、保障水平、组织机构与运行方式、政府的作用、农民的参与方式等没有明确的法律规定，农业保险的盲目性很大，立法工作刻不容缓。

各国普遍实行强制保险和自愿保险相结合的保险方式。对主要农作物实行强制保险可以扩大投保规模，以保证风险能在空间和时间上进行分散，充分体现了保险的互助性质，当然费率的设定要充分考虑农业生产经营者的经济承受能力；自愿保险则体现了农业保险的灵活性，以保证满足农民在保险上的个性化需要。

政府要对农业保险进行大量的投入。农业保险的多风险率、高费用率、高赔付率、非营利性的特点决定了它是一项政策性极强的保险。从各国农业保险的实践中可以发现，政府在农业保险中确实发挥了重要的作用，保险费补贴、业务费补贴、税收优惠等成为政府对农业保险的重要支持内容。但是，由于我国还是一个发展中国家，财力还十分有限，因此对农业保险的投入要量力而行，印度政府实施的综合作物保险计划就是因为政府不堪重负才失败的，我们应引以为戒。解决办法可分为以下几点：一是成立专门的政策性保险公司，以贯彻国家对农业的保护政策，同时可以最大限度地防范道德风险；二是对商业性保险机构进行补贴，吸引它们进入农业保险体系，这样通过农业保险的商业运作就可以提高整个农业保险的效率；三是借鉴美国的风险转移基金、发展基金和商业基金的操作模式，在我国发展农业风险基金，既减轻了政府的负担，又可以稳定整个农业保险体系的运转。

不断完善农业再保险机制，以达到分散农业保险的目的。为了在更大范围内分散农业风险，规避风险，许多推行农业保险的国家都对农业保险实行再保险。我国是一个农业风险发生率很高的国家，在目前承担风险责任的能力和赔付能力都很有限情况下，再保险就显得尤为重要。

4.3　小额信贷的国际经验借鉴

小额信贷是一种特殊的金融服务或金融机构，它在客户无力提供担保（抵押）品的情况下，以不同于正规金融机构的风险管理技术，为那些被排斥于正规金融体系之外的客户提供额度较小的金融服务，尤其是小额贷款服务。[①] 小额信贷组织出现于 20 世纪 70 年代，其后在世界范围内获得广泛发展，形成了各种各样的组织方式。其中以孟加拉的乡村银行模式和印度尼西亚的人民银行村行系统模式最具有代表性。

4.3.1　孟加拉的乡村银行模式（GB）

GB 源于 20 世纪 60 年代末著名经济学家穆罕默德·尤努斯博士的小额信贷试验，1983 年被政府允许注册为民间银行，但仍属于非政府组织，是福利主义小额信贷的典范。GB 模式具有以下特点：

首先，它具有典型的层级组织结构。这体现在自身组织结构和借款人组织结构两个方面：GB 采取总行—分行—支行—乡村中心的结构；而借款人组织由"会员—联保小组—乡村中心"组成，这构成了 GB 运行的基础。

其次，资金来源上，成立初期主要依靠外部资金注入，如 1984 年至 1996 年，国际社会和国际农业发展银行和基金组织都曾提供资金。然而从 1996 年开始，GB 完全依靠自身市场化运作获得资金，并开始进入稳定发展期。

再次，以贫困人口，特别是贫困女性为主要的服务对象。孟加拉的女性在社会中处于弱势地位，比男性更难以改变自己的贫困状况，而且女性家庭观念比男性更强，她们会积极地利用贷款改善经济条件，使其家庭和子女受益。最为重要的是女性运用资金比较保守，从各国的统计看，女性的还款率明显高于男性。

最后，对贫困户发放无抵押的小额贷款，并以小组互助联保来防范风险。在一个通常由 5 人组成的信贷小组中，一人违约会导致对其他成员的贷款同时中止，虽然小组成员并无义务替违约的成员偿还债务，但为了继续获得资金他们会这样做。这样就可以很好地解决道德风险和信息不对称问题，有利于贷款的及时收回。目前，乡村银行遍布于全国 64 个地区的 68 000 个村，还款率达到 97% 以上。

以上是乡村银行的传统模式，虽然取得了较大成功，但还是有一些不完善的

---

① 焦瑾璞、杨骏：《小额信贷和农村金融》，3 页，北京，中国金融出版社，2006。

地方：小组联保存在着特殊的"风险扩散机制"，单个借款人的拖欠或违约可能导致大面积的拖欠或违约，这对乡村银行来说是致命的；因为不允许借款人提前还贷，整借零还的制度过于僵化；贷款以妇女为主要对象，没考虑到妇女借款人经常会失去对借款的控制权，在 Geot 和 Gupta（1996）的一个研究中，63% 的妇女对贷款只有部分、极有限的权利或根本没有控制权，贷款通常由男性亲属管理和控制，而女性却承担偿还义务，这与小额信贷所宣传的增强妇女参与性相去甚远。因此，乡村银行专门对此进行了改革，其措施主要有：小组成员不再承担连带责任，而以成员间道德约束来替代；贷款具有灵活的期限，还款额度可以不等，也可以提前偿还所有贷款；如若违约，经过借贷双方协商可把贷款调整为"灵活贷款"；取消了小组基金。

4.3.2　印度尼西亚的人民银行村行系统模式

印度尼西亚人民银行（BRI）是印度尼西亚主要的国有银行之一，从 1996 年开始在全国建立了 3 600 个村行，逐步开展小额信贷业务，并获得巨大的商业成功，成为制度主义小额信贷的典范。BRI 的业务主要分为三个部分：（1）商业金融；（2）小额信贷金融；（3）公司和国际金融。小额信贷金融部（UD）是 BRI 总部直属的一个业务部分，简称 BRI – UD，主要负责向低收入家庭和小企业客户（包括贫困和非贫困客户）提供基本的无补贴的信贷和储蓄服务。

其小额信贷的运行有以下几个特点：

基础结构享有高度的自主权。BRI – UD 总部对中央银行和财政部负责，下设地区人民银行、基层银行和村银行。村银行是基本经营单位，独立核算，自主决定贷款规模、期限和抵押，具体执行贷款发放与回收。

实行商业化运作。这包括：以商业贷款利率（年利率 32%）覆盖成本；如果借款者在 6 个月内都按时还款，银行将每月返回本金的 5% 为奖励；储蓄利率根据存款额确定，存款越多，利率越高。可以说正是依靠高利率和鼓励储蓄的政策，才保证了财务上的可持续性。

特殊的安全保障和激励机制。由于实行商业运作，对于没有合适抵押品的贫困户，有必要使用特殊的办法，如冻结借款小组部分存款作为保证金，如果呆账率超过 5% 便中止项目，而那些能够按期还款的农户则可以得到更多贷款。

并且，BRI – UD 成功地经受住了亚洲金融危机的考验，并一直保持盈利，使 BRI 成为印度尼西亚唯一的一家能盈利的政府银行。

4.3.3　经验借鉴

以上我们主要介绍了福利主义和制度主义在小额信贷上的典型模式，应该说这种区分是相对的，目前这两种模式有相互融合的趋势。我们应积极借鉴两者的长处来发展我国的小额信贷，总体来看有以下几个方面：

由于小额贷款的对象一般是没有合适抵押物的贫困人口，所以防范风险是非常重要的。这可以通过几个方面来保障：首先，事前要加强客户的甄选，当然不一定照搬 GB 模式，即主要贷给贫困妇女，我们可以通过完善客户诚信档案来克服信息不对称的问题；事中可以发挥小组机制的作用，这里主要强调成员之间的道德监督，成员之间可以不承担连带还款责任，但是一个成员的违约可能导致其他成员贷款权利的丧失；事后可以实行动态激励机制，对按期还款的予以奖励，而违约的要及时约束，或适当展期或中止贷款；最后在整个过程中要加强对客户的诚信教育，提高他们的还款意识。

世界小额贷款的主流模式是商业运作。因为如果依靠捐赠和政府补贴等外部资金，很难保证财务上的可持续发展，而且容易引发腐败、效率低下等一系列问题。实践证明高效率的商业运作既有利于小额信贷组织的良性循环，又可以有效地扶助农村贫困人口和改善农村金融生态环境。当然，这有一个前提，就是政府应放开对小额贷款的利率管制，国际上成功小额贷款的利率均大大高于银行的利率，小额信贷机构利率均高于商业银行利率，但低于私人借贷利率。只有有较高的存贷差才能弥补操作成本，小额信贷机构才能实现可持续发展。

正规的国有银行也可以开展小额信贷业务，但应该设立独立的小额信贷部，财务上独立核算，吸引金融专家和专业管理人士参与经营管理，制定适宜的工作激励和奖惩制度，建立有效的内部管理和监控系统，完全可以实现小额信贷的高回报率。

足够的客户数量来保证"规模经济"的优势。制度主义模式的小额信贷成功的关键一方面在于有足够的覆盖面，这样能获得"规模经济"的好处，达到降低成本的目的。做到这一点可以通过提供多样化的业务，如除了提供贷款外还提供存款、保险、汇款和支付结算等的金融服务；利用高科技实现金融产品的创新来吸引更多的客户。

广泛的资金来源进一步保障其可持续发展。成功的小额信贷机构的资金来源是多样化的。除了捐助资金和政府补贴外，还有自有资金、吸收的公众存款，以及通过资本市场广泛筹集资金，从而保证机构的持续经营。

与农村金融相适应的存款保险制度建设。所谓存款保险制度（Deposit Insurance System，DIS）是指由经营存款业务的金融机构，按照所吸收存款的一定比例，向特定的保险机构缴纳一定的保险金，当投保金融机构出现支付危机、破产倒闭或者其他经营危机时，由该保险机构通过向其提供财务救助或直接向存款人支付部分或全部存款，从而保护存款人利益，维护银行信用，稳定金融秩序的一种制度。存款保险制度最早产生在美国，纽约州于 1829 年最先开始实行存款保险计划，并扩展到其他州，经历了 100 多年各州存款保险的失败与成功之后，美国于 1933 年正式建立了联邦存款保险制度。如今，全球 1/3 的国家都建立了存款保险制度，可以说在经济金融化和金融全球化迅速发展的今天，建立存款保险制度已经是大势所趋。

综观世界各国的存款保险制度，虽然千差万别，但从组织模式上可以基本分为两种：一种是以美国联邦存款保险制度为代表的政府存款保险模式，另一种是以德国非官方自愿存款保险为代表的非官方存款保险模式。就数量而言，建立第一种模式的国家占了大多数，但实际上这两种模式各有千秋，而且这两种模式有相互融合的趋势，到目前为止两国的银行系统还十分稳健，其保险模式有效地防范了较大金融风险的出现。从各国实践看，存款保险制度是一把"双刃剑"，它既能保护存款人利益，维护银行信用，防范金融危机，也能引发逆向选择、道德风险、委托—代理等问题。因此，存款保险制度的设计必须十分谨慎，要充分考虑国情，即根据一个国家的经济发展状况、银行业的特点、社会及民众的承受能力而定。由于我国是一个向市场经济转型的发展中国家，银行业的情况较为复杂，这里不能面面俱到，考虑到"三农"问题是目前中国经济发展的重中之重，因而只想从农村金融角度来谈我国存款保险制度的选择。

要考察我国农村金融的实际情况可以从其构成和特点入手：

首先，我国农村银行金融机构可分为政策性银行机构、商业性银行机构和合作银行机构。由于政策性银行不涉及存款，可以先行省略不谈，而农业银行规模较大，与工行、中行和建行属同一级别，目前处于股改上市、剥离不良资产的过程中，情况特殊，与其他众多农村中小银行有显著差别，而且近年来农行大量撤并在农村的营业网点，其地位也大不如以前，农行更属于城市银行体系的范围。因此，与以国有控股大银行为主体的城市金融体系不同，我们把农村信用合作社、农村商业银行、村镇银行、农村合作银行以及农村地区的邮政储蓄机构等中小银行作为农村银行金融机构的一般客体来加以分析。

其次，我国农村银行金融机构有如下特点：

经营业务的高风险性。这一点源于其服务对象——"三农"的弱势地位：（1）农业属于弱质产业，其生产的"高风险性、分散性、波动性、长期性"会使风险通过农业贷款向农村金融机构传递。（2）占全国人口72%的近10亿农民更是中国社会一个典型的强位弱势群体，一方面事前他们缺乏银行认可的、有效的抵押物，事后贷款的用途以非生产性用途为主，缺少未来的现金流，还款很难有保障，并且农村金融市场上存在着严重的信息不对称问题，更是加大了农户还款的道德风险。（3）农村经济以中小企业和个体经济为主体，由于规模不经济、范围不经济、竞争力弱、技术水平相对低，又是一个强位弱势企业群体，与城市金融相比，这些无疑加大了农村金融的运行风险。

以中小金融机构为主体。全国中小金融机构的90%以上在农村，数量大、规模小、资本与资金实力弱、高度分散。截至2006年底，我国农村信用社19 348家，农村商业银行13家，农村合作银行80家。① 这些机构从整体来讲，规模较小，国家规定的最低注册资本金也能充分说明这一点。比如，省联社的最低注册资本金是500万元；农村商业银行的注册资本金不低于5 000万元；农村合作银行只要求2 000万元以上。而银监会《村镇银行管理暂行规定》中的注册资本金最低额度：在县（市）设立的村镇银行，其注册资本不得低于300万元人民币；在乡镇设立的村镇银行，其注册资本不得低于100万元人民币。另外，现在的小额贷款公司只贷不存，但其发展趋势必然是要吸收存款，这只是一个时间问题。

从农村银行机构的实际情况看，适合以非官方自愿存款模式为主，辅之以一定程度的政府参与，就可以较好地吸收这两种模式的优点，更好地防范我国农村银行机构的风险。其理由如下：

1. 政府强制存款保险对我国农村银行机构作用有限。众所周知，强制存款保险就是要求所有吸收存款的银行机构都加入存款保险体系，以符合大数定律，实现分散风险的目的。这一机制主要针对一些大银行，由于它们存在"太大而不能倒闭"的想法，没有加入这一体系的动力，而没有这些大银行的加入，一旦大银行出现问题，不仅会产生巨大的损失，而且会对金融系统造成严重的冲击，存款保险的作用就会大大削弱。但是，农村银行机构不存在这个问题，上文提到我国农村银行机构以中小银行为主，由于其经营业务的高风险性，它们加入存款保险体系的愿望十分强烈，并且由于大银行存在一定程度的国家隐性担保，而中小银行处于相对弱势地位，存款保险制度却可以为中小银行提供一个同大银行公平竞争的平台，因此农村银行机构加入存款保险体系的积极性很高，强制存款保险的意义不大。

---

① 来源于中国银监会网站：http://www.cbrc.gov.cn。

2. 不仅如此，政府存款保险不可避免地会出现"委托—代理问题"。这一点我们可以从美国存款保险制度的历程总结而出。20 世纪 80 年代以前，联邦存款保险制度运行得较好，1934—1980 年，平均每年只有 15 家商业银行和储蓄贷款协会倒闭。而 1981 年之后，倒闭数量是前几年的十倍以上，这里一个重要原因就是"委托—代理问题"的暴露。在银行出现危机后，理论上说，发现存款机构的净值为零时就予以关闭，就不会给存款保险公司带来损失，也不会产生更大的危害。但是联邦住房贷款银行委员会和联邦储蓄贷款保险公司却采取了监管宽容（Regulatory Forbearance）的态度。监管者或出于自私或出于政府的干预，通过放松资本金要求，从而隐瞒了无力偿债的银行的问题，并希望这种状况能够改善。爱德华·凯恩（Edward Kane）将监管者的这种行为称为"官僚赌博"。① 赌博的结果是令人失望的，从 1983 年到 1989 年，失去清偿能力的储蓄机构每年都在 500 家以上，总资产都超过 2 300 亿美元，并最终导致联邦储蓄贷款保险公司（FSLIC）的破产。虽然事后美国政府颁布一系列法律来加强监管的力度，规范储贷业的行为，暂时度过了危机，但时至今日，同样是房地产泡沫破裂，这次导致美国爆发了空前绝后的次贷危机，大量的抵押贷款公司破产，股市重挫，信贷市场紧缩。其所不同的是，过去银行把贷款和抵押都记在它们的账上，把信用风险保留在自己内部；现在银行通过资产证券化把风险转移给广大的投资者，但是并没有消除系统性风险。而且，在高度发达的金融市场上，次贷危机必然会危及银行业的安全。可以说，这次危机的爆发是与政府主导的监管机构的放纵密不可分的。因此，即便美国这样金融市场发达的国家，在其银行监管上仍然存在严重的"委托—代理问题"，何况我国是一个新兴市场经济国家，一方面监管水平落后，另一方面金融产品发展日新月异，倘若实行政府存款保险模式，其"委托—代理问题"会更加突出，随着金融风险的积聚，必将产生灾难性后果。

3. 实行自愿存款保险模式可以减轻财政负担。由于政府存款保险较多地依赖财政，在危机时往往需要大量的资金，因此需要强大的财政作为后盾，并且在一定程度上也加大了银行的道德风险。而自愿存款通过各银行机构入股，加强银行间的融资和管理，有助于银行间的相互监督，并且由于属于非官方性质，缺乏公共资金的支持，成员银行不能把来自于问题银行的成本外部化，这就更增加了银行间相互监督的压力。但是，考虑到我国农村银行机构的弱小，政府一开始应持有较大股份，并提供启动资金，待保费盈余到一定规模，政府再逐步退出。因此，这里特别强调政府的参与。

---

① 弗雷德里克·S. 米什金：《货币金融学》（第六版），281 页，北京，中国人民大学出版社，2004。

最后，有几个值得注意的问题需要明确：

第一，自愿存款保险模式并非十全十美，与政府存款保险模式相比，更容易产生逆向选择问题。在这里，我们可以借鉴德国的做法，即加强银行业协会的作用。德国银行联邦协会拥有很大的权力，并且不受官方监管，保证了其独立性和灵活性。对于问题银行，有权将其开除出存款保险体系，也可以担保或直接对存款人进行偿付，因此鉴于银行协会的突出地位，绝大多数银行都加入了协会。正是存款保险体系与银行协会的完全一体化，才把逆向选择问题降低到最低程度。

第二，银行协会的监管并不排斥政府监管。就德国而言，银行监管由政府和民间两部分组成，前者包括联邦银行监管局（FBSO）和德意志联邦银行（德国中央银行）。这两个联邦机构与外部审计师和银行协会共同承担了监督管理的职责。通过公共监管部门，银行协会、外部审计和存款保险部门的密切合作与协调，就可以构筑独特有效的金融安全网。因此，能否把政府监管和民间监管的作用整合到一起就成了一个关键问题。

第三，由于我国农村银行金融机构存在合作金融和商业性金融，可以借鉴其他国家的做法，分设合作银行保险基金和商业银行保险基金，以适应这两类银行的经营特点。

第四，存款保险制度的设计应该是一个动态的过程。就目前看，农村金融机构和城市金融机构还有着显著的差别，在存款保险方面理应区别对待，而不能搞"一刀切"，但是发展的趋势是城市金融和农村金融的统一和融合。还有，就是政府的参与程度问题。在存款保险体系建立之初应发挥政府的主导作用，在立法、启动资金、生态环境的建设和民众金融风险意识的教育方面都离不开政府的大力支持。而且，农村信用社的改革尚未到位，省联社依然交由省政府管理，政府对农村银行机构的影响力还很大。因此，要特别注意防止银行机构和存款保险体系受到政府部门不合理的干预，以防止"委托—代理问题"。随着存款保险体系的规模扩大，政府应逐步退出，以行业管理为主，充分发挥市场的约束作用。

第 5 章

农村金融服务支持体系构建的原则与环境

中国农村金融服务支持体系的目标、原则与外部环境建设，是创新和完善农村金融服务支持体系的基础性问题，也是首要问题，它关系农村金融服务支持体系能否更好地、可持续地发挥支农作用。

5.1 农村金融服务支持体系的内涵

农村金融服务体系是一个国家金融体系的重要组成部分，正如金融体系的内涵随经济发展和金融深化不断得到丰富和发展一样，农村金融服务体系的内涵也会随经济发展不断得到创新和完善。

一、金融体系的内涵

关于金融体系的内涵，学术界目前还没有统一的界定，比较有代表性的观点可以概括为以下几种：

其一，"二要素论"。孙涛认为，从机构视角金融体系包括银行体系和非银行金融机构两大类，反映一国或地区各类银行与各种非银行金融机构的职责分工和相互关系。银行体系由货币当局与存款货币银行组成，而非银行金融部门则是股票市场、债券市场、保险公司、投资银行、信贷评级机构、养老金等的综合体。

其二，"三要素论"。陶玲琴等认为，金融体系是一个国家所有从事金融活动的组织按照一定结构所形成的整体。金融体系是一个复杂的系统，既包括在体系内部使用和运作的金融工具、金融中介机构和金融市场，也包括在体系外部所存在和发生的，与企业、公司、个人、部门等的业务关系和联系，以及来自政府的监管。因此，金融体系一般是由三个相互关联的部分所组成。第一，金融部门（Financial Sector），即为经济领域的非金融部门提供金融服务的各种金融机构、金融市场。第二，融资模式与公司治理（Financing Pattern and Corporate Govern-ance），即居民、企业、政府的融资行为以及基本融资工具，协调公司参与者各方利益的组织框架。第三，监管体制（Regulation System），中央银行或金融监管当局对金融业实施金融监管的组织形式。一个国家的金融体系是由这三个部分的相互适应与协调所形成。

其三，"四要素论"。美国经济学家乔治·考夫曼（George Kaufman）将金融市场和金融机构合称经济中的金融部门（Financial Sector）。认为金融工具、金融市场、金融机构和有关规则四个方面构成金融体系（Financial System）。规则的存在是为了界定交易行为，以便加速资金从购买者向出售者、从储蓄者向借款者的流动。

其四，"五要素论"。五要素论最早见于《黄达文集》，他认为，金融体系包含五个基本构成要素：制度、机构、工具、市场和调控机制。金融制度实际上是开展各种金融活动的法律法规、政策、习惯等的框架，一切金融交易活动都是在这个框架下，以此为依据而进行的。一国或地区的金融交易活动，一般都是由金融机构来承担，各种金融机构发挥直接或间接的中介作用。金融工具是金融交易标的物，是金融交易内容的载体。金融市场是以各种金融工具作为对象而进行金融交易活动的场所（组织系统或网络）。金融体系中的调控机制则反映了宏观调控当局如何通过金融体系干预国民经济运行。

其五，"六要素论"。王晓在前面论述的基础上，进一步扩展金融体系的内涵，指出金融体系是资金融通关系的总和，它包括融资主体、金融机构体系、融资渠道、融资方式、资金价格形成机制及相关的法律规则、政策和宏观调控机制。显然，这是一种较为广义的金融体系论。

从上述关于金融体系的内涵可见，金融体系是一个动态的开放的体系，随着经济发展以及金融深化，金融体系的内涵在不断地发展和深化，从二要素论到六要素论金融体系的内涵不断地得到丰富。笔者相信随着经济发展和金融创新金融体系的内涵也会不断得到深化。

二、农村金融服务体系的内涵

农村金融服务支持体系是一国宏观金融体系的重要组成部分，至今关于农村金融体系的内涵还没有统一的界定。但笔者认为仿照金融体系的内涵，界定农村金融体系的内涵，尤其比照六要素论界定农村金融体系的内涵更具有合理性。为此农村金融体系的内涵可以界定为：在一定制度背景下，农村金融交易主体、金融工具、金融市场和农村金融调控与监管多方面相互联系而形成的有机整体。这种关于农村金融体系内涵的界定包含五要素，分别为制度、金融交易主体、金融工具、金融市场、金融调控与监管。

　　农村金融体系中的金融制度，是指围绕金融活动制定的法律、政策、规章、条例等，金融制度实际上提供了开展金融活动的法律、法规、规则框架，一切金融交易活动都是在这个框架下进行并受此规范约束，制度的重要功能是保障金融体系稳健、高效的运行。金融交易主体是指参与农村金融交易活动的各类经济主体，可以是法人，也可以是自然人，具体指储蓄者、贷款者和金融中介机构。金融工具是能够证明金融交易的金额、期限、价格的书面文件，承载资金、风险、收益等交易具体内容的载体。金融市场是以各种金融工具为对象而进行金融交易活动的组织系统或网络。金融调控与监管反映的是政府及其所属机构和中央银行对金融交易活动的宏观调控与金融监管。以上各要素之间相互联系、相互影响，构成统一的农村金融框架体系。金融体系中宏观调控主要指调控者政策等手段，影响金融体系及宏观经济运行。中央银行或金融监管当局的金融监管主要是确保金融体系的稳定和效率。通常情况下，宏观调控和金融监管直接作用于金融机构、金融市场和金融工具，间接影响储蓄者和贷款者行为，进而影响整体经济运行。金融交易主体、金融工具和金融市场是金融体系的核心要素，任何一项金融交易活动均包括这三项要素。

　　三、农村金融体系的主要特征

　　农村金融体系因为其服务于具有弱质性及公共产品属性的农业，决定了该体系既有金融体系的共性，又有其自身特征。相对于经济发达的城市，农村金融体系整体存在明显的低层次性，这种低层次性具体是指其市场化、多元化、社会化、规范化呈现较低水平。

　　第一，政策性金融起主导作用。政策性金融在农村金融体系中发挥主导作用是由现阶段中国农村经济的特点所决定的。农产品具有公共产品的属性，它关系到国计民生，所以农业是各个国家必须保护和发展的产业。农业受自然环境影响约束比较大，面对许多自然方面的不可抗力，这决定了农业经营风险比较高，因而农村金融风险程度也比较高，商业性金融要么会基于规避风险的考量放弃农村金融业务，要么会要求比较高的风险补偿。然而，相对而言，农村是落后地区，农业是弱势产业，农民是弱势群体，这种弱质性，决定了农业有强烈的金融服务需求，但无力支付比较高的风险回报，由此决定发展"三农"，必须更多地依靠政府这只"看得见的手"提供必要的政策支持。但是这类支持不宜采取由政府部门直接向农业拨款或直接向农户提供补贴的方式，而主要应当通过相应的政策设计和妥善的制度安排，依靠市场这只"看不见的手"，依靠各类金融机构发挥作用，以提高资金的使用效率。因此，在中国农村金融体系中，政策性金融应该起主导作用。

首先，政策性金融机构应该成为农村金融服务的主要提供者之一。政府应当向政策性金融机构提供大部分资本金及必要的起始运营资金，并为其发行债券融资提供支持。政策性金融机构通过合理运营既保证金融支持农业和农村发展任务的完成，又要保证资金运用的高效率和支农作用发挥的可持续性。其次，通过适当的政策扶持引导商业性金融机构和合作金融组织为"三农"发展提供相应的服务。政府还要对合作金融组织和部分支农的商业性金融机构提供政策优惠（如减提存款准备金、减免税收等）以及必要的财政扶持（如债务担保、损失补贴）等。此外，政府有关部门还应当为农村的社会公益事业提供投资，并通过各种补贴来促进农村社会事业的发展。当然，政策性金融在农村金融体系中发挥主导作用，绝不意味着政策性金融机构在农村金融市场中占垄断地位，或占据大部分市场份额，政策性金融主导作用的发挥在于其充分考虑国家对农业农村发展的整体规划，通过政策导向作用提供农村经济发展所需的金融支持。

第二，农村正规与非正规金融并存。农村金融体系中正规金融与非正规金融将长期并存，这是由农村金融的供需状况决定的。农村金融需求的多元化和多层次性特点，靠正规金融难以满足其全部需求，这就为非正规金融在农村开展业务留下了一定的空间。同时，由于农村正规金融机构单一和垄断、服务供给能力弱、服务覆盖面窄，正规金融服务功能难以有效发挥。正规金融的缺位造成了非正规金融十分活跃，非正规金融的存在也是对农村金融的必要的、有益的补充。当然，农村非正规金融发育层次还很低，运作极不规范，还存在许多问题，需要对其进行适当的引导和监督，以促进其健康发展，更好地为农村金融服务。

农村正规金融主要由商业性金融、政策性金融和合作金融三支力量组成，这三者分工明确、各司其职。商业性金融主要通过各类商业金融机构，通过市场化的运作来为农户、农村企业提供各种金融服务。其主要业务包括在当地吸收存款，向农户提供生产性的短期及中短期贷款，向农村企业提供流动资金及技术改造贷款，以及票据贴现等。政策性金融的作用主要是通过政府设立的金融机构，依靠财政资金的支持，运用各种金融手段来促进农村经济社会发展。其主要业务包括以优惠条件向农户提供发展生产所需要的中长期贷款，向商业银行的支农贷款提供适当的补偿交易成本及风险的利息补贴，向保险公司提供应对较大自然风险的再保险补贴，对改善农业生产条件、扩大生产规模等低回报项目提供低息贷款或进行直接投资。合作金融是通过农民自愿组成的合作金融组织，为其成员及当地的农户提供简单的金融服务。其主要业务包括向农户提供小额、短期、低息的生产及消费贷款，并帮助农户向政策性金融机构及商业性金融机构借款。非正规金融是以高利贷等组成的民间金融，它主要为农户提供短期、临时性的贷款。

第三，农村金融具有差异性、动态性。农村金融体系会随国家整体经济发展水平、经济体制、货币信用发达程度、政治和文化历史的不同而不同，不同的国家不同的经济发展时期需要不同的农村金融体系。因此，农村金融体系的构建是一个动态的过程，需要随国民经济发展状况不断地创新和完善。同时，农村金融体系也要充分考虑农村金融需求的差异性，针对这种差异性，农村金融体系的设计也会有差异性的特点。

第四，农村金融体系具有多元性和多层次性。从机构视角看，由于农村金融需求的多元化、多层次特点，农村金融体系的构成也必然是多元化的。从不同的视角看，包括：正规金融和非正规金融；商业性金融、合作金融、政策性金融、民间金融、其他类型金融等。

第五，脆弱性。农村金融体系的脆弱性源于金融体系固有的脆弱性特征。金融业的发展有着独特的发展轨迹，巨大的外部效应彰显其内在的不稳定性，信息分布的非对称性加剧了集体行为的非理性且放大了外部效应，孕育着金融机构的破产、倒闭，诱发巨大的金融动荡甚至崩溃，金融业作为一种负债经营的行业，具有内在的脆弱性，这是金融业的一种本性。相对一个国家的金融体系而言，农村金融体系的脆弱性特征更加明显，这是因为农业的弱质性、农村经营的小农户特点以及农业受自然环境约束影响大等特征，决定了农村金融风险性更高，更加不稳定。

5.2　农村金融服务支持体系构建的目标和原则

农村金融体系的构建是一个复杂的、动态的、渐进的、长期的过程，因此，明确农村金融体系构建的目标和原则非常必要。

一、农村金融体系构建的理论基础及目标

我国农村金融体系的构建问题从建国初期就已经提出，但 1978 年前由于我国实行的是计划经济，金融体系在整个国家经济体系中所发挥的作用十分有限，农村经济发展对金融的需求不强，因而，农村金融体系的构建非常缓慢。改革开放以来，由于中国经济转型事实上是从农村最先开始，农村金融服务需求迅速膨胀，农村金融体系的演进开始加速，特别是改革开放 30 年来，农村金融体系从单一的国家银行系统逐渐演化为目前以农业银行、农业发展银行和农村信用社组成的主导型正规金融与民间非正规金融并存格局，中国农村金融体系的构建和演进基本上走的是"机构路径"的演进模式，追溯其理论基础，我国农村金融体系的构建和改革是基于金融机构观。

（一）金融体系构建的金融机构观

金融机构观认为，金融体系的建立是为了满足实际经济部门融资的需要，金融体系的设立完全是为了配合实际部门的发展，换句话说，金融体系的构建是需求导向型的，先有需求而后构建，因而金融体系的构建是被动的。正是因为金融机构观的这种被动性的观点，决定了基于金融机构观对金融体系的设计和构建具有极大的局限性。金融机构观的主要缺陷是只注重金融结构内部的存量改革，忽视农村金融体系构建的目标及农村金融体系应承担的基本经济功能等问题。其结果是，改革的措施虽然很多，但农村金融体系固有的问题却总得不到有效解决，农村金融体系的资金配置功能得不到很好发挥。

（二）金融体系构建的金融功能观

顾名思义，金融体系构建的金融功能观，主要着眼于金融体系应承担的基本经济功能，金融功能观认为，在金融体系构建中，金融体系功能的实现比组织结构更重要，在金融体系构建中对金融功能的考虑优先于组织结构，只有金融机构不断创新和竞争才能使金融体系更具强大的功能与效率。因此，金融功能观首先要解决的是：金融体系应承担什么样的功能，根据其承担的功能再构建合适的组织结构。衡量一种金融体系或组织机构是否最优的标准是"时机"和"技术"。功能观不同于机构观的区别在于它是从分析系统的目标和外部环境出发，从中演绎出外部环境对金融功能的需求，然后探究需要何种载体来承担和实现其功能。笔者认为，对于农村金融体系的构建，金融功能观比金融机构观更加合理。从金融功能观出发，我国农村金融体系构建首先要考虑经济整体发展水平，农村经济发展对金融体系功能的要求，构建能够实现相应金融功能的规则、制度等具体的金融形态，并对现有的农村金融机构进行存量结构优化。

（三）构建农村金融体系的目标

金融结构优化不仅要着眼于现有金融机构存量优化，更要注重金融增量建设，引入新的力量，通过这些新生力量使得金融结构更加合理、高效地实现其功能。中国农村金融体系构建的目标，在本质上应该是实现农村金融结构的优化和金融深化，充分考虑中国"三农"对金融服务需求的特点，构建多层次、广覆盖、可持续的农村金融体系，包括构建农村金融组织体系、农村金融市场体系、农村金融产品体系和农村金融监管体系，增强农村金融为"三农"服务的功能，为建设社会主义新农村提供有力的金融支持。

二、构建农村金融体系应遵循的基本原则

中国农村金融体系构建，立足于中国经济发展大背景，以及中国"三农"

问题的现状，基于金融功能观的考虑，应遵循下列基本原则。

（一）市场导向原则①

所谓"市场导向原则"是指将农村金融服务置于市场经济基础，并以市场机制配置农村金融资源。农村金融体系应把服务"三农"放在首位，但农村金融机构服务功能，必须遵循市场化导向原则。市场化导向原则不仅是农村金融服务支持体系应遵循的原则，也是充分考虑和借鉴发达国家与发展中国家农村金融体系设计的经验基础上提出的。农村金融体系设计的市场化导向，是基于农村金融"内生"于经济市场化进程的客观规律。农村金融支持体系的市场导向原则包括下面几层含义：

市场机制应作为中国农村金融体系的基础性运行机制。在市场经济中，市场机制主要包括供求机制、价格机制、竞争机制等，它以市场手段调节和配置资源，以价格、供求等作为经济信号，通过充分竞争，使金融资源组织最优，效率最大化。

农村金融服务必须坚持市场化导向。农村金融服务分为政策性金融和非政策性金融，实践证明，无论政策性金融机构还是非政策性金融机构，在具体运营中都应坚持市场导向原则，否则，即使是政策性金融机构，也会使金融资源不能很好地发挥其应有的效力，使政策性金融不具可持续性。一方面以市场机制作为农村金融资源配置的基础性机制，另一方面以市场经济的基本原则指导我国农村金融体系的构建和完善，将农村金融体系建立在市场机制运行的轨道上。

通过市场手段提高农村金融服务支持体系的绩效。我国农村金融资源相对稀缺，政策性金融在其中起着重要的作用，以往这种政策性金融常常采取"行政主导的形式"，但实践证明，行政主导的形式使资源利用率极低，政策性金融可持续性差。因此，如何使之形成一种有效率的配置机制，是提升农村金融服务效应的关键。国外的经验和近几年农发行市场化改革的经验都证明，市场化手段是提高农村金融利用效率的最好选择。

通过市场机制作用促进农村金融深化。农村金融深化涉及农村金融市场的培育、农村金融体系建设、农村金融体制改革、农村金融机构治理和农村金融监管等。但农村金融深化相比于农村经济市场化往往存在一定的滞后性。这种滞后性会形成对农业和农村经济发展的金融约束，并成为农业和农村经济发展"金融脆弱性"的一个主要方面。市场化是促进农村金融深化的有效途径。因此，农村金融支持与农村金融深化实际是一个战略的两个方面，而市场机制正是其实现

---

① 王永龙：《中国农业转型发展的金融支持研究》，121～122页，北京，中国农业出版社，2004。

有序整合的联结机制。

（二）竞争性原则

农村金融体系构建的竞争性原则指的是农村金融服务应遵循市场化原则，在金融体系构建时应该防止垄断，引入合理的竞争机制，引导金融机构之间在适当的业务领域公平竞争。

尽管对于农村金融市场的竞争性问题，目前理论界有不同观点：一种观点认为农业是"天然的弱质产业"，不赞成金融机构在农村金融市场中的竞争，主张对农村金融机构和农村金融市场采取保护措施而非引入竞争机制。该观点认为，竞争可能会影响农村信用社"支农主力军"的作用，竞争可能会影响农村金融稳定。但笔者认为竞争有利于农村金融市场健康、有序地发展，有利于降低农村金融服务的价格，有利于支农金融机构绩效水平的提高。竞争性原则包含如下几方面的含义：

1. 竞争的多层次性。中国农村经济发展的不平衡性，决定农村金融市场的需求是多层次的，风险水平也是多层次的，因此，不同层次的农村金融需求需要不同种类的金融主体提供，金融体系构建中应该注意，多层次的金融需求要以多层次的竞争性金融结构来满足。

2. 市场对竞争主体的约束性。在农村金融体系构建中，应注意无论是政策性金融机构还是非政策性金融机构，所有参与市场的金融主体都应受市场约束，经营失败要受到"惩罚"，经营得好受到市场的"奖励"，通过市场约束使金融主体不断的自我完善、自我约束、自我提高，优胜劣汰，最终提高整个金融体系的效率和水平。

3. 竞争主体的多元性。农村金融体系构建应该保证体系的开放性，以吸引不同种类的竞争主体参与到农村金融市场中来。根据不同地区农村经济实际情况，大力发展多种所有制的农村金融组织。鼓励有条件的地方，在严格监管、有效防范金融风险的前提下，通过吸引社会资本、私有资本以及外资等，发展和培育小额信贷组织、资金互助组织、民营银行等新型的金融主体。

4. 竞争与保护的适度与协调。强调竞争性并不是完全放弃保护，竞争与保护的最终目的都是为了使农村金融体系更好地发挥支农作用。农业既是国民经济的基础产业，又是弱质产业，这种产业的二重性决定支持农业和农村经济发展的农村金融要受到国家财政、政策等方面的扶持。农村金融机构之间竞争的广度、深度相比于城市金融具有某些"适度性"。农村金融的竞争机制与相关的政府扶持政策目的一致，两者对应的是农村金融需求的不同层次，在金融体系构建中必须注意到二者的协调性问题。

（三）多层次、差异化原则

农村金融体系构建的多层次、差异性原则的含义是：农村金融体系构建要考虑到农村金融需求的多层次性和不同地区需求的差异性特点，金融体系也应具有多层次性和地区差异性。农村金融体系构建的多层次、差异性是因为农村金融需求的多样性，以及不同地区农村金融的差异性特点所决定的。农村金融需求的多样性不仅表现在不同经济发展水平的区域差异上，在同一区域的不同农户之间也具有较大差别。因此农村金融体系的构建和完善必须注意到金融服务供给的多层次性以及不同地区差异性，综合考虑正规金融和非正规金融，商业性金融、政策性金融和合作金融的特点，针对需求的差异，实行有差异的金融制度安排，从而为整体农村经济的发展提供多样性、多层次性的金融服务。

有学者做过统计，威廉姆森的"倒U"模型展示了不同经济发展阶段区域间经济差异变化的大致状况。我国东部、中部、西部农村经济发展差异也是沿着这一路径变化：先期是区域间差异的扩大，后期趋于缩小。在这一过程中，按照"倒U"模型中包含的政府介入思想，国家应根据这种差异变化，选取差异化的农村金融制度供给，以使该曲线在较短的距离和较快的时间内通过临界点。同时，沿着这一变化路径，农村金融制度应有所调整，随着经济差异的缩小，最终才能趋于统一化。

我国作为转型时期的农业大国，区域间经济发展不平衡，相应的不同地区农村经济发展水平差异更大，从需求的角度看，农村金融制度安排也必须呈现出较大的差异性，如果采取统一的强制性的制度安排，必然构成供需不匹配，造成资源浪费。一般来说，在经济发达地区，由于资本已粗具规模，生产规模普遍比较大，农业产业化经营已发展到一定水平，正规金融机构与农户的贷款边际成本比较低，可以以正规金融制度安排为主，并积极引导非正规金融等多种类型的金融机构开展业务，促进农村金融市场的繁荣、促进市场经济的发展。目前，在我国的东部经济发达的省份，就可以采取上述制度安排。但在经济比较落后的地区，如西部地区，由于正规金融制度安排操作成本和风险成本都较高，应以发展非正规金融和政策性金融为主，同时规范非正规金融的业务，使其成为欠发达地区资本原始积累的重要渠道之一。

（四）金融效率原则

所谓金融效率是指以尽可能低的金融交易成本和金融机会成本，将有限的金融资源进行优化配置，实现其有效利用并获取最大限度的金融资源增值。金融效率决定经济效率，但金融效率必须以金融机构效益为前提。农村金融体系构建的"金融效率原则"的含义是：在给定的金融环境下，金融运行通过合理的制度安排，谋求实现最大化的产出或增值，以实现有限金融资源的经济效益，从而使有限的金融资源最大化地实现支农效益。尽管市场经济本身是一种效率经济，但是现代市场经济的信用化和货币化，使经济效率不可能独立实现，必须借助于金融配置，因而金融效率成为现代市场经济效率的核心。从理论上说，金融效率的实现必须满足"帕累托最优条件"。但从实践上看，经济社会很难创造出"帕累托最优条件"，多数情形下，这些条件很难在一个不确定性的金融运行中获得完全理想状态的满足，因此，实际经济中的金融效率实现经常是一个所谓"帕累托改进"或逼近的过程。这样就存在一个如何从实践中满足金融效率的实现条件问题，即如何使金融资源总量、金融经济自身的金融运行结构与状态、经济社会的金融制度安排、金融体制建构与金融政策设计、金融环境、金融创新与交易技术的进步等和谐有效地运行，有效配置，实现效益最大化。

农村金融不同于城市金融，农村金融体系也不同于城市金融体系，农村金融体系作为促进农业和农村经济发展的一种金融制度设计，其最核心的职能定位于为"三农"发展提供信贷资金支持。从"三农"的金融需求看，其具有资金需求量小、季节性强、点多面广的分散性、经营成本高和风险的外在性强、不可人为控制等特点。这种特点对金融机构的风险管理和经营效率提出了更高的要求，只有提高效率，实现经济效益，才能可持续地为"三农"发展提供金融支持。当然，农村金融机构效益提高和可持续发展可以从两方面考虑：其一，利率水平足以覆盖风险。其二，以优惠政策对冲风险。总之，金融体系的构建应该遵从效率原则，明确农村各类金融机构的功能定位，用市场原则促进各类金融机构之间的功能交叉和适度竞争，在竞争中形成风险定价机制。

（五）全面协调、和谐发展原则

农村金融体系构建不仅涉及金融，还与农村政治、经济与社会发展的各个方面密切相关，是一项复杂的系统工程。因此，在农村金融体系构建和完善过程中，不但要注重金融体系内部各类行为主体的协调，还要注意综合考虑社会、政治、经济、环境等各方面因素，坚持全面协调、和谐发展原则。

1. 注重政府与金融机构的关系。我国是一个政府主导型的政治经济体，各级政府在辖内政治、经济生活的各个领域发挥着主导作用，因此，脱离政府进行农村金融改革的思路是不现实的，关键是要处理好各级政府与金融机构的关系，明确各自的权、责、利，使权利与义务相互对等。对此需要从制度上加以明确，转变政府职能，真正实现经济生活的"大市场、小政府"定位，使市场与政府各行其是、相互补充。

2. 协调商业性金融与政策性金融、正规金融和非正规金融的关系。农村金融体系的构建和完善涉及政策性金融和商业性金融、正规金融和非正规金融的定位，涉及如何把握政策性金融和商业性金融、正规金融与非正规金融的分工以及各类不同性质金融发挥作用的重点领域等。就宏观金融而言，商业性金融以市场机制为基础性配置机制，按照完全的市场经济原则，在追求支农效应的同时，注重金融资源的增值。政策性金融以国家财政补偿、国债金融、中央银行农业再贷款等形式为其信贷资金的主要途径，通过政策性支持形成对农业的金融支持。正规金融发展历史比较长，风险控制、运行机制比较规范，非正规金融在我国发展的历史比较短，风险控制、运行机制等合规性比较差，但又是农村金融体系中非常重要的支农力量。因此，在保证金融支农作用的可持续性和高效性、金融体系构建和完善中，必须协调上述各类不同性质的金融机构，实现金融支农作用的更好发挥。

3. 协调好金融创新与金融监管的关系。中国农村正规金融机构在农村的业务比较单一，运作时间比较长，风险管理制度相对比较健全。因此，农村金融监管的重点是非正规金融机构及金融创新问题。如对农村中小民营金融机构的设置应建立审批责任制和数量控制制度，形成有序的竞争格局，规范过度竞争带来的风险；建立农户融资中的抵押品创新制度，发展抵押品的多种替代形式，促进农村抵押市场的多样化；鼓励金融机构开发面向农户的金融产品，如贸易信用、生产设备融资、远期合约、农产品期货等。加强对小额信贷公司等民间金融的引导和监管，使各种金融创新更好地为"三农"服务。

5.3　农村金融服务支持体系构建的外部环境

农村金融体系构建是一个复杂的系统工程，不仅涉及金融领域内部，还涉及农村金融运行的外部环境问题，并且良好的农村金融运行环境建设本身也是一项系统工程，既涉及法律、政策、制度等宏观层面的内容，又涉及银企、银户关系建立等微观层次的内容。构建农村金融支持体系的外部环境建设具体涉及制度、法规、秩序、政策环境等主要方面，其中中央和地方政府必须积极主动发挥主导作用。

一、农村金融政策环境

农业的弱质性特点，决定农村政策环境对农村金融体系建设意义重大。农村政策环境建设涉及很多方面，最主要、最直接的是相应的财政政策和货币政策，与农村金融市场相适应的财政政策和货币政策，以及二者相互配合、相互协调，才能促使农村金融体系逐步完善。

（一）财政支农政策通过金融手段实现

所谓财政支农政策通过金融手段实现的含义是：国家把财政对"三农"的补贴和保护政策更多地通过对农村金融的扶植和补贴来实现，从而降低农村金融服务的价格，对冲农村金融机构的风险，引导相应的金融机构为"三农"服务，改善农村金融的融资环境，增强农村金融抵御风险的能力和信用创造功能，发挥对社会资源的优化配置作用，并把对金融的补贴以激励金融机构降低利率、改善贷款条件、扩大贷款范围等方式，传导给需扶持的农业和农村经济部门，达到提高农村经济发展效率的目的。

一般来说，财政支农补贴政策有两种方式：直接补偿与间接补偿。直接补偿：通过投资、资金配套、直接补助、奖励、减免税负等一系列方式，把资金补贴到靠农村自身投入难以解决或单靠市场调节难以解决的重点项目和关键领域，发挥政策的导向性作用，积极引导社会资金投资方向，鼓励农民增加农业投入。由于直接补偿侧重解决社会公平问题，需要大量财政资金，故其前提是财政实力雄厚。间接补偿：通过财政补偿金融，以金融为中介，把财政优惠政策传递给农业和农村经济部门。间接补偿利用金融渠道把财政补贴资金间接注入农村经济的好处在于，把财政资金和金融资金结合起来，优势互补，既发挥了财政资金对农业的补偿作用，又发挥了金融机构的信贷扩张作用，特别是利用财政对金融的支持，克服农村金融的竞争劣势，发挥市场的导向作用，能够有效地解决现阶段农业投入不足的问题。就我国农村现状来看，财政间接补偿效果会更优，间接补偿，能够利用财政税收杠杆的作用推动数倍于财政资金的注入，并以较少的财政资金支出推动数倍的农村贷款的投入。

现阶段中国农村金融的主要矛盾是信贷资金供应不足，可以通过财政对金融的政策补偿提高金融机构的信用创造能力，刺激其对"三农"的投资意愿，从而取得比财政对"三农"的直接补偿更多的经济效益，改善农村金融的运行环境。

从目前我国农村金融发展状况看，可以采取如下措施来改善农村金融的外部环境。

第一是税收优惠政策。由于目前农村金融信贷风险高，银行从事农村金融业务相对成本比较高，为鼓励金融机构加大农村信贷，可以通过税收杠杆，降低或豁免农村金融机构的营业税、所得税和各种税收附加，来改善农村金融机构的信用创造能力，加大对"三农"的信贷投入。

第二是贷款利率补贴政策。对于国家政策优先扶持的项目，可以以财政对银行向特定对象贷款进行利息补贴的形式，把政策优惠传递给借款人，借款人是受益者。财政资金对特殊贷款进行利率补贴，目的是发挥财政政策调节作用，引导银行资金向农村流动，贷款向农业产业和农村相关产业倾斜，矫正市场自发调节的不足。

第三是由财政出资建立农贷资金合理的补偿机制。由于农业的弱质性，农业受自然约束的特点，以及我国农业生产力水平低，没有形成规模经济等特点，农业的抗风险能力差，投入的资金不能较快地形成投资收益，投资主体投入的积极性不高。然而，为提高农业的整体发展水平，应该增加对农业的投入。为此，需要建立支农贷款项目财政配套机制、农业贷款的保障机制和农村金融的利益补偿机制，调动投资主体的积极性，吸引更多的金融机构对农业产业的投资。

（二）农村金融的货币政策支持

农村金融的货币政策主要指中央银行通过再贷款、再贴现、利率、存款准备金、窗口指导等多种货币政策工具对农村金融给予必要的支持。在目前金融机构普遍对农业信贷积极性不高的情况下，人民银行可以对支农再贷款实行灵活的利率政策、较低的存款准备金政策，鼓励和引导金融机构更好地为"三农"服务。

在再贷款方面，中央银行不仅要逐年增加支农再贷款总量，而且要优化再贷款的结构，提高再贷款的使用效率。同时，中央银行可以根据情况，发放低成本的专项再贷款，支持农业基本建设和科学研究。

在利率方面，要充分考虑商业银行从事农业信贷风险高的特点，建立适当的利率补偿机制，加快利率市场化改革步伐，使商业性金融机构回归农村市场。

在存款准备金制度方面，可以实行差别存款准备金制度，为了促进农村信用社增加贷款的发放，适当减少在人民银行的存款资金，采取与商业银行有区别的存款准备金政策，适当降低存款准备金率。

在信贷方面试行适当的信贷倾斜政策。信贷政策属于选择性的货币政策工具，能够影响商业银行资金运用的方向。为调动银行农业信贷供给的积极性，尤其是银行对落后地区信贷的积极性，人民银行可以采取相对灵活的信贷倾斜政策。

最后，中央银行要充分发挥信贷窗口指导作用，对欠发达地区农村资金外流严重的情况，人民银行应指导和督促各级金融机构增加该地区的信贷投入总量。同时，对信贷过分集中于某一产业的情况，应给予适当的警示，防止冲动放贷对农村产业发展的冲击。

二、建立健全的农村信用担保体系

目前我国农村信贷供给不足的原因除了农业的弱质性等原因，还有一个重要的原因是农业贷款担保问题。我国农村整体发展水平比较低，农业信贷需求方无力提供相应的抵押担保，这进一步制约了农业的发展，因此，多年来中国农业发展在金融需求方面事实上存在一个悖论：农业发展需要信贷支持，但因为无力提供担保，信贷需求得不到满足，制约了农业的发展，农业发展水平低，更无力提供相应的担保。很显然，这个悖论靠"三农"本身无法解决，只能依靠外力。这就需要相应的政策支持建立相应的信用担保体系，解决农村信贷担保问题，使"三农"发展进入良性循环的轨道。建立健全农村信用担保体系，既可以为农户和农村中小企业进行信用担保，又能使农村金融机构更好地为"三农"提供金融服务，减少为农户和中小企业失信的担忧。因此，加快构建农村信用担保体系对农村金融体系的构建和完善至关重要。

（一）农村信用担保模式

改革开放以来，为解决"三农"问题，有关各方对农村信用担保模式进行了许多有益的探索和尝试，如推广农户小额信用贷款和农户联保贷款，由担保机构为农户提供保证贷款等取得了较好的效果。然而，由于目前农村信用担保制度设计与农村经济实际条件之间的不匹配，现行制度安排对缓解"三农"贷款难的问题效果不显著。为从根本上解决农村信贷供需矛盾需要从制度上作出适当的安排，为此需要首先看一下目前可供选择的担保模式。

农村信用担保目前主要有如下几种模式：

1. 政府组建、政策性运作模式。此类担保机构由政府财政拨款组建，采取政策性方式运作，附属于政府相关职能部门。该模式的优点是可以通过政府行政力量的干预迅速组建农村信用担保组织并较快地投入运作，充分体现政府意志。不足之处是容易产生不恰当的行政干预，排斥市场机制的作用，因此在实践中可能会产生以下后果：（1）易导致以服务为宗旨的农村信贷担保机构实际运作的行政化倾向，脱离农村实际需要。（2）完全以政府信用作担保不仅会增加农户或农村中小企业主恶意逃债的动机，还可能导致金融机构放松贷款的事后监督，反而使贷款风险增加。（3）经营不当可能形成呆坏账，成为政府财政负担。

2. 政府组建、市场化运作模式。这种模式是以政府出资为主，民间筹资为辅组建的担保机构，具有独立法人资格，突出为当地农业和农村经济发展服务的目的，按商业化运作，按照保本微利的原则经营。该模式与第一种模式相比，既可缓解政府财政压力，又能体现政府的支持作用。同时通过引入外部民间资本，还可以增强农村担保机构运作透明度，提高运行效率。该模式能否健康运行，取决于政府的行为是否规范，政府部门不能过度干预担保机构的运营。而且，还需要具备有效的激励和约束机制，以解决经营中的多重委托—代理关系问题。

3. 社会化组建、商业化运作模式。该模式以农村中小企业主、个体工商户和较富裕的农民为主要出资方，以市场化手段组建担保机构，具有独立法人地位，产权清晰，权责明确，采取商业化运作方式，以营利为目的。该模式完全市场化运作，更容易提高农村金融市场效率。但在农业产业弱质特性明显、农村中小企业利润率不高且生命周期短的条件下，外部风险高且资金回报率低的为"三农"服务的担保机构难以吸引投资者的参与。因此，这种商业化运行、效率高的担保模式还难以在目前的农村信贷融资市场大范围推广。

4. 互助合作型运作模式。这种模式是由农户或农村中小企业为解决自身贷款难而成立的互助性担保机构。该模式以向组织成员提供服务为目标，追求社区或社会效益，参与者大多是难以获得商业性、政策性担保服务的金融弱势者。其制度优势在于：（1）提供担保者可以凭借血缘、地缘关系掌握担保申请者还款的可信程度和还款能力的变动情况，并可以凭借社区威慑力敦促申请人履行到期还款义务。在某种程度上削弱农村信贷市场信息不对称问题，弱化贷款风险。（2）互助合作担保组织的引入使社会交换博弈的参与者转变为担保人和农户。对农户而言，拖欠不仅意味着失去再次贷款机会，更意味着失去在社区的声誉；对担保人而言，拒绝对符合条件的农户提供担保就会遭到社区排斥。参与双方都有充分的激励来遵守合作规范，增进社区的集体福利。

（二）农村信贷担保模式选择

比较而言，在上述四种可供选择的信贷担保模式中，政府组建、市场化运行模式和互助合作型运作模式与我国目前农村金融市场状况较吻合，更具推广价值。因为政府组建、市场化运作的信贷担保机构的建立，符合目前中国农业产业发展水平和农业风险特点，能够满足农户和农村中小企业贷款担保需求，是具有中国特色的政策性农村信用担保机构，是国家农业支持保护体系的一个组成部分和保障补充手段。

互助合作型运作模式的农村互助担保模式是由农户和农村中小企业自愿组成的互助担保组织，在农户和中小企业申请贷款时予以共同担保。互助担保满足了需要生产经营资金较多，却又缺乏担保品和担保机构为其担保的农户和农村中小企业的贷款需求，对于促进农村产业结构调整、提高资金使用效率、提高农民素质、启动新的农村合作机制发挥了重要作用。因此，根据当前我国农村经济现实和农村金融交易特征，政府应采取相应措施发展适宜于农村金融交易的农村信贷担保机构。当然，随着农村经济发展水平的提高，上述模式也会得到不断的改进和创新。

三、加强农村信用环境建设

信用是金融发展的生命之源。我国经济在向市场经济转轨的过程中，信用交易的规模不断扩大，信用已成为现代市场交易的一个必备要素。但是，我国农村金融市场面临的信用环境并不乐观，笔者曾对北京郊区农村信贷市场的状况进行调查发现，贷款者信用缺失状况非常严重，贷款者守信意识基本没有建立起来，信用意识缺失是银行农村信贷呆坏账的主要原因之一，相对发达的京郊尚且如此，其他相对落后的农村地区信用缺失的状况更加严重。因此，必须加强农村信用制度建设，建立守信激励机制和失信惩罚机制，把创建农村信用工程作为完善农村金融体系的重要工作抓好，努力营造良好的农村信用环境。

（一）广泛开展农村信用记录制，树立良好的信用意识

结合农村信用社推广农户小额信用贷款，大力开展以创建信用户、信用村、信用乡（镇）为主要内容的"农村信用工程"活动，对于个人、企业的信用状况都要建立信用记录，逐步在信用社和农户之间架起诚信桥梁，对信用户、信用村和信用乡（镇）的农户在同等条件下实行贷款优先、手续简便、服务优先等活动，带动更多的农户遵守信用。加强农村金融机构与工商、税务、公安等职能部门协同合作，建立农村企业和农户信用信息库，有效整合信息资源，实现信用信息资源共享。完善逃避银行债务和恶意欠息个人和企业定期通报制度，使信用成为农村金融活动各参与主体的立身之本。

（二）培育信用中介组织，促进农村信用环境的改善

积极培育各类社会信用中介服务机构，通过市场化竞争方式提供完善的信用信息服务，使农村金融生态环境中的信用中介主体到位。同时，规范中介机构行为，对蓄意出具虚假验资报告、资产评估报告及审计报告、质量认证等的中介机构，要严格依法追究责任。

（三）加大对失信行为的惩戒，提高失信者的违约成本

要强化对各种逃债、赖债、废债、骗债、恶意欠息等失信行为的经济制裁力度，对债务人的违约制定更加严厉的赔偿和惩罚规则，同时，完善《刑法》中对欺诈和非法侵占等恶意背信行为的有关规定，依法惩治此类犯罪，维护债权人的利益，增强法律的威慑力。

四、完善农村金融保障机制，构建适合我国特点的农业保险体系

农业的弱质性特点是农村金融风险的主要原因之一，要改善中国农村金融状况必须建立相应的保障机制，弱化农村金融风险，从国际经验和中国的实际看，目前主要应该推进农业保险体系建设。并且中国在社会主义新农村建设的重大决策中也提出，要尽快建立确保农村金融良性运行的社会保障体系，把农业保险、

农村金融机构存款保险、农村金融法律保证和金融监管等纳入完善农村金融体系的总体规划，增强农村金融机构抵御风险能力，为"三农"发展撑起一把保护伞。现阶段农业保险体系建设主要应开展如下几方面的工作：

加强农业政策性保险体系建设。农业保险是指被保险人在农业生产经营过程中，因遭受自然灾害或意外事故致使有生命的动物、植物发生死亡或毁损的经济损失，由保险人给予一定经济补偿的一种保险。从生产对象的角度一般分为种植业保险和养殖业保险。农业保险是稳定农业生产、保障经营者利益的有力手段，它提高了农业经营者的收益保障程度，有利于改善农业和经营主体的经济地位，便于其获得贷款，引导农业金融资源的流入，促进农业生产扩大规模、提高集约化生产水平和降低资金融通成本。但农业保险风险性高、回报率低，商业保险公司开展此类业务的意愿不强。尤其我国现阶段农业集约化程度非常低，保险回报率不高，又缺乏必要的政策支持和法律、法规依据，保险风险更大。因此，自1982 年中国人民保险公司试办农业保险以来，农业保险业务开展并不理想，近几年，多数省市的人保分公司都撤销了农业保险机构及业务。而农业保险的缺位，制约了金融机构开展农村信贷的积极性，为改善农村金融环境，强化农业保障制度，要发挥政府在农业保险体系建设中的主导作用，加快农业保险立法工作、实行农业保险业务的税收减免、强化农业保险的信贷支持、建立农业巨灾保险基金，从金融政策上支持农业保险体系的建立。

现阶段，国家可以免去农业保险业务营业税，减免所得税，以降低保险公司开展农业保险业务的成本，激励保险公司开拓农险业务；在某些大型农业开发项目中推行与信贷相配套的农业保险，既发挥农业保险防范风险的作用，又降低银行的贷款风险，有利于激发金融机构开展农业信贷业务的积极性；建立财政主导的农业巨灾保险基金，各类农业保险经营主体，按照商业再保险原则向基金购买再保险，分散自身风险，同时，这类基金的建立也弱化了相应的信贷风险，有利于刺激信贷供给。

五、完善农村金融法律体系和监管制度

多年来，中国农村金融供求矛盾不能缓解，一个非常关键性的问题是相应的法律体系不健全，同时，相应的监管制度缺位，这种状况增加了金融机构开展"三农"业务的风险，使得一些金融机构不愿意开展"三农"业务，甚至收缩"三农"业务。事实上，一些农业比较发达的国家，其相应的法律保障体系往往也非常健全，如美国、日本、印度等都有完备的法律体系来规范农村金融机构的运作，使其在运作过程中有法可依、有章可循，避免人为的、行政因素干扰产生的不确定性风险，以便使其更好地为农业发展服务。目前我国农村金融法律体系还不健全，专门对支持新农村建设的金融机构的法律可以说没有。为解决农村金融供需矛盾，保障农业平稳快速发展，完善农村金融的立法已经刻不容缓。

第一，应进一步完善《商业银行法》，尽快出台《政策性银行法》等法律法规。按照国家的规划中国农业银行和中国农业发展银行作为两大支农政策性银行已经成为农村金融体系主要支撑，对新农村建设发挥着重要的作用。为保障上述两大行更好、更稳定、可持续地开展支农业务，应该通过立法手段，进一步明确农村金融机构的法律地位、职能定位、业务范围等，用法律作保证，新农村建设的各项金融支持才能真正落到实处。

第二，适应新农村建设的新情况，适时跟进立法工作。如近几年社区金融、互助金融、民间金融等新的金融形式在农村的出现，并且发展迅速，对农业、农村发展意义重大，这种现实需要尽快推出相应的法律法规，以保障和促进这种新型的金融形式。应尽快出台《合作金融法》、《社区金融法》、《民间金融法》等相关法律法规，使各种农村金融经营活动有法可依。

第三，尽快推出和完善《农业保险法》、《担保法》、《物权法》等法律，以法律形式确保新农村建设的资金投入。明确农村各类金融机构对"三农"支持的职责，规定对农业贷款占整个贷款的最低比例，并指令人民银行及银监部门定期对各金融机构的农业贷款发放与金融服务的业绩情况进行监督考核。

总之，应采取各种手段，努力营造良好的农村金融运行环境，以推动农村经济的发展。

第6章

中国农村金融服务的政策性支持体系

6.1 农村政策性金融的含义、目标及其理论支撑

6.1.1 政策性金融的含义

关于政策性金融的定义到目前为止没有统一明确的定义，比较有代表性的观点认为：政策性金融是公共部门所从事的所有金融活动。基于中介理论的观点认为，政策性金融是指公共部门所从事的金融中介活动。小滨、奥田等将政策性金融定义为"为了实现产业政策等特定政策目标而采取的金融手段"，即为培育特定战略性产业，在利率、贷款期限、担保条件等方面予以优惠，并有选择地提供资金。同时，这种观点认为政策性金融的信用资金可由开发金融机构提供，也可能是在政府干预下，商业性金融机构为特定产业提供。

所谓农村政策性金融，是指以政府发起、组织为前提，以国家信用为基础，不以营利为主要目标，为配合、执行政府产业政策和区域政策，支持、保护农业生产，促进国民经济协调发展和农民收入稳定增加，在农业及相关领域从事资金融通、提供金融服务的一种特殊的金融活动。政策性金融包含三个方面的本质性特征：其一是政策性，即服务于政府的某种特殊的产业或社会政策目标。其二是金融性，即在一定期限内有条件让渡资金使用权的资金融通活动。其三是优惠性，即以比商业金融优惠的利率、期限担保等条件提供贷款或保证提供贷款。

6.1.2　政策性金融的界定

一、政策性金融与财政

关于政策性金融是否包括财政的问题，学界有一些争论，有些学者不同意把财政纳入政策性金融的范畴，原因是：政策性金融具备金融性的属性，而财政资金具有无偿的特征，导致两者存在以下方面的差异：（1）职能定位不同。国家是财政行为的唯一主体，其职能主要体现在两个方面，一是提供纯粹的公益，二是对不能产生合理收益的群体提供福利性资金支持。而政策性金融的定位介于财政与商业性金融之间，主要提供准公共品。（2）运营机制不同。政策性金融具有一般信贷资金有偿借贷的共性，而财政资金却具有无偿使用的特征。因此二者在资金的偿还性、周转性、期限性方面存在较大差异。尽管有上述区别，但笔者认为财政应包含在政策性金融范畴之内，从农村资金供给的角度看，财政资金也好，其他资金也好，都属于农业供给资金融通的范畴，并且随着农村政策性金融体系内涵的扩大，财政支农资金也采取传统意义的金融手段运作，因此，政策性金融与财政的界限越来越模糊，笔者认为财政也应该含在政策性金融体系中。

二、政策性金融与商业性金融

政策性金融与商业性金融的最本质区别体现在政策性上。第一，两者经营目标不同，商业金融以利润最大化为其经营目标，政策性金融不以追求利润最大化为主要经营目标。第二，运营机制不同。政策性金融机构以国家信用为基础，主要资金来源为政府提供的资本金、债券融资等，在资金运用上往往具有特定而有限的业务领域和对象。第三，职能不同。政策性金融具有扶持性、调控性、倡导性、辅导性等特有职能。

农村政策性金融不同于一般商业性金融，它有其自身的特点，是一种非常特殊的金融形式。农村政策性金融的特殊性一方面表现在它与农村经济的关系在不同国家、不同经济发展阶段差异性巨大。在不同的国家因为经济总体发展水平的差异，各产业之间发展极不平衡，总体经济发展水平、综合经济实力不同决定了农村金融政策的不同。另一方面它有很强的政府干预的主观色彩。关于农村政策性金融政府干预的强弱和响应国家综合国力、总体经济发展水平以及农业、农村经济发展的不同阶段密切相关。农村政策性金融是为促进农村、农业经济等均衡发展，提供政策支持而借助的金融工具，其支持的范围非常广泛。主要涉及行业扶持、环境保护、地区开发、扶贫和促进就业、高新技术开发等。综观各国农村金融政策对农业和农村经济的扶持，主要还是通过银行体系发挥作用，但在资金可利用性以及信用可获得性方面，如利率水平、还款与宽限期间、担保条件等，存在比市场或商业金融更为优惠的条件。

　　三、政策性金融与开发性金融

　　所谓开发性金融，是特指为一国或经济体经济与社会发展中的基础性产业或领域（如能源、电力、交通、水利、环境），或落后的地区，或在新形势下又延伸至具有某种特殊战略重要性的产业或部门，提供信贷等金融服务的金融机构或金融业务的总称。人们常把开发性金融看成政策性金融的一种，其实开发性金融和政策性金融是两种不同的划分方法，二者不具有包含和被包含关系，就如同农村金融、中小企业金融和住房金融一样，是出于某种方便或需要，从金融机构或金融业务的服务对象或服务领域的角度而做的某种划分，它并不是金融基础理论或基本实践中的一种基础性的规范性的标准划分。开发性金融既包含开发性商业性金融，也包含开发性政策性金融。

6.1.3　农村政策性金融理论演进

　　一、新古典经济学的市场失灵说

　　早期的新古典经济学主要从市场机制对公共产品的非适性的角度来解释市场失灵和政府干预的必要性。而农业具有一定的公共性，因此应该列入政府干预的领域，这是农村政策性金融的基本理论支撑。也正是基于这样的理论，美国、法国等市场经济国家在20世纪初期就建立起完善的农村政策性金融体系。后来随着新古典学派对市场失灵与政府干预的理论的进一步发展，尤其是20世纪末斯蒂格利茨等人对新古典经济学进行了重新整合，运用信息不对称、道德风险、逆向选择、激励问题等方面的最新研究成果进一步解释了市场失灵，强调政府干预经济的积极作用，认为依靠政府的依法调控，就能实现市场有效配置资源的作用，从而形成了所谓的不完全竞争市场论，至此新古典经济学市场失灵论和不完全市场论成为政府干预的重要理论支撑。然而，值得注意的一点是，斯蒂格利茨等人的不完全竞争市场论以及新古典经济学是以典型的市场经济国家为研究对象的，这类国家经济结构和农业发展状况与发展中国家的经济结构和农业发展状况差异性很大，发达国家农业具有先发优势，其农业能够实现与工业的互动、协调发展，并未形成典型的二元经济结构问题，因此，将这些理论应用于发展中国家的农村经济或农村金融有一个适应性问题。

　　二、农业信贷补贴论

　　农业信贷补贴论是最早以发展中国家为研究对象的农村金融理论，它以农业相对落后的国家为研究对象，其假设前提是：农村居民特别是贫困阶层没有储蓄能力，农村面临着慢性资金不足问题。同时，由于农业的产业特性，如收入的不确定性、投资期长、低收益性等，它无法提供正常的利率空间，故它不可能成为以利润为目标的商业银行的融资对象。因此，该理论认为：应从农村外部筹集政策性资金注入农业和农村，并建立非营利性的专门金融机构来对资金进行运作，同时强调对农业的融资利率必须低于其他产业。20 世纪 80 年代以前，该理论影响很大，发展中国家据此广泛采取了相应的政策性金融措施，并取得了一定的成效，但实践证明了该种理论存在着明显的不足。其一，实践表明该政策性金融模式很难实现农业生产可持续发展目标，同时，也很难实现政策性资金向贫困农户倾斜。其二，片面强调了金融对农村经济发展的支持作用而忽视了农村金融自身的发展，该发展模式不利于农村金融机构和金融市场的发展壮大，制约了农村金融机构和金融市场的发展。农业信贷补贴论的主要缺陷是片面强调金融对农村和农业的支持，其贡献是为农村政策性金融的发展奠定了基础，并提供了经验和借鉴。

三、农村金融市场论和不完全竞争市场论

农村金融市场论是 20 世纪 80 年代以后，在对农业信贷补贴论进行批判与反思的基础上产生的，这一理论的主张与农业信贷补贴论完全相反，其政策主张和建议主要是：认为农村金融的发展应完全依靠市场机制的作用，主张推行利率市场化、自由化，极力反对政府干预和政策性金融对市场的扭曲。该理论认为，农村金融发展应以市场机制培育和作用发挥为主导，应注重农村金融机构可持续性的培育。最初的农村金融市场论的最大贡献主要体现在它从市场视角揭示了农村金融机构的内生性，它坚持农村金融的发展应该走市场化的道路。

20 世纪 90 年代，由于赫尔曼、斯蒂格利茨、罗伯特·金和莱文等人提出金融约束论，并把金融约束论直接引入农村金融领域，便产生了农村金融的不完全竞争市场论。农村金融的不完全竞争市场论认为：农村金融市场是一个不完全竞争的市场，存在信息严重不对称等问题，如果完全依靠市场机制就可能无法培育出一个适合社会需要的金融市场。而简单地提高利率水平又会引发逆向选择和道德风险，从而加剧农村金融机构的资产质量恶化。为了补救市场的失效，有必要采用诸如政府适当介入金融市场以及借款人的组织化等非市场化的方法。不完全竞争市场论在政府介入农村金融问题上特别强调介入的形式和目标，同时还提出了一整套政策建议。

农村金融的不完全竞争市场论最大的特点是把金融约束论移植到农村金融领域，不但主张政策性金融对农村市场的介入，同时也在介入形式方面做了集体的建议。当然，不完全竞争市场论更多的只是金融约束论在农村金融市场方面的一个延伸，理论创新方面没有非常大的进步，因此，对农村金融市场的一些难题除了作了一些令人耳目一新的解释外，并没有给出根本的解决方法。

事实上，发展中国家农村金融问题不仅仅是金融层面上的问题，而是更深地根植于一个国家基本经济层面和社会深层矛盾中，与金融问题相伴随的往往还有相应的社会保险保障问题、法律制度问题和基础设施问题等。中国农村金融同样面临着上述问题，在中国农村数以亿计的农户并不是真正的市场主体。在产权、基础设施、法律体系和能够赋予农户真正独立市场地位的框架体系等市场基础建设方面也是非常不完善，因此，中国农村政策性金融的功能目标不能仅仅存在于金融层面本身，市场主体培育和市场基础建设等问题也应成为农村金融的重要功能目标。

6.1.4　农村政策性金融的目标

政策性金融的政策目标大致分为两类：一是弥补金融市场外的市场失灵，二是弥补金融市场固有的不完备性。第一种情况，主要是期望通过实现政策目标向社会提示一种方向，实现一种导向作用，从而达到积极的外部效果。第二种情况，弥补金融市场的不完备性。根据日本经济学家池尾（1997）的观点，由于银行（间接金融）的特性造成的市场失灵可分为几类：其一是信息的非对称性。当存在信息的非对称性时，银行只靠存贷差来获取利润的动力是微不足道的，市场上甚至会出现"惜贷"现象。而在公共产品领域以及国家战略安排等方面，商业银行无能为力。政策性金融应该在这些领域发挥积极作用，主动弥补市场短缺的信用供给量。其二是不完全竞争。一般来说，在借贷行为中，借款方与银行相比在借款交易中总是处于弱势地位，往往被迫接受不利的融资条件。政策性金融可以依靠国家财政、税收及相关的金融政策进行干预，弥补这些不足，同时，发挥一种导向作用。其三是政策性金融在扶植民间市场方面的作用，政策性金融可以通过财政补贴、税收、利率优惠等引导商业性金融和民间金融的发展。

农村政策性金融的目标一般是克服农业的弱势性，支持农业和农村的发展。由于不同国家面临的国情不同，同一国家不同的经济发展阶段农村、农业对金融服务的需求不同，决定农村政策性金融目标不同。一般的发达国家以促进农业发展为农村政策性金融目标，目的是消除由于农业弱势性对农村经济发展的制约。而发展中国家农业、农村往往处于多重弱势性的背景下，因此，其农村政策性金融的目标也是多元化、多层次和多重性的，并且带有很深的计划性和行政色彩。

关于中国农村政策性金融的目标，笔者认为，其长期目标应该是促进农村、农业发展。短期目标是通过提供优惠贷款，调节某些农产品的生产和供应，确保市场供求稳定。现阶段中国农村政策性金融的作用应该是为了弥补市场信贷不足、解决市场信息不对称，为不确定性风险提供补偿，起到传递政策信息，引导市场主体经营行为转到实现政策目标的途径上来。同时，注重政策性金融对农业基础设施建设的支持，从而建立起高效、现代化的农业基础。我国农村、农业现代化进程政策性金融必不可少。发展我国农村政策性金融必须在法律制定、金融机构定位和经营机制建立等方面进一步改进。具体做法是：加快农村政策性金融立法，明确政策性金融地位和范围。综合来看，笔者认为，我国农村政策性金融的发展目标应该是：以政策性金融为主，建立一个政策性金融和商业性金融、合作金融相协调的框架体系。应该把中国农业发展银行建设成发展空间合理、体制机制健全、经营管理规范、操作手段先进、具有可持续发展能力、以政策性金融为主、开发性金融和商业性金融并重的现代农业政策性银行。逐步确立农业发展银行在农村金融体系中的主导地位，充分发挥中国农业发展银行在农村金融中的骨干和支柱作用。

6.2　农村政策性金融的功能定位

6.2.1　农村政策性金融的主要类型及其功能定位的国际比较

一、基于农业"弱势性"的美国式的农村政策性金融

美国的农村政策性金融体系创建于 20 世纪前期，其整个农村政策性金融体系设计是基于农业弱势性的视角。20 世纪以前，美国没有专门的农村金融机构，农业信贷资金几乎全部由商业机构和个人提供，其特点是贷款数量少、成本高。20 世纪初，美国农业进入全面推行机械化的时期（1910—1940 年），农机具的使用、经营规模的扩大、电气化等方面的基础设施建设、新农场主的培育等均需要投入大量的资金，客观上对农村金融形成了巨大需求。正是在这种条件下，美国建立起农村政策性金融体系，它由政策性与合作性相结合的联邦农业信贷体系、政府农业信贷机构、政策性保险机构三部分组成。

美国农村政策性金融的最大特点是通过政策性金融与合作金融相结合、运用政策性金融来推动合作金融的发展。如美国分别于 1916 年、1923 年和 1933 年，先后在 12 个农业信贷区（Farm Credit District）分别设立了联邦土地银行、联邦中期信用银行和合作社银行，资本金由政府全额出资并给予税收优惠。后来，这些金融机构又分别在 1947 年和 1968 年之前将资本金全部赎回，使其基本上转变成合作金融机构。

其中，联邦土地银行主要是为农场、农业生产者以及与农业有关的借款人提

供长期不动产抵押贷款，法定贷款期限为 5 ~ 40 年。联邦中期信用银行主要是为地方生产信贷协会提供贴现和中期贷款，地方生产信贷协会再贷款给农民，贷款用途主要是农牧生产与经营，期限一般为 1 年，最长不超过 7 年。合作社银行主要是为农业合作社和各种农民协会提供信贷和其他金融服务，贷款用途主要是帮助农业合作社扩大农产品销售、促进出口，保证农业生产资料供应和开展与农业有关的其他业务活动，包括设备贷款、经营贷款、商品贷款。

美国农村政策性金融的另一个显著特点是政府成为专业性政策性金融机构的资本金、补贴和亏损全部承担者。从这一点看美国农村政策性金融机构的经营主体具有政府机构化特征，其业务范围侧重于农户在农业生产、产品销售、基础设施建设和生活等方面无法通过正常渠道解决的资金困难。美国的政府农业信贷机构主要有商业信贷公司、农村电气化管理局和农民家计局三个机构。此外，小企业管理局、联邦住房贷款银行体系、美国进出口银行也分别在相应领域构成农村政策性业务的补充。如美国的商品信贷公司主要为农民提供产品差价补贴和灾害补贴，以维持农产品价格和市场的稳定，其代表性产品是"无索权农产品质押贷款"。农村电气化管理局成立于 1935 年，主要为农村电气化基础设施、发展农村通信等提供贷款或贷款担保，贷款期限可长达 35 年，利率极为优惠，仅为 2%。成立于 1946 年的农民家计局，其业务主要是为农民提供贷款担保，为低收入农民修缮和购置房屋提供贷款，为弥补自然灾害损失发放贷款，为水利开发、土地改良与保护提供长期贷款，最长可达 40 年。成立于 1953 年的小企业管理局，是专门为那些不能从其他正常渠道获得充足资金的小企业提供融资的机构。

从农业保险方面看，政策性保险与商业保险相结合是美国农村政策性金融的又一个特点。美国于 1938 年根据《联邦农作物保险法》成立了联邦农作物保险公司（风险管理局），主要负责全国性险种条款的制定、风险的控制和向私营保险公司提供再保险支持等。

综合来看，美国农村政策性金融的结构特征主要源于农业的一般弱势性。由于美国具有良好的市场经济基础与农业发展优势，其农业、农村经济的弱势性主要表现为农业的一般弱势性在经济层面上的反映。为克服农业的这种弱势性美国农村政策性金融体系设计分为如下几个层面：第一，为对冲农业生产状况受自然因素影响大、投资周期长、回报率低、风险大等弱势因素造成的，农业经营者不能像其他行业经营者那样走一般的产业化、市场化路径的不利因素，以及由于积累率低、投资期长，当农业进入重要的产业化时期，会形成集中性的资金困难，从而给产业体系和市场结构的升级造成障碍的状况，美国农村政策性金融特别设计了在基础设施建设方面的资金支持体系，由此也决定了政策性金融定位的重点始终是农业产业化、产业体系和市场体系构建中的融资难题的解决。第二，由于农业规模效益的实现受土地规模的约束，很难像工业和服务业那样简单地通过单个经营者投资规模的扩大来实现规模效益，美国农村政策性金融特别设计了合作制支持农业实现规模效益，同时对弱势农户给予支持。第三，由于农产品风险在很大程度上具有公共性，在农业保险和农产品价格风险方面也就需要给予政策性扶持。基于上述三个层次的考量，美国农村政策性金融形成了以推动合作金融发展为主导的，以重点支持农业产业化、基础设施建设、弱势农户和农产品风险援助体系建设为主体的农村政策性金融体系。

另外，从美国农村政策性金融体系构建的动机看主要是推动农业产业化发展，其定位的核心也是农业的产业化和相应的产业体系、市场体系的构建，尤其是对作为农业生产主体和市场主体的家庭农场的培育。同时，美国农村政策性金融具有如下三方面的特点：其一，以政策性金融对合作金融的支持与结合建立起以合作金融为主的农业信贷体系。其二，以政策保险为后盾、政策保险与商业保险相结合的农业保险体系。其三，政府成为农业、农村特殊金融需求的供给者。政府直接设立专门机构以解决农产品价格波动损失、电气化与通信设施建设、困难农户的扶植等方面的特殊金融需求。

二、基于"小农户"特点的日本农村政策性金融

日本农村政策性金融随着农村经济发展水平及其对金融服务的不同需求，其存在形式、支持范围、功能定位都处于不断的变化中。早在"二战"前的1896—1900年，日本就专门成立了日本劝业银行和农工银行，向农业和工业进行大规模政策性融资，以推行"工农业改良"的政策。"二战"后的20世纪40年代后期，日本进一步完善农村金融服务体系，建立起政策性金融与农协系统的合作金融相结合的农村金融体系。这一时期日本农村政策性金融主要表现为支持和帮助农协建立起相对完善的合作金融体系，并维护和支持其运行，主要包括由基层的农业协同组合、中间层的信用农业协同联合会、全国的农林中央金库组成的合作信贷体系和由基层的农业共济组合、中间层的共济组合联合会、政府的农业管理机关组成的农业保险体系，以实现恢复农业生产的政策目标。其具体形式是：对合作金融机构安排制度性财政资金入股，15年免分红。对农协系统发放的政策性贷款给予贴息和补贴，对农业保险提供保费补贴和再保险扶持政策。给予农协金融以利率和税收优惠，并对一些农业项目直接提供补贴。但是随着农村经济的发展，上述金融服务体系已不适应农业发展对金融服务的要求，随后日本对其农村金融服务体系进行了一系列的改革。20世纪60年代末，日本终于建立起较完善的农村政策性金融服务体系，该体系主要包括五个层次：一是政策性机

构——日本农林渔业金融公库的政策性金融业务。二是通过农协的合作金融体现的政策性金融成分。三是农业信用担保与信用担保保险制度。四是以合作性为基础的政策性农业保险制度。五是财政金融支持体系，即政府通过财政直接发挥对农业、农村的金融支持。

日本农村政策性金融的功能定位具有显著的阶段性，并随着其政策目标的不同而变化。如 20 世纪 60 年代以前的政策目标是支持粮食增产，70 年代，不仅要继续支持粮食增产，还要满足果蔬、畜牧渔业等方面设施建设的需要。80 年代以后，主要政策目标又转移为培育竞争性农业，因此，日本农林渔业金融公库的政策性金融定位也随着政策目标的变化而变化。再如，1989 年设立了"特定农产品加工基金"，对与自由化农产品相关的食品加工制造业进行信贷支持，以提高农产品的附加值和竞争力。1994 年设立了"强化农业经营基础基金"，用于支持核心农户的发展，实质上是进行更深层次的农业结构调整。2000 年日本重新制定了农业基本法，强调了农业、农村的多功能性，"公库"的支持范围也相应地进行了扩大或调整。从农村政策性金融目标来看，20 世纪初，日本将政策性资金注入农村是为了压制高利贷、促进商品性农业的顺利发展。40 年代后期是为了支持合作金融的发展和农业生产的恢复。50 年代是为了支持以提高农业生产力和效率为核心的农业、农村基础设施建设。60～70 年代又是为了支持农业的专业化发展、结构调整和农民收入水平的提高。80 年代以后，支持的重点又转向竞争性农业的培育，尤其是开始支持以核心农户培育为基础的产业结构（经济结构）的调整。21 世纪以来，又把环境保护、资源储存与再生、文化传承和农业的可持续（如休耕）等列入政策性金融的支持范围。

考察日本农村政策性金融的特征可以发现：日本政策性金融的功能定位呈现显著的阶段性特征，政策支持的力度不断加深，范围不断被拓宽，尤其是其结构呈现出显著的强势政策性金融的特征。这种强势性不仅表现在农业长期融资由专门的政策性金融机构来承担，而且政策性金融对合作金融、农业保险的支持力度也远远超出美国。日本农村政策性金融之所以有这样的特点，主要源于日本农业、农村经济的弱势性，这种弱势性不同于美国，它是一种双重的弱势性，即日本农业不仅具有农业的一般弱势性问题，更重要的是它还有"小农户"特点。日本农业表现出的"小农户"特征逐渐成为农村和农业发展的桎梏，因为随着农业产业化的发展，要实现规模效益，需要的投资规模也越来越大，而小农户积累水平低、抗风险能力差，即使是通过合作制的形式来实现规模效益，其成本也很高，这就决定了以小农户为基础的合作金融一般很难担负起中长期农业资金供应职能，甚至在短期资金的供应方面也会遇到困难。因此，需要设立专门的政策性金融机构来解决农业的中长期资金供应问题，并在必要时对合作金融的生产、经营性融资给予援助。同时，有必要建立相关信贷担保、信用保险体系，并使政策性农业保险与合作保险相结合而不是与商业保险相结合。因此，正是基于农业和小农户的双重弱势性，促使日本形成了以专门的政策性金融机构和对合作金融强力支持为主体，以信贷担保与信用保险体系、政策性保险与合作保险相结合的农业保险体系为支撑，以对商业性金融的支农引导和支持为补充的政策性金融体系。

三、多重"弱势性"背景下的印度农村政策性金融

印度农村金融政策产生的背景尽管也是基于农业的弱势性，但这种"弱势背景"和美国、日本的情况有很大的不同，因为印度属于发展中国家，其整个国家经济基础相对薄弱，农业基础更加薄弱，相对于发达国家的农村政策性金融，可以说印度的农村政策具有多重弱势性。印度农村政策性金融的形成时间比较晚，起步于20世纪60年代末期，根据其政策特点可以把印度的农村金融政策发展划分为如下几个阶段。

第一，国家对商业银行的强制性农村金融政策。50～60年代，为发展本国农业，印度发起了农村的"绿色革命"，主要内容是：扩大灌溉面积，引进、培育和推广高产品种，大量使用化肥、提高机械化程度等，以提高农作物的单位面积产量和增加农产品商品率。要实现上述目标急需金融支持，农业发展对金融的需求急剧膨胀。但那一时期，印度农村正规信贷资金的提供者主要是各种合作性质的金融机构，其对农业、农村的金融支持和融资能力十分有限。私人商业银行整体规模非常小，对农村信贷作用微乎其微。高利贷与其他非正规信贷占农户信贷总额的绝大部分份额。农村金融的上述供给状况与需求之间严重不匹配，为解决农业发展与农村金融间供需矛盾，印度储备银行对商业银行采取了强制性的金融政策。一方面是于1969年和1980年两次对商业银行实行国有化改造，要求每家商业银行至少要在其所在地区的农村开设一家分支机构。这一政策实施，使得印度商业银行在农村的机构网点数量大大增加，银行贷款中农村地区的贷款份额也大幅度提升。另一方面政府强制启动了"领头银行计划"和"优先发展行业贷款"制度，要求商业银行必须向农业和其他优先发展行业发放一定比例的贷款，同时对贷款利率设定上限。

第二，创设农村政策性银行。为实现农业和弱小农户的发展，印度政府先后设立了"农村银行"和"农发行"。农村银行（Regional Rural Bank）创设于1975年，主要为信贷服务薄弱地区的贫困农户提供信贷支持。到2004年3月，印度地区农村银行有196家，在全国有14 446个分支机构。随后印度于1982年成立了专门的"农发行"，其主要业务是为农村金融机构提供贷款，从事农业农

村方面的开发业务，根据印度储备银行的授权，对农村金融机构和业务进行监管。印度"农发行"的目标是，通过有效的信贷扶持及相关金融服务促进涉农产业的改革与发展，以保持农业的持续稳定发展和农村经济繁荣。印度"农发行"主要是在配合印度农业战略由"单一地发展粮食生产"转向"全面均衡发展"的背景下成立的。

第三，推出农业政策性保险。印度农业政策性保险始于 1985 年，1985 年政府首先推出了《农作物综合保险计划》（*Comprehensive Crop Insurance Scheme*），随后又推出了《国家农业保险计划》（*National Agricultural Insurance Scheme*）和《农民收入保险方案指导计划》，主要是对冲和弱化农民从事农作物种植方面的风险，为增加农民收入提供保险保障。

第四，建立小额信贷体系。由于印度合作金融的弱势性，以及商业银行的介入后，过高的信贷交易成本、烦琐的借贷程序，因此不能从根本上改变农村贫困农户贷款难的困境。印度继 1975 年建立了专门服务于薄弱地区贫困农户的地区农村银行，1979 年推出了"农村综合发展计划"，旨在通过向农户提供软贷款来促进农户自就业后，为了弥补"农村综合发展计划"的不足，印度"农发行"又于 1992 年推出了一项与自助团体（Self Help Groups，SHGs）合作的银行联系计划，它是一种与孟加拉 GB 银行的 GB 模式相类似的、由正规金融机构加农户自助团体组成的融资模式，由此印度建立起世界上最大的小额信贷体系。

从上述分析可见，印度的农村政策性金融体系特点属于政府主导型，具有较强的行政计划色彩，有外生性体系特征。因此，短期政策效果非常明显，长期看其运行效率、可持续性和安全性方面均存在问题，尤其是，从政策性金融的角度看，其存在功能错位的致命缺陷。

与美国和日本相比较，印度农业、农村经济的弱势性就不仅仅是农业的一般弱势性和"小农户"问题，人多地少、市场的严重残缺不全、二元经济结构的约束和传统因素的干扰，再加上严重的农村失业人口和贫困人口问题，使其形成了一种由多重弱势因素组成的"网络状弱势集合"。这种多重的"弱势集合"是使得印度建立起一个复杂的农村政策性金融体系的主要驱动力。印度在人多地少的条件下形成了一种较为复杂的农户结构，既有大农场式的农户，又有小自耕农和无地农户。这样的农户结构对金融服务的要求不一致，在印度的这种多重"弱势集合"的条件下，农业保险既很难像美国那样建立政策性保险与商业保险相结合的体系，也很难像日本那样建立政策性保险与合作保险相结合的体系，采取适度商业化的单一政策性保险为主体的保险体系也就是一种必然的结果。正是这种"弱势集合"使其很难建立起统一的合作金融体系，最终为适应需求印度不得不选择"二元"的金融体系，即主要服务于大农户的正规合作金融体系和以政策性金融为支撑的小额信贷体系。合作金融的弱势又决定了一方面不得不通过强制的手段将商业银行引入农村，另一方面又必须设立以解决农业长期融资为主的"农发行"和专门为弱势农户服务的地区农村银行。同时，参差不齐的农户结构又使农业难以实现规模效益，再加上农户弱势和合作金融的弱势，从而使印度的农业信贷风险普遍处于高水平，相应地建立政策性存款保险与信用担保制度就成为推动农村金融市场发展的必然选择。总之，印度农村金融定位于其农业、农村经济的多重"弱势集合"背景下，决定了其最终建立一种多元化、多层次、行政强势的农村政策性金融体系。

6.2.2 农村政策性金融功能定位的理论支撑

关于农村金融的功能定位问题应该和各国经济发展水平以及社会发展阶段密切相关，在不同国家和同一国家经济发展的不同阶段其定位会有所不同。农业在不同国家本身显著的弱势性和一定程度的公共品属性，决定了无论是在发达国家还是在发展中国家，政策性金融都在农村金融中占有极重要的地位，这是毫无疑问的。但对其功能定位与体系结构在发达国家与发展中国家之间所表现出的差异性比较明显。

现代农村政策性金融的功能定位要求农业、农村合理、高效、稳定、可持续地繁荣和发展。根据兹维·博迪（Zvi Bodie）和罗伯特·默顿（Robert C. Merton）等提出的基于金融体系基本功能分析和研究金融与经济关系的"功能观"，应从金融所处的系统环境和经济目标出发，考察金融系统与外部环境之间的功能耦合关系，在此基础上，根据成本—收益原则，选择能满足系统环境对金融功能需求的金融形态和功能实现机制。根据上述的思路，关键是如何发挥现有金融机构的功能，这是基于"功能观"的中国农村金融制度的一个核心内容。中国农村金融制度的运行和变革，由于走的是一条"机构路径"，长期以来注重的只是农村金融机构的存在形态，而忽视了农村经济对金融资源多层次、多元化的需求和农村金融制度整体功能的发挥，其结果必然是金融资源配置的效率受到损害。因此，农村政策性金融的改革应以"功能路径"为方向。

从新古典经济学的"市场失灵"和"政府干预"理论，到 20 世纪末斯蒂格利茨（Stiglitz）等人运用信息不对称、道德风险、逆向选择、激励问题等方面的最新研究成果进一步对"市场失灵"作出解释，强调依靠政府的宏观调控及政策倾斜，修正市场失灵，实现资源的有效配置。主流经济学派对农村政策性金融的存在依据与功能定位的解释都是市场失灵，政府干预能够修正市场失灵，从而

实现资源的有效配置。因此，其对农村政策性金融的功能也就被定位为：修正
"市场失灵"、满足那些不能通过竞争性市场来满足的农村金融需求或表述为服
务于那些市场机制不能完成或市场机制完成成本太高的领域。

　　然而，上述主流经济学派的研究对象基本上都以发达国家为样本，所以这种
定位对于发达国家是可行的，对于发展中国家不太适用。因为，发展中国家农
业、农村面临的相对普遍情况，或者是其农业、农村经济市场尚未形成，或者是
残缺不全，尚谈不上什么"市场失灵"，真正具有意义的是市场的"培育"。"市
场失灵"应该作为农村政策性金融功能定位的一种考量，但不是唯一的考量，
尤其对于发展中国家"市场失灵"问题甚至不能作为主要的考量。发达国家和
发展中国家农业经济弱势性及其对资源配置和市场形成的影响差异非常明显。发
展中国家农业经济的弱势性既包括农业的一般弱势性，也包括"人多地少"、弱
势的农户结构、城乡二元经济结构和传统约束因素的影响等。

　　下面关于农村政策性金融功能的定位与体系结构问题主要针对发展中国家。
发展中国家农业、农村经济市场尚未形成或正在形成中，其农业、农村经济的弱
势性是先天的客观存在，这种客观存在不仅影响着资源的优化配置，也影响着市
场的形成。基于这样的现实，农村政策性金融的定位应该是：从政策的角度对冲
或克服弱势性对资源优化配置和市场形成造成的不良或不利影响，或者直接培育
能够克服这种弱势性的力量、经济形式和机制，以实现经济的均衡发展。这种基
于"弱势性—资源优化配置—市场形成"的功能定位，有利于从一个国家的具
体国情出发、从更深的层面上分析和理解农村政策性金融的存在原因和功能定
位，即使对于发达国家，比"市场失灵"也更具有解释力。

6.2.3　中国农村政策性金融的功能定位

　　综合来看，农村政策性金融的定位取决于一国农业和农村经济的弱势性特
征，农业和农村不同的弱势性特征决定了农村政策性金融功能定位的演变和结构
特征。各国农村政策性金融的定位从总体上可以概括为农业、农村社会经济的稳
定与发展和农户的扶持两个方面，但在不同发展阶段其定位的侧重点又有所不
同，这就使得农村政策性金融定位呈现出明显的阶段性特征。

　　在不同时期农村政策性金融支持目标的变化，实质上也是源于农业、农村经
济固有的弱势性在农业、农村经济的不同发展阶段，有其不同的表现形式，从而
决定其对金融服务有不同的需求，以及供给和需求的不匹配。在农村政策性金融
定位目标的转移与演变中，具有规律性的是：在政策性金融发展的较低阶段，其
定位一般侧重于个性的具体问题的解决。而在政策性金融进入较高阶段后，其定

位逐步转向基于农业的农村产业体系和市场体系构建层面的系统性问题的解决，并强调可持续性和农业、农村经济自我发展能力的培育。尤其是其重点将转向以农业为基础的现代农村产业体系的构建和"主力农户"的培育。

　　农业、农村经济的弱势性也是影响一国农村政策性金融结构的最基本因素之一。总的来看，农业、农村经济的弱势性由下列因素决定：一是农业的一般弱势性，这是共性因素。二是因人多地少和农户结构而形成的弱势性，大多数国家，包括一些发达国家都存在此类问题。三是城乡二元经济结构的影响，一般发展中国家此类问题比较普遍。四是基于传统的社会文化和基本国情等方面因素而形成的弱势性。上述这些因素对农业、农村经济的影响及其表现形式随农业产业化所处的不同发展阶段具有不同的表现形式。因此，具体到一个国家，其农业、农村经济的弱势性可能仅仅起因于农业的一般弱势性，也可能是多种因素的组合，同时由于发展阶段的差异，其弱势性必然存在着多重的差异性，由此而形成的对资源配置和市场形成的负面影响也是多种多样的，这就决定了各国农村政策性金融在结构上的差异性。

　　我国农村政策性金融今后发展的功能定位应该是：以建设社会主义新农村为主要任务，面向"三农"，建立政策性金融为主、开发性金融和商业性金融并重的可持续发展的现代政策性银行，充分发挥中国农业发展银行在农村金融中的骨干和支柱作用。根据建设社会主义新农村的要求，考虑到当前农村经济和社会发展对农村政策性金融支农需求状况，应把农业发展银行定位为建设社会主义新农村的银行，实行所有农村和农业政策性信贷业务归口农业发展银行统一经营和管理，拓宽业务范围。农业发展银行有关的业务范围基本上应涵盖涉农所有可能的领域。当前的重点应围绕支持农业基础设施建设和农村社会公共事业发展、农业综合生产能力建设、国家粮食安全体系建设、生态环境保护、农业科技推广应用与集约型农业发展、农村扶贫开发等领域，增加中长期开发性贷款投入，支持农村的综合性开发和产业化经营。

6.3　农村政策性金融的障碍和问题分析

6.3.1　农村政策性金融存在的问题

　　农村政策性金融是一国政府为了满足农业生产、流通与服务的融资需要，进行金融资源有效配置的一种金融形式。农村政策性金融兼具政策与金融优势于一体，在一国农村金融体系中占有重要地位，它既充当政府农业政策的工具，又补充、纠正商业性金融、合作金融的不足与偏差，通过金融资源的供给增加和有效资源再配置，实现政府农业和农村经济调控的政策效应。在农业产业化程度比较低的发展阶段，政策性金融是农村金融的最主要形式之一。因此，从总体上把握我国农村金融供需矛盾，有助于对农村政策性金融面临的问题有更全面、更深刻的认识。

一、财政支农资金不足

我国目前农村金融的弱质性特征，决定资金投入仍然是解决"三农"问题的关键环节。农业和农村经济发展的资金来源主要包括：农户自身积累、企业投入、政策性资金支持（包括财政支农资金以及金融机构的信贷资金投入）。由于建国以来农民实际收入增长缓慢的问题一直没有解决，因此依靠农民自身积累以增加农业扩大再生产的设想是不现实的。从企业投入看，考虑到农业投入回报和风险问题，目前国内企业和外资投入占我国全部农业总投入的比例仍很小，尽管近几年总量增长比较快，但这种增长主要表现在经济发达地区，属于非普遍现象，企业对农业投入的比例变化不大。因此，解决"三农"问题的关键看政策性金融，其中重要的一块是财政投入。

（一）财政支农资金总量相对不足，财政用于农业支出的比重呈波动性下降

相对于其他国家的情况中国支农资金总量比较小，国家财政用于农业的支出总量在增加，但占财政总支出的比重却呈下降状态，如图 6－1 所示。依据《中

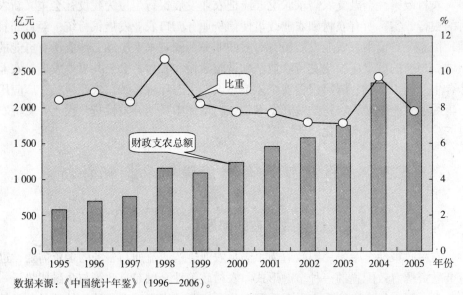

数据来源：《中国统计年鉴》（1996—2006）。

图 6－1　财政支农资金投入总额及占财政收入的比重

国统计年鉴》的数据，1996—2005 年农村固定资产投资增长率连续 10 年低于城镇；农村与城市投资比连年递减，从 1996 年的 0.30∶1 下降到 2005 年的 0.18∶1；农村投资占总投资的份额连年递减，从 1996 年的 23.3% 下降到 2005 年的15.2%；农村在上述各项资金支出中所占的比重，与农村人口所占的比例、农业和农村经济在国内生产总值中所占的份额相比，很不相称。

（二）财政对农业投入结构不合理

如图 6 - 2 所示，根据《中国统计年鉴》的数据：主要农业基本建设投资占财政对农业总投资的比重持续下降，农业科技投入严重不足，农业救济和各项事业费占比较高。农业基本建设投资占财政农业总投资的比重 1981—1997 年降到了 20% 左右，1998 年这一比重提高到了 30% 以上，但到 2005 年，比重又下降到20.9%。

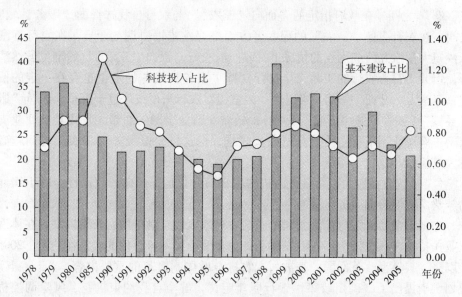

数据来源：《中国统计年鉴》（1978—2006）。

图 6 - 2　农业基本建设和科技投资占财政对农业总投资的比重

分析目前的支农投入可以发现：能直接促进农业综合生产能力提高的比重不高。而且一个需要指出的问题是，重大水利工程、生态建设工程等受益对象不仅仅局限于农业的基础设施建设，长期以来一直统计在农业投资中，相当程度上夸大了政府对农业投资的规模。如 2001—2005 年中央农业基础设施投资为 2 840亿元，其中用于重大水利工程和生态建设的占 70% 以上。科技三项费不仅绝对数较少，而且其占财政农业支出的比重偏低，还不足 1 个百分点。

二、农村政策性金融定位模糊，政策性与商业性金融界定不清

从实际运作来看，农行、农发行和农村信用社承担着我国政策性金融机构的职能，但三者分工存在重复、错位和缺位的情况，同时，从三者各自的业务职能定位看，都同时具有商业性金融和政策性金融双重业务，这种双重性使得政策性金融机构商业化运作明显，从某种程度上削弱了政策性金融机构执行政策职能的力度。

（一）农村政策性金融和商业性金融职能难以协调

2007 年全国金融工作会议确定中国农业银行将"面向'三农'、整体改制、商业运作"，强调农行通过深化改革，稳定和发展在农村地区的网点和业务，进一步强化为"三农"服务的市场定位和责任。但农行在"商业运作"与"面向'三农'"之间、在政府指定的"面向'三农'"与农行自我选择的"服务县域"之间、在农行服务"三农"的程度等方面都存在难以协调的矛盾。在农行逐渐从乡镇大量撤并营业网点的情况下，政府给农行"面向'三农'"的定位虽然清晰，但并不符合农行的实际，与农行自身"服务县域"的定位也存在一定的偏差。事实上，全面"服务'三农'"的重担对农行来说或许过于沉重，选择"服务县域"（或者服务"三农"高端），做城乡商业金融的纽带，发挥县域商业支农的主渠道作用或可作为农行的务实之选，但这样全面服务"三农"的问题必然大打折扣。

（二）农发行作为政策性金融机构出现商业化运作倾向，政策性金融组织开始经营商业性金融业务

中国农业发展银行作为我国唯一的农村政策性金融机构，长期以来，在体现农业扶持意向和扶持力度方面发挥了其他金融形式不可替代的政策性功能，2005年以来，其转型改革问题一直被列入农村金融体制改革的重要内容，"十一五"规划明确提出了"确定政策性银行职能定位，健全自我约束机制、风险调控机制和风险补偿机制"。但从农发行的年报中可见：农发行在 2004 年以后逐步扩大业务范围，2006 年底政策性贷款余额为 6 726.8 亿元，占 76.06%，商业性贷款余额为 2 117.2 亿元，占 23.94%。商业性贷款已成为该行贷款业务的重要组成部分，农发行出现了一定程度的商业化运作倾向。

三、农村政策性金融体系缺位，农业保险体系亟待建立

从广义角度讲，金融应该包括信贷、保险、担保、保障等各种具体形式。农村政策性金融也应该包括政策性的信贷、政策性的保险、政策性的担保以及政策性的保障等机构和业务。但中国目前的农村政策性金融因为起步晚，主要集中于

农业政策性信贷和部分财政补贴，农业保险体系近几年尽管一直在尝试，但至今没有建立起来。目前，财政提供补贴的也只是粮食储备贷款、林业治沙贷款、扶贫贷款等少数业务品种。因此，无论从机构上来看，还是从业务上来看，中国的农村政策性金融体系都是严重缺位的和残缺不全的。以农业保险为例，农业保险的保护对象一般都与农业生产有关，具有较高的风险，因此农业保险一般情况下赔付率较高，而农业保险人（主要是农民）的收入较低，这导致纯粹商业性的农业保险很难运作。因此，世界各国的农业保险一般都是以农业政策性保险为主体的。虽然从 2004 年起在全国多家省市开展了农业保险试点工作，但总的看来尚未取得突破性进展，保险覆盖面偏窄，很多深层次问题有待进一步解决。伴随着农村政策性金融体系的缺位比较突出，导致支农作用不明显。

四、政策性金融的导向性作用不够

新农村建设需要大量资金投入，仅靠政策性金融支持显然不够，这就要求政策性金融发挥其导向和调控作用，以吸引更多的商业性资金流入农业领域，但由于各种原因，农村政策性金融动向性作用还不明显。在整个农村金融体系里面，农发行对其他金融机构的影响有限，互相合作和配合的关系还没有建立起来，在运作过程中很少发挥各类合作组织的作用，导致资金的放大效应很难实现。再以农业小企业贷款为例，农发行在经营该项业务时完全采用了商业化运作，由于缺乏经验，为防范风险，甚至采取了比一些商业银行还严格的市场准入标准，虽然也发放了一些贷款，但对于解决农业小企业贷款难的问题仍属杯水车薪。对于建立中小企业担保体系，或者提供贴息资金引导其他资金流向农业小企业等政策性措施，尚未予以实践。

五、政策性银行融资渠道单一，导致政策性贷款可持续性差

由于农发行不吸收公众储蓄，目前资金来源渠道主要是中央银行再贷款、企事业单位存款、发行金融债券，自身资金融通的空间有限。农发行的企业存款多为农发行贷款的转存，真正可以创造信用、循环使用的存款不多，导致资金来源渠道狭窄，成本高，无法满足农发行持续性、大笔的季节性业务和日益增长的新农村建设的需要。据农发行 2006 年报数据显示：截至 2006 年 12 月末，农发行向中国人民银行再贷款余额 3 870 亿元，金融债券余额 3 131 亿元，二者合计占农发行负债总额的比例为 76.7%，由此可见，农发行资金来源渠道集中度非常高，资金来源渠道过于单一。

6.3.2　中国农村政策性金融现存问题的根源所在

多年来社会各方一直在呼吁并努力实践着农村政策性金融体系的构建，但直

到现在我国农村政策性金融体系仍不完善，问题很多，无法承载农业和农村发展赋予它的重任。其原因既与作为政策性金融组织的性质及其承担的职能有关，也与目前我国整体经济金融运行环境有关。其主要原因有如下几个方面：

一、农业经济弱势性与金融机构信贷资金趋利性难以协调

现阶段我国农业经济的弱势性决定金融机构从事农业贷款，风险高、回报低。金融机构从规避风险、追逐利润的角度看，放弃农村信贷是符合资源最优配置市场化原则的。但这种市场化的行为，必然形成客观上的农村金融国有商业银行不作为、政策性银行不能为、股份制银行不愿为、农业保险不敢为的状况。因此，面对农业经济的弱势性，单靠市场配置资源必然会表现为更多地注重经济效益而忽视社会效益，不利于经济社会的全面协调发展，必然会导致农村金融资源供给不足、配置不合理。这是农村金融支农能力弱化的根本原因。

二、农村政策性金融体系不完善

尽管我国农业和农村经济的发展，以及农村经济的每一次飞跃和改革，都提出了建立和完善农村金融体制的要求。但至今指导农村金融全面协调可持续发展的规划，以及符合国情的、切合实际的、具有可操作性的支持"三农"发展的农村金融政策保障体系并没有建立，这导致农村政策性金融支持体系建立的呼声很高，但进展缓慢，农村金融市场政策性金融机构主体缺位、协调性比较差，农村金融机构缺乏科学的职能定位和明确的发展方向，农村金融"三驾马车"还没有完全形成共同支持农业和农村经济发展的合力。农村政策性金融体制不健全，在相应机构设置、功能定位、业务经营等方面许多问题都没有解决，这种状况对农村政策性金融、商业性金融和其他性质金融的全面协调可持续发展形成了阻碍，削弱了农村金融的支农能力。因此，农村政策性金融支农能力弱，更多的是政策和体制层面对农村金融规划和指导的缺失和落实不到位。

三、农村政策性金融"公共产品"特性与农业弱势性之间存在固有的不协调性

一方面，农业的弱势性和其公共产品属性，决定农业发展需要较大的政府公共产品的供应，要求政府要有更大的农村资本投入规模，达到支持和保护农业的目的。另一方面，由于农业的弱势性，决定了农村政策性金融组织投资对象的高风险、低收益，由此带来了投资回收难度，政策性金融对农业的投入难以形成良性循环，持续性投入难以为继，甚至从某种程度上看农村政策性金融具有内耗性的特点。

从农发行作为政策性金融组织的性质和承担的功能来看，由于它是立足于市场运行机制在资源配置方面存在的缺陷，由政府为主体建立的，因而带有浓郁的

公共产品特征。从理论上讲，提供公共产品的机构往往效率较低，主要原因是缺乏竞争和利润观念，且难以监督，与私人产品相比，公共产品具有非排他性、非竞争性的特征，在农村政策性金融组织中，同样存在着"免费搭车"现象。主要表现在，当农村政策性金融机构对一些企业进行支持时，另外一些不符合政策要求的企业也借机向政府伸手请求支持，从而形成政策性金融组织支持面任意拓宽，导致政策性金融组织支持重点偏移，影响政策性金融组织投资的有效性，这同样也是造成农村政策性金融低效率的原因。

四、农村政策性金融从某种程度上强化了农村金融抑制

所谓"金融抑制"，是指一国的金融体系不完善，金融市场不健全，政府通过对金融活动和金融体系的过多干预抑制了金融体系的发展，而金融体系发展滞后又阻碍了经济的发展，从而造成金融与经济发展之间处于互相掣肘、双落后的恶性循环状态。相对城市金融迅猛发展的状况，我国农村金融抑制非常明显：金融机构萎缩，金融服务缺位；农村资金非农化，供求矛盾严重；政府干预及价格管制，信贷资源低效配置，等等。尽管导致我国农村金融抑制的原因是多方面的，如农业本身的弱势性，国家优先发展城市、发展工业的战略，国有银行的商业化改革等，其中也包括政策性金融因素。解决金融抑制的途径是推进金融自由化。但金融自由化是一个长期的目标，并面临许多现实约束，它的实现有许多不同的途径。从世界上很多国家包括很多市场经济高度发达的国家的经验来看，解决农村金融抑制，尤其是农村供给型金融抑制，政府都选择强制性的政策性金融即政策型金融深化的方式，用有形之手，引导资金流动，通过政府之力加快金融深化的速度。

但是，这一功能的发挥有可能产生相反效果。由于农村政策性金融投资后，在粮棉油流通领域和其他的农业生产领域，必然出现相对的行业垄断，从而导致这些行业和部门"门槛"被提高，妨碍了其他资本的投入，出现因农村政策性金融支持导致的排斥其他资本投入的"挤出效应"。因此，从金融抑制的理论来看，政策性金融从其功能定位上就隐含着对金融市场真实价格的扭曲，隐含着对商业性金融及市场化融资的抑制，隐含着金融资源的低效配置，也隐含着向金融抑制的可能过渡。

当然，上述对于我国政策性金融存在问题的原因分析，是不全面的，只是问题的主要方面，随着经济发展和金融深化，有些问题会逐渐解决，新的问题、新的矛盾也还会不断产生。

6.4　农村政策性金融体系的基本架构

构建我国农村政策性金融支持体系基本架构，实际上是对整个农村金融体系的重构，既要考虑新农村建设对金融服务的总需求，又要考虑农村政策性金融机构在新的历史时期如何深化改革、重新定位、实现机制转换等内容，同时要考虑整个农村金融体系全局性的创新与布局，因此，农村政策性金融体系的构建要放在整个国家经济建设、社会稳定协调发展，以及建设社会主义新农村等大背景下来统筹考虑。

6.4.1　创新和完善农村政策性金融体系的背景分析

农村政策性金融体系构建是在我国加入世界贸易组织，综合国力不断增强，城市金融体系基本完善，整个国家金融业迅速发展，金融服务水平和实力都提高到一定水平的情况下，要呈现工业反哺农业、城市支援农村的两个趋势的背景下，在国家"十一五"规划明确提出新农村建设的基础上提出来的，它体现着我国目前的基本国情，具有明显的时代特征。因此，农村政策性金融体系的设计应该考虑如下一些背景因素：

一、新农村建设对金融服务的需求

从农村金融需求看，可分为以下三类：一是农民生活需求，指农民日常消费、临时性消费和大项消费（如婚丧嫁娶、建房、子女教育、医疗等）对资金的需求；二是农业生产需求，指农民和农业企业在农业生产经营过程中对于资金的需求；三是农村发展需求，主要是指农村公共基础设施建设对资金的需求，包括道路、水电、通信、娱乐、卫生保健、社会保障、学校等建设需求。与金融需求类别相对应，我国的农村金融需求主体可分为农户、农村企业和地方政府（社会组织）三大部分，其金融需求又表现出多层次性特征。

这其中农业企业对新农村建设有特殊的影响力，它既可以对农民增收有正面影响，又能提高农业整体发展水平，也是我国农业产业化发展的主体模式，因此，对农业企业的金融需求应该是农村政策性金融支持体系构建和完善中应该重点考虑的部分。

农业企业中一部分实力较强的企业资金实力较为雄厚，也是较为健全的承贷主体，贷款风险较小，一般可以获得商业性金融机构的贷款。另外大多数农业中小企业是农村企业的主体，它们立足于当地资源等方面的优势，有效缓解农民就业压力，生产面向市场的资源产品。但由于市场供需变化不确定性较大，信息不够对称，同时，由于技术管理水平等方面的限制，决定这些企业经营风险较大，商业性金融机构对其发放贷款特别谨慎，它们的融资需求难以得到满足。

地方政府、社会组织的金融需求，主要集中于农村公共基础设施建设所需资金，而这部分投资具有社会效益大而经济收益小，资金需求规模大，生产周期长，缺乏抵押担保，具有公共产品或者准公共产品特征，具体包括农业基础设施建设、农业综合开发、小城镇建设和旧村改造等。特别是在新农村建设背景下，加强农业基础设施建设、提高农业综合生产能力、发展农村公共事业成为今后一个时期农村建设的主要任务之一，这部分项目对信贷资金需求较大，应该是政策性金融体系重点支持的部分，在政策性金融体系构建中必须着重考量。

二、新农村建设的目标

我国农村金融改革发展应遵循的原则：一是面向"三农"，城乡协调；二是市场主导，政府支持；三是统筹规划，分类指导；四是合理分工，适度竞争；五是防范风险，稳健发展，最终建立和完善政策性金融、商业性金融、合作金融和其他金融组织功能完善、分工合理、产权明晰、监管有力的，适应"三农"特点的多层次、广覆盖、可持续的农村金融体系。把握农村金融改革的整体特征，有利于进一步深化农村政策性金融改革，更好地服务于新农村建设。

三、现有的农村政策性金融引导控制能力弱，政策执行成本高

长期来看，政策性金融的政策持续性是以经营效率作为保证的。事实上，我国目前的政策性资金基本封闭式运行，农业发展银行对资金审批、粮食购销、仓储、运输等实施全程管理，代替了部分粮食企业职能，增加了农业发展银行管理资金的难度和成本。另外，农业发展银行缺乏独立性，责任不明确，政策滥用，亏损难免。农业发展银行执行国家政策，为实现政策目标服务，必然会削弱经营决策的独立性。借口执行政策，套取国家财政资金。预算、制度约束软化，金融机构对经营效益追求没有积极性。在现行体制下，农业发展银行的政策性和效益性不仅难以兼顾，甚至导致两伤。但目前农业发展银行责任不明确，受多方制约，政策项目确定、贷款规模和回收等受到各级政府、上级主管部门等多方影响，导致政策滥用。

四、世界贸易组织协定对农业保护措施的约束

国务院2009年2月1日发出了《关于2009年促进农业稳定发展农民持续增收的若干意见》，明确提出2009年要在上年较大幅度增加补贴的基础上，进一步增加补贴资金。这种政策性补贴通过什么方式进行值得研究，因为在我国加入世界贸易组织后，所有可能对农业采取保护的措施都可能会因偏离世界贸易组织规则而受到约束，而通过政策性金融对农业进行保护性的支持是各国普遍采取的做

法。近年来，我国从增加农民收入和维护农民种粮积极性的角度，实行按照保护价敞开收购农民余粮的措施，对促进农业发展、加强农业基础地位起到了一定作用。但从另一方面看，这些措施使国内粮食越来越丧失价格优势。虽然世界贸易组织允许发展中国家对农业进行支持，但只能是用于支持提高国内农产品的有效供给能力和改善农民生活，而不允许直接补贴出口的农产品。而这需要政策性金融增加资金供给，以发展农业生产，促进农民增收。

事实上，中国现行农业补贴类的政策相对于发达国家，还非常弱。据统计，在"绿箱"政策中，我国缺少6项与农民收入支持相关的政策，如收入保险计划、自然灾害救济补贴、农业生产者退休或转业补贴、农业资源储备补贴、农业结构调整投资补贴、农业环境保护补贴等，超过"绿箱"支持的一半，因而增加农民收入的补贴手段比较匮乏，至今，农业保险补贴制度都还没有建立起来。这从某种程度上可以说，为政策性金融支持体系的建立留下了非常大的空间。

6.4.2　构建农村政策性金融体系的原则

农村政策性金融不同于商业性金融和合作金融等其他性质的金融，它具有政策性、金融性、导向性，体现了国家的整体经济发展战略，具有宏观调控的职能。因此，构建农村政策性金融体系应充分考虑到政策性金融的如上职能和特点。

一、协调性原则

协调性原则的具体含义是：政策性金融与其他性质的金融相协调；政策性金融本身的政策性和金融性相协调；政策性金融的信贷性和财政性相协调；政策性金融和保险相协调。从各国农村政策性金融体系的普遍特点看，政策性金融主要发挥的是对农村金融的补充、引导、协调作用。政策性金融是一个系统，覆盖面广，包含信贷、财政、保险保障等业务，又要协调政策性金融、商业性金融、合作金融等，因此，协调是农村政策性金融体系设计的基本原则。正如有学者指出的：协调是金融、经济、社会资源效应功能传导与逆转机制产生效率或相互提升效率的基本标志。[①] 协调发展是社会、经济和金融正常运行的前提和关键。

中国"十一五"规划把新农村建设作为最重要任务之一，尤其在金融危机背景下，国家加大了对"三农"的投入的力度，这里要特别注意的问题是财政支农和信贷支农资金，必须进行整合，发挥财政、政策性信贷和商业性金融的支农合力，促进三者的协调发展，这样，才能保证政策效果，实现支农绩效最大化。绝不能就政策性金融谈政策性金融，从而将农村政策性金融改革发展问题孤

---

① 孔祥毅等：《百年金融制度变迁与金融协调》，47页，北京，中国社会科学出版社，2002。

立化、片面化。

第一，要建立财政、政策性信贷支农的互动机制，优化农业投融资环境。考察发达国家和不发达国家的农村金融，普遍存在的一个共性就是凡是农村金融，不论何种体制，政府都是以财力作为重要的支持力量。政策性金融的产生及其作用的发挥，实际上就是财政职能不断强化的一个产物，而政策性金融机构执行国家产业政策实际上就是财政政策的一种体现，因此，要进一步密切财政与农村政策性信贷的联系，建立健全财政资金的引导机制，并通过农村政策性金融这个主渠道，将财政的引导作用传输和放大，以调动和吸引更多的商业金融资金和其他社会资金投入到农业和农村领域。

第二，要注重政策性金融和商业性金融的协调。政策性金融机构和商业性金融机构主要是合作、互补关系而不是竞争、替代关系。商业性金融机构是一国金融体系的主体，承办绝大部分金融业务。政策性金融机构则承办商业性金融不愿或不能办理的金融业务，主要是关系国计民生的投资大、回收期长的金融业务，在商业性金融机构业务活动薄弱或遗漏的领域开展活动。政策性金融和商业性金融的协调发展，是完善市场经济体制下政府宏观调控的需要，是协调和促进区域之间经济社会相对均衡发展的需要。由于农村金融需求具有特殊的复杂性、多元化、多层次，仅靠商业性金融或者政策性金融难以满足各方面的需要，因此，必须建立起适应"三农"特点的多层次、广覆盖、可持续的农村金融体系，必须健全农村金融组织体系，充分发挥商业性金融、政策性金融、合作金融和其他金融组织的作用。要建立上述金融体系，政策性金融和商业性金融的协调发展是一种必然的选择。

当然，商业性金融介入政策性业务并不是无偿的，真正意义上的商业性金融是以市场化经营为运作原则，以效益最大化为目标的一般性金融活动。如果政策性业务能够给该商业性金融机构带来经济利益，商业性金融机构可以接受政策性业务的，否则，商业性金融机构会没有积极性，效果也不会好。

第三，政策性金融机构内部的政策性业务与商业性业务相协调。政策性金融机构内部的政策性业务与商业性业务相协调的含义：其一，政策性银行可以经营政策性业务，也可以兼营部分商业性业务，但是，农业政策性银行的商业性业务应严格控制在一定范围和数量之内，不能反客为主。其二，政策性银行的业务，无论是政策性业务还是商业性业务，都应该尽量选择商业化运作方式。

在强化农村政策性金融服务的大背景下，为保证政策性业务的可持续性、良性循环，政策性银行应该尽可能采取商业化经营手段。政策性和金融性是政策性金融的两大本质属性，政策性金融机构如果只有金融性，没有政策性，就没有设立的必要，反之则容易陷入财务危机，丧失可持续发展的能力。长期以来有一种误区，往往是过于重视政策性金融的政策性而忽视了其金融性，政策性银行在经营过程中缺乏经营意识、风险意识、金融创新意识以及可持续发展理念，过于依赖国家补贴和优惠政策，一旦政策性银行涉足商业性业务就是"不务正业"。其实，这是一种认识上的误区，在经营管理上的政策性和商业性运作也不是区分政策性银行和商业性银行的根本区别。实践证明，对于政策性银行只有坚持政策性和商业性相统一、相协调的原则，发展才具有可持续性，才能不断发展壮大，才能更好地发挥政策性效益。

　　这一点我们可以从日本两家政策性银行的不同命运得出启示。日本长期信用银行成立于1952年。1999年9月29日，该银行被转让给美国的里普尔伍德控股公司。这个决定是日本政府的金融重建委员会作出的，消息传出，令人震惊。因为该行成立之初，就是一家负有特殊使命的金融机构，是国家政策性银行。外国公司首次收购日本银行，标志着多年来高度封闭的日本金融体系终于被冲开了一个缺口。与此同时，日本的另外一家政策性银行——日本开发银行却成功地经历了几十年的变迁，在1999年10月1日又进行了重组，与北海道东北开发公库合并为日本政策投资银行。同样是日本两家著名的银行，其成立时代背景相同，其享受的政策待遇相同，但是命运却不同：一个被迫转让，另一个取得成功，这一现象令人深思。究其原因主要是：被转让者完全依赖国家支持，经营上不仅无利，而且亏损。相反，日本开发银行则能主动适应环境变化，采取灵活的经营方针，在日本经济恢复时期，主要将资金投向电力、煤炭、钢铁等基础产业。当日本经济进入成熟期时，社会老龄化和环境问题突出，日本开发银行则将支持力度投向地区开发、大众生活等方面，既能保本，又能微利。如果说日本长期信用银行的转让说明过于依赖政府保护不利于银行发展，则日本开发银行的成功则告诉我们：在确保国家产业政策任务的基础上，主动地抓住市场的需求，进行适当的商业化运作，对政策性银行而言是很有必要的。在我国，农发行也有过一段时期的"危险"经历，2003—2004年，由于业务萎缩，支农功能单一，就曾经有很多舆论和意见要求撤并农发行。一旦农发行撤销，可以想象我国的农村政策性金融事业将会陷入低谷。因此，从某种意义上说，强调金融性，正是为了保证政策性更好地发挥应有的功能。

　　实际上，政策性与金融性的焦点往往体现在政策性银行是否把盈利性作为经营目标之一。在这一点上笔者赞赏韩国产业银行（KDB）的国际顾问 Avid B. Warner Jr 先生的观点。他认为，政策性银行的政策性目标固然比盈利性目标重要，但盈利性是对一个金融机构的约束，也是一个银行成功的标志。如果盈利性目标完全服从于政策性目标，就很难对政策性银行进行评价，政策性目标也难以实现。从国际上看，政策性银行主要利用政府资金或由国家提供信用担保，以补贴的方式，直接向政府优先发展的部门、地区以及投资项目提供中长期资金，没有最低资本金要求，损失由财政承担。但是这种发展模式被世界各国政策性银行的实践证明不是一种好的发展模式。原因在于这样的发展模式使得银行经营缺乏评价标准和发展动力，国家财政负担过重，政策性效应难以达到预期的目标。因此，各国政策性银行普遍开展了以市场和效益为导向的转型，取得了较好效果。

事实上，从国外的情况看，盈利性一直是一些政策性银行所追寻的目标之一。据统计资料显示，早在 1999 年，韩国产业银行（KDB）的盈利为 2 120 亿韩圆，净利润 1.84 亿美元。日本政策投资银行（JDB）在 1998 年底，总资产盈利率为 9.24%，自有资本的盈利率为 2.91%。德国复兴信贷银行（KFW）的盈利也非常乐观，1998 年净利润达到 4.52 亿德国马克。从我国的情况看，2004 年之后农业发展银行注意在开展业务中政策性和商业性相协调也取得了比较显著效果。

二、时间的动态性和地域的灵活性原则

动态性和灵活性原则的含义是指政策性银行的职能，从时间上看，应随着国家宏观调控的需要而不断调整，职能具有阶段性特征。从地域特点看，同一时间段不同地区对政策性金融的需求也不同，政策性金融应该具有一定的灵活性，根据需求发挥其作用和职能。

为适应农业和农村发展对政策性金融的要求，各国在农村政策性银行转型问题上，一般都会首先理清其职能定位，建立动态的业务范围调整机制。如成立于 20 世纪 50 年代初的日本农林渔业金融公库，是日本的政策性银行，其职能定位通过法律的形式明确界定，业务随着经济发展的不同阶段动态调整，从最初支持粮食增产，逐步扩展到支持农业结构调整、农业基础设施建设、农产品加工流通等各个领域，适应了农业在不同时期对信贷资金的需求，促进了日本农业的发展。农村和农业发展对金融服务的要求是一个动态的变化过程，因此，政策性银行业务范围应随农村金融服务需求变化及时调整。从空间上看，我国地域辽阔，经济发展从区域看极不平衡，不同地区对金融服务需求差异非常大，所以应根据东部、中部、西部不同区域农村经济社会发展对农村政策性银行业务的需求特点，因地制宜，分类指导，不同区域农发行发挥作用的领域及支持重点应有所区别。

三、全方位功能实现原则

农村政策性金融的功能是多元化、全方位的。由于农业、农村经济的发展对农村政策性金融的需求是多元化、全方位的，也必然要求农村政策性金融的功能是多元化、全方位的。朱元裸等认为，农村政策性金融的功能是：扶植性功能、倡导性功能、辅导性功能和调控性功能。白钦先则将之归结为直接推进与强力拉动功能、逆向选择与补充辅助功能和积极诱导与虹吸扩张功能。而王吉献则认为农村政策性金融往往具有政策性功能、诱导性功能、区域经济梯度整合功能和补充性功能。当前，我国农村政策性金融的功能比较单一，主要是为农业经济活动提供信贷资金支持，同时也在配合国家宏观政策实施上有所作为。为适应新农村建设的需要，今后还应注意要在改善投资环境、完善市场体系、组织引导其他资金、国际交流合作、指导示范等功能上发挥作用。要有意识地实现全方位、多元化功能实现原则。

6.4.3　中国农村政策性金融体系的基本架构及应关注的重点问题

一个国家的农村政策性金融体系的基本架构从目前的研究成果看，大致可分为两种主要类型：政府职能型和经济扶植型。[①] 经济扶植型的农村政策性金融主要是基于农业、农村的弱势性，在农业、农村经济的发展过程中，农业的弱势性、人多地少、城乡二元结构等，都会在经济层面上形成这样或那样的弱势属性（如投资收益低、风险大等），这种弱势属性是农业自身无法克服的，只能通过外力推动来克服，这就需要借助于政策性金融来帮助农业、农村经济克服这种弱势性，以实现经济的协调、均衡发展。

一、中国农村政策性金融体系基本架构

政府职能型是指基于政府职能的发挥而形成的农村政策性金融，它基于农业的公共产品属性。经济学普遍的观点认为，农业与农村经济在某些方面具有公共产品的属性，如环保、资源储存与再生、自然灾害救助、基础设施建设、扶贫等，公共产品影响着整个社会经济稳定和发展，所以公共产品本应由政府和社会来支付或提供。但由于政府财力有限，或者是从国家或全社会整体经济性的角度考虑，一个国家普遍的做法是对这些公共产品的支付采取了政策性金融的形式，这种意义上的政策性金融实际上是政府职能的一种实现形式。政府职能型政策性金融有着相对独立的演变路径，但它与农业、农村经济的弱势性及其状况有着密

---

① 陈春生：《从区域产业化视角论农村政策性金融及其体系构建》，载《长安大学学报》，2008（2）。

切的联系。因此，一国农业、农村经济的弱势状况及其成因在很大程度上决定着一国农村政策性金融的基本构成与特征，通常一个国家的农村政策性金融往往是上述两种类型并存，发达国家农村政策性金融更偏重于后一种类型，而发展中国家尤其是农业经济比较落后的国家更偏重前一种类型。笔者认为，中国的农村政策性金融体系构成应选择两种类型并存，目前的情况应更偏重于前一种类型，随着新农村建设的推进和农业发展水平的提高，两种类型更偏重哪一类型可以根据不同时期、农业产业化、不同的发展水平作出调整。

一个国家的农村政策性金融的结构既取决于农业、农村经济的基本结构和城乡经济关系，又与农业产业化、农村区域产业体系的发展程度相联系。中国农业产业化程度非常低，农村经济以小规模农业为主，并且城乡二元经济结构问题以及农业的弱势性非常严重，农业、农村经济必须在较大程度上依靠政策性金融。综合来看，中国农村政策性金融体系构成应该包含四大块。其一是信贷体系。由专门的政策性金融机构组成，主要业务范围为农业、农村中长期固定资产贷款和基础设施贷款；政策性金融支持的合作金融，业务以农业为主的中短期生产、经营性贷款；承担部分政策性业务的商业金融，作为政策性金融的补充；小额信贷体系，主要负责小农户和贫困人口的生活、生产、经营性融资。其二是农业保险。建立以合作保险为基础、政策性保险为主体、商业保险为补充的农业保险体系。其中政策性保险主要体现在提供再保险服务、保费补贴和政策性经营亏损补贴三个方面。其三是建立粮食储备、主要农产品价格风险补偿、信用担保和信贷保险，应由专门的政策性金融机构承担。其四是以财政支持为基础的农村社会保障体系，以财政出资为主承担社会保障、农业基础设施、环境保护等方面的资金支持。

二、农村政策性金融体系构建中的几个重点问题

中国农村政策性金融体系的构建和完善是一个长期的任务，需要随国家整体经济发展水平和中国农业、农村的经济发展状况不断进行完善，但笔者认为，近期应注意如下几个重点问题。

（一）注意农村政策性和商业性金融业务的协调发展

由于我国多年来形成的银行业国有或国有控股的特点，使得我国农村政策性金融存在非常普遍的现象，即农村政策性金融和商业性金融业务界定不清。一方面，商业性银行承担政策性贷款，农村信用社的一些贷款也具有明显的政策性性质。如中国农业银行，既是商业银行又承担较多的政策性银行的职能。另一方面，农村政策性金融机构如农发行，定位是政策性银行，但又被经获准经营商业性业务，同时，这种商业性业务尽管与政策性贷款比较也具有相对较强的贷款操作上的独立性和业务发展上的自主性，但又和一般的商业性业务存在很大不同，

政策性银行的这种商业性贷款与商业银行贷款比较却有相对较强的政策性，如贷款对象要符合一定的政策规定，贷款投向有严格界定的方向范围，市场准入要受到一定的政策限制等。因此，应当明确政策性金融内涵、规范一些边界模糊的政策性金融业务，使政策性业务和商业性业务协调发展。

（二）整合现有农村金融资源，培育发展新型农村金融组织，增加农村政策性金融供给

扩大农发行业务范围，实现全方位支农，发挥其在农村金融中的骨干支柱作用和在农村政策性金融中的主体作用。强化农村信用社的支农作用，为农村小企业解决贷款难的问题。出台相应的政策，培育和发展小额信贷公司等新型农村金融机构。按照"低门槛、宽准入、严监管"原则，鼓励和引导符合条件的境内外金融资本、产业资本和民间资本在农村地区投资设立新型农村金融机构，在全国农村地区全面推开村镇银行、贷款公司、农村资金互助社等新型农村金融机构试点。

（三）优化农村金融生态环境，保障农村政策性金融更好地发挥作用

首先，加大政策扶持力度，配合相应的财政贴息等优惠政策，制定对保险公司经营的政策性农业保险给予保费补贴和经营管理费补贴的办法，明确补贴的方式、品种和比例等，弱化农业信贷、保险风险。探索建立国家农业巨灾风险准备金制度和中央、地方财政支持的农业再保险体系，和对农村金融机构实行税收减免政策，使更多的金融机构开展农村金融业务，从而增加农村金融供给；对农发行、农村信用社以及村镇银行、农村资金互助社等新型农村金融机构实行差别存款准备金政策，用好用活支农再贷款政策，更好地发挥支农再贷款作用。其次，应尽快制定《农业信贷促进条例》，明确金融机构的支农责任，建立持续有效的信贷投入机制。

总之，中国农村政策性金融体系的构建虽然已经尝试多年，但至今这一体系相对于农村金融的需求，还有非常大的差距，如何有效利用政策性金融帮助农业和农村经济克服其弱势性对资源优化配置和市场形成造成的不良影响，尽快培育能够克服这种弱势性的力量，以推动农村经济的发展是今后一段时期农村政策性金融体系构建和完善中要着力解决的问题。

第7章

中国农村金融服务的合作支持体系

7.1 农村合作金融的含义和目标

7.1.1 合作思想的溯源及界定

从古至今，合作意识一直在人类的活动中发挥着重要作用。在原始社会，人类以血缘关系的纽带结成氏族和部落，抗御自然界恶劣环境和其他生物的侵袭，共同进行生产合作；进入奴隶社会和封建社会，出现了较大规模的合作，人们的经济目标也不断扩大，修建大规模的水利工程，开凿大运河，修筑长城，修建金字塔和经营种植园等。

人类的合作意识产生于本能，并随着社会的不断发展经历了从低级到高级、从简单到复杂的演变。进入资本主义时代后，合作思想得到了多方面的发展，出现了空想社会主义合作思想、基督教社会主义合作思想、国家社会主义合作思想、无政府主义合作思想等。空想社会主义将合作思想引入了社会政治经济领域并进行实践，其中最有代表性的是19世纪初的三位空想社会主义者：法国的圣西门、傅立叶和英国的欧文，他们分别提出过建立集体主义的、劳动者共同参与的协作社、实业制度、生产大联盟等计划，为科学社会主义合作思想的形成积累了宝贵经验。基督教社会主义合作思想提倡慈善福利事业，主张建立合作工厂，成立消费合作社、生产合作社，提高劳动者地位，将合作思想同基督教的教义结合起来，在实践中体现出基督教的意志。国家社会主义的合作思想以法国的布朗和德国的拉萨尔为代表，他们认为，为了和资本家进行斗争，需要劳动者相互之间组织生产合作，同时国家必须给予贷款帮助劳动者建立合作工场，最终建立团体协作的关系，使各工业部门都成为合作社的工业。无政府主义的信用合作思想认为，建立信用社和人民银行可以调和资本主义的矛盾，使生产者以劳动直接换取产品或取得贷款，克服经济中的各种矛盾。

合作行为的不断深化以及合作思想的不断发展表明，合作不仅是一种自然现象，也是一种社会现象，体现了人与人之间的经济互助关系与信用行为。因此，合作的内涵尽管在不同时代具有不同的表现形式，其本质并没有改变，即人类为了群体的共同利益所采取的集体行动，这一行动建立在自愿互利的基础上，通过生产、分配、交换、消费等形式表现为一种特定的经济关系和信用关系。

7.1.2　农村合作金融的含义和目标

一、合作金融的含义和特点

农村合作金融以合作思想为根本出发点，将合作经济的模式应用于农村金融领域。因此，农村合作金融就是指在商品经济条件下，农村劳动者为改善自己的生产与生活条件，按照合作制原则，自愿入股联合，实行民主管理，获得服务与利益的一种集体所有与个人所有相结合的资金融通方式。农村合作金融可以通过信用合作社、合作银行等组织形式实现，凡是以金融资产形式参与合作，并从事专门的金融活动的经济主体，都属于合作金融的范畴。

国际合作联盟代表大会公布的合作经济原则规定：农村合作金融组织要以自愿和开放为基础，以社员的经济参与、自主、自立以及民主管理为核心，以教育培训和信息服务为保证，以关心社区和为社员优先服务为服务宗旨，以参与者的股本金为资本构成主体，以入股者为主要服务对象。判断某一金融组织是否属于合作金融的范围，可以通过下列特点判断：

（一）组织原则符合国际公认的合作原则，以股金为资本，以入股者为服务对象

合作金融是经济中的弱小者通过合作组织建立信用关系，借以互相满足资金需求的金融活动。商品经济活动必然造成人们经济地位的不平等，在经济生活中处于弱势地位的中下层劳动群众难以从正规的商业性金融机构获得贷款。因此，具有进步意义的合作原则必然为广大劳动群众所接受，他们按合作原则组织自己的金融机构，借以使自己的资金聚零成整、迅速成长，解决社员对于资金的需求。

（二）合作金融的组织以信用为基础，具有道德及精神要素，但不属于慈善机构，必须以等价交换为原则

合作金融机构的目的是为社员提供资金以提高其生产和生活质量，虽然

合作金融的宗旨是互助互利，具有精神及道德的成分，但它不具有慈善性质。信用合作社是一个经济组织，它吸收社员储蓄，向社员发放贷款，必须遵循等价交换原则，按约定的条件收取贷款利息和本金，用以支付存款利息和本金。

（三）尽管以等价交换为原则，但合作金融是互助金融，不以营利为目的，主要是为入股者提供服务

合作社是为社员服务的机构，它是利用团体互助的方式，替社员解决其个人力量不易解决的经济问题。在信用合作社中，社员有余款储存到信用社，资金不足时向信用社申请贷款，利用资金余缺的时间差，社员之间的需求相互调剂，互助互利目标得以实现，合作金融组织力求稳妥与安全，不求营利。

（四）合作金融注重平等的原则，以人作为首要因素，是人的结合

合作社是社员的组织，社员的自愿平等合作是其存在的基础，在以资本为核心的工商企业中，资本具有绝对的权威，股东的表决权及分红权都要以股金的多少为标准，而合作组织则不如此，它实行一人一票，不论缴纳多少股金，每个社员只有一票表决权，资本在合作社中失去了特权，它只是充当为合作社服务目的的一种手段。在实践中，各国均对合作社社员的认股数量进行限制性的规定，以防合作社被少数人所控制。

二、农村合作金融的目标

金融服务的供给必然对应于经济主体的融资需求。讨论农村合作金融对于农村金融发展的支持，首先要分析现阶段农业经济主体对金融服务的需求。我国农村经济的主体是农户，农业生产是以家庭联产承包为基础，农业的投资格局主要还是以农户为主。与这样的经济相匹配的金融体系中，农户是金融功能需求的主体。同时，我国农村地区的经济发展差异，决定了金融功能的需求差异。由于经济发展水平不同，东部沿海发达地区和其他邻近经济中心城市的地区，城乡一体化程度较高，农业比重很低，农业从业人员中第一产业人数仅占总人数的52.4%，农村经济已向工业化的城市经济转型。而广大中部、西部地区的农村甚至许多地方仍处于自然经济的发展阶段，农村经济结构较为单一，农业从业人员中第一产业占绝大多数，分别为76.8%和86.3%，非农产业占农村就业和农民收入来源的比重微乎其微（见表7－1）。①

---

① 国家统计局第二次全国农业普查主要数据公报。

表 7 – 1　　　　　　　　　　　农村从业人员总量及构成

	全国	东部地区	中部地区	西部地区	东北地区
农村从业人员总量（万人）	47 852	17 652	13 043	13 927	3 230
第一产业（%）	70.8	52.4	76.8	86.3	80.1
第二产业（%）	15.6	28.8	10.6	5.2	7.8
第三产业（%）	13.6	18.8	12.6	8.5	12.1

农村合作金融体系的目标应以满足农户的需求为基础。农户的金融行为表现为三方面特点：一是信贷需求主体数量大，且高度分散，经营规模小。二是农业生产季节性强，周期较长，容易受到自然资源和自然灾害的影响。三是农村经济相对落后，农民收入水平远低于城市，户均拥有的财富和抵押品严重不足。这些特点决定了农村金融的交易成本和信贷风险都很高。

目前，我国农村存在政策性、商业性、合作金融机构并存现象，各类金融机构的功能界定有所不同。在融通资金功能方面，政策性金融机构提供公共金融服务，一方面为国家农业基础设施建设融资，另一方面平抑主要农产品价格波动，降低农业的系统性风险。商业性金融机构提供信贷的门槛较高，对借款人资格审查、担保人经济状况都有严格的界定标准。商业性金融机构的趋利性与农业生产的低回报率、高风险相矛盾，同时商业银行大举撤并县以下机构网点，造成农户从商业银行获取所需的资金十分困难。

相比之下，合作金融在实现现阶段农户金融需求中具有比较优势。合作金融提供的是介于公共服务和私人服务之间的金融服务。一方面，在合作组织成员间，金融服务具有非排他性，只要是成员，就有权利获得附带各种优惠条件的融资服务。另一方面，在各成员获得金融服务的质量上具有竞争性，即不同条件、不同信用状况的农户得到的融资支持是不同的。合作金融的制度功能在于，促进组织内部成员经济增长，保证组织内部成员的利益。合作金融首先强调的是合作，合作制本身是弱势群体自救和自我寻求发展的一种较合理的制度安排。弱势群体可通过团体合作、资金联合的方式实现互助，解决单个社员不易解决的经济问题。合作金融天然具备规模小、交易费用低和社区性的特征，与中小经济体具有天然的兼容性，合作金融是农村经济主体融资的首选金融形式。因此，现阶段我国农村合作金融的主要目标应当是教育培养农民的合作意识，为农户及中小企业等农村中小经济体提供融通资金的渠道，在农村金融的发展中起到主力军作用。

7.2　农村合作金融的功能定位

7.2.1　合作金融与其他金融形式的比较

金融体系的功能与其组织形式密切关联，要对合作金融的功能进行准确定位，首先需要明确合作金融与政策性金融、商业性金融等其他金融形式的区别与联系。

一、合作金融与政策性金融

由于合作金融机构具有非营利的经济特征，因此有不少人把农村信用合作社与政策性金融等同起来，造成认识上的混乱和工作中的失误。从所有制结构来看，农村信用社是由社员入股组成的，政府不是出资者，所以政府无权干涉农村信用社的自主经营，不能强迫其承担本不该承担的政策性义务，否则就是一种对所有权的侵犯，对市场原则的破坏。从政策意图看，政府强调农村信用合作社为"三农"服务，这一政策目标本身是没有错的，因为农村信用社地处农村，服务对象是农业及广大农民，这是其自然属性，但不能据此认为农村信用合作社必须完全依照政府的行政命令开展业务。从政策性金融的特点来看，由于其提供的是公共金融服务，它应该由政府出资建立并供给营运资金，并由政府承担其运营的成本及亏损，比如农业发展银行的资金来源主要是人民银行的再贷款。而我国农村信用合作社都是自担风险、自负盈亏的机构，事实上承担了不少政策性的任务，政府却没有承担其相应损失，造成了农村信用社资产损失，助长了道德风险。

二、合作金融与商业性金融

合作金融与商业性金融虽然都是经营货币和信用的机构，其基本金融业务都是存款、贷款和结算，但它们在经济性质、社会功能、管理原则及服务对象等方面却有着本质的区别。首先，经济性质不同。商业性金融机构主要是指商业银行，它们是依据国家的银行法和商业银行法，由国家、地方政府或其他投资方经营的以营利为目的的金融机构；而合作金融则是按照国际通行的合作原则，由社员入股兴办的，以社员为服务主体。其次，服务范围不同。商业银行是信用中介机构，是货币资金借者和贷者之间的桥梁，商业银行通过负债业务将资金投向国民经济各个部门和单位以满足经济发展对资金的各种需要；而合作金融是通过入股方式将股金集中起来，再通过互助合作方式为社员解决生产、生活中的资金需要。再次，分配方式不同。由于商业性金融机构是营利性金融机构，其盈利按资本金的来源进行了分配；而合作金融由于是互助合作性质的金融企业，对股金分红予以严格限制。同时，我们也不应把合作金融与商业性金融完全对立起来。随着农村金融市场的发展，农村信用社应当着眼于市场需求，积极学习商业银行先进的经营方式和管理方式，实现所有者与经营者的分离，建立起有效的公司治理结构和激励约束机制，不断拓展客户和业务范围，才能实现自身的发展。

三、合作金融与股份制金融

合作金融与股份制金融有很多相似之处，它们都采取入股方式，经营上都采取集体决策，分配上都实行"分红"等，但事实上，合作金融与股份制金融是两种截然不同的产权组织形式。第一，经济性质不同。合作金融是按照合作原则组织、经营的金融组织，它的入股资金称为股金，属于资金合作性质，而非投资性；股份制金融则是按照特定的企业法或金融法组织经营的投资盈利性金融组织，股份资金的表现形式是可流通、转让、随机买卖的股票。第二，经营目标不同。股份制金融以追求利润最大化为目标，股东入股目的就是寻求高额利润分红；而合作金融的宗旨是为社员服务，不是单纯以营利为目的，社员入股是为了获取服务。第三，管理方式不同。股份制金融体现了资本的联合，其权利和义务均以股东所注入的资本为标准，实行"一股一票、股股平等、大股控权"；而合作金融则不仅是采取入股方式的资金联合，更是劳动者的联合，实行"一人一票"。第四，分配方式不同。股份制金融盈利主要用于股本分红，实行按资分配；而合作金融实行按劳分配，社员按与合作金融的交易量获取利润返还，合作金融的盈利主要用于积累，且积累归全体社员集体所有。

四、合作金融与集体金融

合作金融与集体金融是必须加以区别的不同概念，长期以来，合作金融组织经常被视为集体金融企业，这种理论概念上的混乱，使人们在实践中偏离了合作金融的轨道。合作金融与集体金融企业在制度结构、产权结构、组织结构、分配结构等方面均不相同。合作金融是市场竞争中的弱者通过合作实现自我保护的制度结构，集体金融企业是政府对这种非国有或国有经济实施计划控制的制度结构。合作金融的产权结构是社员个人股权联合，个人股权不仅有保障，而且可以增殖，集体金融企业的产权结构是集体一元化，个人股权消失，全部归集体所有。合作金融是自下而上分层自愿合作的组织结构，集体金融企业则是自上而下控制，存在行政隶属的等级组织结构。合作金融的分配方式是利益分享，适度返还，集体金融企业的分配方式是集中积累，抽肥补瘦。因此，以集体金融企业的制度来指导农村信用合作社只能使它偏离真正的合作原则。

7.2.2　合作金融的功能定位

农村合作金融是在农村地域范围内农户或中小企业依法联合组建的以自我服务为根本目标的金融组织。作为一类金融组织，农村合作金融必然要实现金融机构最基本的职能，即充当信用中介和提供融资服务，这些功能可以从宏观和微观两个方面进行界定：

一、宏观功能

（一）促进农村内部及农村与城乡之间的资金融通

一方面，合作金融机构把资金从有资金盈余而暂时没有投资机会的一批人手中筹集起来，形成积累；另一方面，又把动员来的资金通过合作金融机构网络分配给那些有良好投资或消费机会但资金暂时不足的一批人手中，这种融通既可以在农村内部相互调剂资金余缺，也可以在城市经济与农村经济之间调剂资金余缺。它实际上是对社会财富资源的再分配，可以改变货币资金在货币与资本之间的分布结构，促进资本的形成或消费的增加。

（二）调节农村货币流通，稳定农村经济

在市场经济中，产出和价格的周期性波动是不可避免的，这种波动往往对国内经济和国际收支产生不利的影响，政府通常需要运用宏观经济政策工具，通过调控货币供应量来尽可能减轻经济波动，实现经济平稳发展。农村合作金融作为金融行业的从业机构，接受中央银行的政策调控和业务指导，通过对自身资产负债的调整来直接或间接地贯彻执行中央银行的货币政策，从而达到调节农村货币流通，稳定农村经济的目的。

（三）引导农村资本流动

农村金融体系中有三种不同的资本流动引导机制，一是引导商业银行资本流动的市场机制；二是引导合作金融资本流动的合作社机制；三是引导政策性资本流动的行政政策机制。这三种机制同时存在于农村经济发展的不同领域，相互之间存在一定的互补性，共同促进农村经济的发展。合作社由于广泛散布在农村地区，具有地域优势，在促进农村资本市场形成和农村资本流动方面将逐渐显示其巨大功能。

二、微观功能

（一）为农村经济主体筹集资金或协助其筹资

这是农村合作金融的基本功能之一，通过这个功能，农村经济主体可以实现"现在"与"未来"的收益交换，通过预支未来的收益来实现其自身利益或效用的最大化。有投资机会而缺乏资金的经济主体可以通过借入资金进行投资，在满足自己财富增长的同时提高整个社会资金的使用效率；有未来收入预期的消费者也可以通过借入资金，预支未来的收益来满足现实的消费需要。

（二）为农村经济主体提供便利的交换媒介

合作金融机构通过向农村经济主体提供货币作为交换媒介，使农村经济主体能以更低的成本和更高的效率获取所需的商品和劳务，促进农村经济货币化进程。

（三）为农村经济主体提供多样化的货币工具

农村合作金融机构可以提供支票、汇票、本票等金融工具以满足农村经济主体对流通手段和支付手段的需要，也可以提供存贷款、股票、债券、基金等多种多样的金融产品满足农村经济主体对金融资产多样化的需要。

（四）为农村经济主体提供风险分散和风险转移机制

一是通过提供的金融资产，使农村经济主体可以构造一个资产组合，通过投资的分散化来分散风险；二是通过合作金融体系的保险机制，使单个农村经济主体面临的风险由更多的主体来承担；三是利用各种类型的金融工具如期货、期权等来实现农村经济主体风险的分散和转移。

（五）为农村经济主体提供信息、咨询等金融服务

金融是经济运行的命脉，合作金融企业由于从事行业的特殊性，能够获得比其他农村经济主体更多更快的经济信息，在自己利用这些信息的同时，可以为农村经济主体提供相关的信息、咨询等服务。

7.2.3　合作金融功能的特点

农村合作金融在发挥金融机构基本功能的同时，表现出与其他金融形式不同的特点，更多地体现出互助的属性。

一、信用中介的特点

合作金融作为金融机构，一方面通过存款业务将分散的资金集中起来，另一方面又通过贷款将资金提供给借款人去使用，充当着借贷中介人的角色。然而，合作金融的这一中介功能与其他金融机构有着不同的实质。第一，媒介对象不同。商业银行是面向社会开展存贷业务，其媒介的对象具有广泛的社会性，而信用社作为群众性的社团组织，它媒介的对象一般仅限于本社社员，因而，与其他金融机构相比，信用合作社的中介对象具有封闭性。第二，媒介的目的不同。商业银行充当金融中介的直接目的和最终目标是为了追求最大化的利润，而信用合作社充当媒介是为了集中社员零散资金，为有资金需求的社员提供融资服务，解决其生产经营中遇到的资金短缺困难，实现团体成员互助，以服务团体社员为主

要目的。第三，发挥媒介功能的方式不同。商业银行为追求利润，进行着广泛而激烈的业务竞争，而信用合作社的媒介活动一般不具有竞争性，为了互助目的，社员均有义务将其闲置资金货币收入存入合作社，也都有资格从社里取得贷款。

二、融资服务的特点

合作金融机构是由社员组成的金融组织，因此，它提供金融服务的目的不是获取利润最大化，而是为其全体组织成员提供所需要的各种服务。商业性金融机构虽然也提供广泛而丰富的服务，但其根本目的是为了赢得竞争，从而实现最大化的商业利润，金融服务只是获取竞争的工具和手段，不是目的，而合作金融的服务功能却不从属于利润目标，信用合作社是真正为了社员的利益而建立起来的服务性金融社团组织，它根据全体社员的愿望和要求开展业务经营活动，并通过组织的力量使各成员的经济利益不断实现，这是合作金融服务功能与商业性金融机构服务功能质的区别。

7.3 农村合作金融的障碍和问题分析

目前，在我国广大农村地区存在的正规合作金融机构主要是农村信用合作社。农村信用社的发展及改革过程折射出了我国在建立农村合作金融体系过程中所面临的障碍和问题。

7.3.1 农村信用社的发展历程回顾

一、初步创立阶段

早在第二次国内革命战争时期，江西革命根据地就建立了农村信用合作社。1932 年成立的中华苏维埃共和国银行，一方面领导农民组织信用社，另一方面在资金上支持信用社发展。1932 年 4 月，临时中央政府发布《合作社暂行组织条例》，并制定《信用合作社章程》，明确提出信用社的宗旨是：便利工农群众经济的周转与帮助发展生产，实行低利借贷，抵制高利贷剥削，入社社员以工农劳苦群众为限，每一个社员不论入股多少，均以一票为限。抗日战争时期，信用合作运动在革命根据地得到迅速发展。到 1944 年，陕甘宁边区已有 86 个信用社，资产达 5 亿元（边区货币），其中延安南区的沟门信用社股金达 360 万元，吸收存款 580 万元，贷款 954 万元，初步建立了新的农村借贷关系。到 1945 年，全国解放区已有信用合作组织 880 多个，对帮助贫困农民解决生产生活困难，打击高利贷，支持革命战争起到了积极作用。① 这一时期农村信用社的创立与发展，为建国后农村信用社的组织和推广积累了宝贵经验。

二、推广普及阶段

建国初期至 1958 年是我国农村信用社的普及与发展阶段。为了促进农业生产尽快恢复和发展，1951 年 5 月，中国人民银行总行召开了第一次全国农村金融工作会议。决定全面开展农村金融工作，并决定大力发展农村信用社，下发了《农村信用合作社章程准则草案》、《农村信用互助小组公约草案》和《农村信用合作社试行记账办法草案》。这一时期的农村信用社，资本金由农民入股，干部由社员选举，通过信贷活动为社员的生产生活服务，基本保持了合作制的性质。到 1956 年底，全国信用社总数已达 10 万多个，全国 80% 的乡都有了信用社。到 1957 年底，随着撤区并乡政策的执行，全国信用社的数量减少为 88 368 个，但社员股金却由 1953 年的 1 201 万元增加到 31 000 万元，增长 24.8 倍，存款由 1953 年的 1 100 万元增加到 206 600 万元，增长 186.8 倍。在建国后短短的几年里，农村信用合作事业无论在组织上、在业务上，均得到了迅速的发展。

三、曲折发展阶段

1958 年至 1978 年的 20 年间，由于政治上的原因，政府对农村信用社的管理思想频频发生变化。1958 年 12 月，国务院颁发了《关于适应人民公社化的形势改进农村财政贸易管理体制的决定》，决定将银行营业所和信用社合并成为信用部，下放给人民公社领导和管理。1959 年 4 月国务院颁发了《关于加强农村人民公社信贷管理工作的决定》，决定将人民公社信用部重新拆分为银行营业所和信用社，农村信用社下放给生产大队，变为信用分部，由生产大队管理。1969 年 1 月，中国人民银行总行在天津召开了有 18 个省、市参加的农村信用社体制改革座谈会，会议确定把农村信用社交给贫下中农组织管理。这一时期农村信用社基本成为基层社队的金融工具，农村信用社干部队伍、资金和业务均受到严重损害，合作制原则被极大扭曲，农村信用社的发展遭受损失。鉴于把农村信用社放给地方管理造成混乱和损失的教训，国家决定把农村信用社交给国有银行管理。人民银行总行于 1978 年 5 月就农村信用社的机构设置、领导关系、人事管理、工作任务、业务经营、财务制度、会计核算等，都作了具体规定，统统由银行管起来。此时期农村信用合作社是受人民银行直接控制的，其组织规模与信贷规模变化很小，但产权已发生了质的变化，名义上是"合作"组织，实际上和其他组织一样，成为整个计划体制的有机构成部分，走上了"官办"的道路。

---

① 张贵乐、于左：《合作金融论》，大连，东北财经大学出版社，2001。

四、业务恢复阶段

1978 年至 1984 年是农村信用社的业务恢复阶段。1979 年农村信用社交给中国农业银行管理，明确了"农村信用社是集体金融组织，又是国家银行在农村的基层机构"。这段时期农村信用社成了农业银行的"基层机构"，合作制原则也没有恢复，农村信用社的改革没有多大进展。1983 年 2 月，中国农业银行印发了《关于改革信用社管理体制试点的通知》，改革的目的就是要坚持信用合作金融组织的性质，逐步地恢复和加强信用社组织上的群众性，管理上的民主性和业务经营上的灵活性，使农村信用社成为独立经营、独立核算、自负盈亏的经济实体，充分发挥其民间借贷作用，以适应农村形势发展的需要。经过改革，浙江、山西、陕西、辽宁等试点地区，农民入社面普遍由 50% 左右增加到 80%，农村信用社工作大大改进，自觉地为农民生产、生活服务。活跃了农村信用社的信贷业务，促进了农村经济发展。

五、治理整顿阶段

1984 年，国务院批转了中国农业银行《关于改革信用社管理体制的报告》，恢复合作制原则，把农村信用社真正办成具备"三性"，即组织上的群众性、管理上的民主性、经营上的灵活性的合作金融组织，在农业银行领导、监督下，独立自主地开展存贷业务。到 1988 年末，农村信用社机构、网点近 40 万个，建立县联社 2 200 多个。从业人员 76 万多人，各项存款余额为 1 400 亿元，各项贷款余额为 912 亿元，向国家提供资金约 600 亿元。[①] 此时期农村信用合作社隶属农业银行，但其非合作金融的性质并未改观。农村家庭联产承包责任制实施后农业剩余增长很快，农户边际储蓄率一般很高，导致资金供给大量增加。在其他国有银行还未充分进行组织扩张，农业银行对农村信用合作社属代管性质的情况下，其规模迅速扩大。与之相伴的是农村信用合作社经营的边际成本急剧增大，但经营机制与产权却未相应改变，这就为以后的体制变迁埋下伏笔。在信贷方面，由于国家鼓励乡镇企业发展，这一时期的贷款大多数流向乡镇企业。而乡镇企业发展的固有劣势，逆向选择的存在成为以后大量不良资产与坏账的根源之一。

六、规范改革阶段

根据 1996 年 8 月《国务院关于农村金融体制改革的决定》，农村信用合作社与中国农业银行脱离行政隶属关系，对信用社的业务管理和金融监管分别由农村信用社县联社和中国人民银行承担，强调要按合作制重新规范农村信用社，县以上不再专设农村信用社经营机构，要加强县联社建设并由其负责农村信用社业

---

① 刘加华：《中国农村合作金融改革与建设研究》，西南财经大学博士论文，2004。

务的管理。这一举措基本改变了农村信用社"既是集体合作金融组织，又是国家银行基层机构"的组织管理体制，确立农村信用社由农民入股、社员民主管理、主要为入股社员服务的唯一正规农村合作金融组织，开始真正按照市场经济的原则进行制度安排。2003 年初，中央的农村经济工作会议决定了农村信用合作社的改革总体要求是"明晰产权关系，强化约束机制，增强服务功能，国家适当扶持，地方政府负责"，2003 年 8 月，国务院下发《国务院深化农村信用社改革方案》，在全国选定 8 个省市作为农村信用社改革的试点地点。我国农村信用合作社正在向建立社员民主管理、行业自律管理和监管当局监督管理的新型管理体制方向迈进。

7.3.2　农村合作金融面临的障碍和问题

一、农村合作金融改革的障碍

改革开放以来，我国农村合作金融改革主要集中在对农村信用社的机构改革上，在设立专门为"三农"服务的小额信贷机构、推动"联保贷款"及中央银行的"支农再贷款"等方面也取得了一些进展。总的来看，尽管农村信用社的改革措施取得了一定成绩，但始终未能实现改革设计者的初衷目标，未恢复合作制的本性，未建立起符合农村合作金融特征的法人治理结构，农村合作金融的改革陷入了停滞状态，政府为农村信用社改革也付出了不小的代价。反思过去农村信用社改革的思路与做法，存在以下几个方面的认识障碍和误区：

第一，以城市金融改革的思维模式推动农村信用社改革。与城市经济相比，我国农村经济的基本特征是拥有数量庞大的农户作为独立生产单位，发展水平低、规模小且极其分散。我国农村经济不仅与城市经济存在巨大差异，而且与发达国家的农村经济和部分已经在农村基本实现工业化生产的发展中国家也存在很大不同。这种二元经济还将持续相当长的一个时期，这是我国的现实国情。但在过去农村信用社的改革过程中，经常照搬城市改革的模式，以建设"现代商业银行"为指导思想改造农村信用合作社，并为达此目标而对之实施政策保护；按照"五级分类"等要求对农村信用社实施严格的金融监管等。由于这种改革思维脱离了中国农村的现实，因而不仅未能从根本上解决现有农村信用社存在的问题，也难以迅速增加农村金融服务的供给。由于现代商业银行的业务活动建筑在现代大工业基础之上，这些大银行、大金融机构根本无法适应小农经济，无法解决因严重的信息不对称而带来的高风险和巨额成本问题。在二元经济的大背景下，试图以城市金融改革的思路、以大型商业银行和大金融机构为主导来解决农村的资金需求是不现实的。

　　第二，试图用单一改革模式解决农村信用社问题。在农村信用合作社改革试点过程中，决策者希望用一种成功的模式取代原有不成功的模式，并将农村信用社的成功视为农村金融改革的成功，对农村信用社寄予过多期望，从而忽视了多样化创新的需要。改革试点对中部地区产生较为积极的影响，这些地区的农村信用社历史包袱较重且盈利前景又不好，而对东部沿海地区，农村信用社的不良贷款率较低，其经营方式也接近于商业银行，即使没有这次改革，仍可保持良好的发展势头。对于西部地区，由于缺乏足够的盈利机会和灵活的体制，商业可持续发展就很难实现。由于我国农村经济发展水平参差不齐，不同地区差异极大，因此农村合作金融体系的建设不宜采用单一的模式，而应从各地农村经济发展的现实水平和需要出发，建设多元化的农村合作金融服务体系。

　　第三，对农村合作金融机构的监管盲目套用商业性金融监管制度。除少数农业龙头企业外，农村信用社服务的对象绝大部分是"农户"、中小企业，这些企业并没有严格的财务制度，甚至没有规范的管理，也没有多少可供抵押与担保的财产。这种情况下，使用以资产负债表为基础的金融运作方式，显然不现实。同样，国际通行的五级分类法、资本充足率等监管方法，在多数农村地区就显得过于苛刻了。相对于"关系贷款"、"数据库贷款"等较为"低级"的金融活动形式，监管也不宜急于摆脱"四级分类法"而"一刀切式"地使用"五级分类法"和参照国外监管办法。

　　此外，农村的自然条件及其制度环境，也对农村合作金融的发展形成了极大的制约。任何一项制度的产生，以及由此而形成的改革路径，都离不开其特定的制度环境。对农村合作金融而言，其制度环境包括农村经济体制、农民的素质及其组织化水平，农村商品经济的发展程度以及货币化发展状况，此外还包括政府的农村金融政策及相关因素。现行中国农村合作金融制度就是在中国这一具体制度环境下的产物。在这种条件下，要想对农村合作金融体制改革加以推进和创新，其出发点必须建立在适应当前农村自然条件和金融环境之上。

　　二、农村合作金融发展中的问题

　　由于对农村合作金融理论存在着认识上的误区，实践中又缺乏合作金融发展的环境，使得农村信用社改革中存在着一些问题：改革没有涉及农村信用社产权制度，社员入股资金和其他私人财产所有权缺乏保障，导致入股社员的私人财产得不到尊重，入社积极性受挫；未能有效解决农村信用社长期存在的所有者缺位和内部人控制问题，无法建立权责明确的法人治理结构；缺乏适合合作金融自身特点的行业管理体制，由中国人民银行兼行业管理和金融监管职能，既超出了中国人民银行职能范围，又对农村信用社规范发展造成负面影响；国家没有针对农村信用社的支持措施和风险补偿机制，在税收、补贴上也没有对农村信用社进行应有的倾斜，风险补偿和保障机制的缺失必然会影响农村信用社的健康发展。

（一）产权关系不明

产权制度是通过法律、规章等对有关产权的各种行为作出的系统性安排。目前，我国农村信用社的产权状况非常复杂。从合作制的性质考察，其体现的应该是自愿性、互助性、民主性和非营利性，但我国的信用合作制度从产生时就是依靠行政力量强制撮合的，很难体现自愿性的原则，由于缺乏这一基本的首要的特性，其他特性也就很难体现。名誉上农村信用合作社为入股社员所有，由于社员股金数量很少，占资产总额的比重很低，而且分散在众多农户中，难以体现社员对农村信用合作社的所有权，外部社员也没有动力去关心和监督农村信用合作社的经营。比较而言，农村信用合作社内部职工要比外部社员更关心农村信用合作社的经营状况，但他们不承担农村信用合作社的经营风险。因此，农村信用合作社从产权到管理，实际上掌握在农村信用社主任和县联社主任手里。在当前农村金融改革过程中，农村信用合作社暴露了一些深层次的矛盾和问题，即产权关系紊乱及产权制度建设滞后。从农村信用社股金的构成来看，有农户社员股、农村信用社职工社员股、国家股、法人股、乡村集体股等；信用联社的股金构成更为复杂，除了上述构成部分以外，至少还包括基层农村信用社的入股。不同的农村信用社在股金构成方面也呈现出巨大的差别，从股金的形成时间来看，有20世纪50年代农村信用社组建时形成的初始股金，有改革开放后农村信用社按照合作制规范形成的股金。另外，农村信用社除了股金以外，还有长期经营形成的内部积累。

（二）法人治理结构无效

法人治理结构是指所有者与代理人之间的关系。科学的法人治理结构，通常应该由权力机构、经营决策机构和监督机构组成，这些机构相互独立，权责明确，在企业内部相互约束和制衡，为科学地经营管理企业提供组织保障。目前，农村信用合作社虽然普遍建立了由社员代表大会、理事会和监事会组成的法人治理结构，但在实际运行中没有形成相互联系和相互制衡的机制，存在着三个突出问题：一是最高权力机构形同虚设。社员代表大会是农村信用社实行民主管理的最高权力机构，但现在的社员代表大会很少按章程规定适时召开，只是按规定走过场。由于农村信用社的社员数量较多，社员个人利益与农村信用社的关联度不大，社员没有动力关心合作金融的经营管理，难以发挥社员代表大会应有的职责，农村信用社民主管理的质量和效果严重削弱。二是决策机构与经营机构权责不清。理事会领导下的主任缺乏制约监督。目前农村信用社普遍是理事长兼主任，主任即是理事长，集权力于一身，章程上规定的理事会领导下的主任负责制，实质上成了理事长全权负责制，不存在二者之间的制约关系。三是监督机构职能作用发挥不够。目前的合作社县级联社监事会由于没有常设机构，一般只设监事长，通常的做法是由内审稽核部门负责人担任，由此带来的是稽核部门履行监事会职责，实质上使监事会成了联社内部稽核审计的一个部门或者科室，不但不能发挥应有的作用，反而受到经营机构的控制，无法有效履行监督职责。

（三）行业管理体制缺失

农村合作金融自律组织是由全国农村合作金融的从业人员组成的，共同制定规划，并以此来约束自己行动的社会团体。建立农村合作金融自律组织是农村合作金融得以发展壮大的基础和保障，有利于发挥其为农民、农业、农村经济服务的功能。长期以来，我国农村合作社由中国农业银行领导和管理，没有自己的自律组织体系，这样既不利于农业银行自身的发展，也不利于农村合作金融实行民主管理和自主经营，使农村合作金融的发展受到了很大影响和制约。随着农村合作金融体制改革的不断深入，农村信用社与农业银行脱离行政隶属关系。对其业务管理和金融监管，分别由农村信用联社和中国人民银行承担，这一举措对于恢复农村合作金融性质，促进合作金融体系发展打下了坚实的基础。但是这也只是过渡阶段的临时举措，行社脱钩后，农村合作金融自律组织尚未建立之前，信用社由各级农村金融改革领导小组办公室管理，许多管理方式已不再适应，而新的管理体制尚未形成，过渡时期缺乏连续性，迫切需要建立农村合作金融自律组织体系。

（四）风险控制能力差

农村合作金融机构在改革开放后，积累起了大量的不良资产，形成了巨大的金融风险。1994 年至 2003 年，全国农村信用社连续 10 年亏损。2002 年末，全国农村信用社资不抵债额高达 3 300 亿元，资本充足率为 - 8.45%，资本净额为 - 1 217 亿元，不良贷款达 5 147 亿元，不良贷款率高达 36.93%。① 农村合作金融风险形成的原因是多方面的，有其内在的因素和外在的因素。农村合作金融风险的内在因素主要是经营意识、风险意识淡薄和经营机制落后。经营意识上长期重存轻贷，农村信用社仍习惯于官办和计划管理，粗放经营、经营机制落后；人员素质不适应日趋激烈的金融竞争；农贷利薄，资金成本高，中小企业经营风险大等特有的经营性质导致了经营风险大；与商业银行等金融机构竞争处于劣势，影响业务发展。农村合作金融风险的外部因素包括：第一，借款企业对农村

---

① 王若宇：《发展中国农村信用社应遵循的原则》，载《时代金融》，2008（7）。

信用社贷款风险形成了很大的影响。受外部经济环境的影响，目前社会普遍存在信用观念淡薄的情况，农村信用社的债务人借重组转制之机逃废债务，加上金融危机导致宏观经济不景气，不少乡镇企业处于停产、半停产状态，没有盈利，农村信用社无法收回本息，加剧了不良贷款问题。第二，地方政府干预农村信用社的贷款，对农村信用社的风险形成了影响。由于地方利益的原因，地方政府经常干预农村信用社的贷款，特别是在经济过热时期，行政干预的贷款都是用于资金额度大、周期长、见效慢的项目，从而给农村信用社造成巨大的风险。

7.4　农村合作金融支持体系的基本架构

7.4.1　农村合作金融体系的建立原则

推进农村合作金融体系的创新改革，积极发展农村合作金融，要在立足现有农村金融环境的基础上，重新推动农村信用社完善自身制度建设，同时注重发展其他形式的农村合作金融组织。在建立农村合作金融支持体系的过程中，必须坚持：

第一，合作性原则。随着农村合作金融管理体制改革的不断深化，以合作制、股份制、股份合作制，"三位一体"的农村合作金融管理体制逐渐确立，合作制原则既是其基本特征，也是在实践中应遵循的基本原则。要解决社会有效需求不足，增加农民收入，必须引导农民走互助合作、民主管理、利益共享、共同富裕的发展道路。合作金融与市场经济本身不矛盾、不排斥，合作金融在社会主义市场经济中有其基本功能和重要作用。合作金融组织要真正办成"由社员入股，实行民主管理，主要为入股社员服务"的合作性质的金融机构，这是合作金融改革的最终目标。在建立社会主义市场经济条件下，要大力发展合作金融。要以法人为单位，改革产权制度，明晰产权关系，完善法人治理结构，区别各类情况，确定不同的产权形式和管理体制，使得多元化的组织结构能够适应多元化的经济基础，从而更有效地引导农村经济结构调整，帮助农民增加收入，促进城乡经济协调发展。

第二，因地制宜原则。我国是一个农业大国，农村经济发展很不平衡，东部、中部、西部差异较大，农业和农村经济的发展以及农民增收，需要在资金、技术、人力等方面不同程度地增加投入。建立和完善农村合作金融管理体制的目标是达到"明晰产权关系、深化约束机制、增强服务功能、转换经营机制"。但是与当前及今后一个时期我国农业和农村经济发展新阶段的要求相比，农村合作金融在管理方式、经营模式、服务方式等方面还存在诸多不适应，在管理体制、产权制度、风险防范等方面还存在一些制约因素。在这种背景下选择适应不同地区农村经济发展水平和服务要求的农村合作金融组织形式，建立和完善适合我国国情的农村合作金融管理体制，必然要涉及方方面面的责权利关系的调整，情况复杂、政策性强，必须循序渐进，不能急于求成，要认识到改革的艰巨性、复杂性和长期性，要进一步地探索和试验。为此，要结合各地区实际情况，充分考虑农村经济发展的不平衡性，在产权制度设计、组织形式选择等方面，要结合各地区的情况，实施区别对待。按照因地制宜、循序渐进的原则，积极探索分类实施合作制的实现形式，建立与各地经济发展、管理水平相适应的组织形式和运行机制。

第三，服务"三农"原则。农村合作金融是由辖区农户、个体工商户和中小企业入股组成的社区性地方金融机构，是我国金融体系的重要组成部分。随着金融改革的不断深化，四大国有商业银行基层机构相继从农村撤出，农村合作金融成为支持"三农"的主力军和联系农民的金融纽带。农村合作金融的主要任务是为农民、农业和农村经济发展提供服务，为此，要按照为"三农"服务的经营方向，改进服务方式，完善服务功能，提高服务水平。努力实现农村经济结构调整和农民增产增收的目标，偏离了这一方向就背离了改革的宗旨和目标。因此，建立和完善农村合作金融体系必须坚持为"三农"服务的原则。

7.4.2　农村合作金融支持体系的架构

我们所要建立的农村合作金融支持体系应当妥善解决农村合作金融发展中的问题，依据合作金融的基本原则，合理设计合作金融体系的发展路径，完善农村信用社产权制度、法人治理结构及监督控制体制，最大限度地发挥合作制在促进农村金融发展中的作用。

一、合作金融的发展路径

我国经济表现出较强的地域性，在经济欠发达的中部、西部地区农村，以小农经济为主体的自然经济色彩仍然较为浓厚，不但存款需求和贷款需求规模均较小，而且信息离散度较高。大型商业银行进入农户和中小企业存贷款需求集结的市场，信息收集和信息更新的成本很高，并缺乏规模效益，在这些地区，目前还没有商业银行进一步发展的经济基础。农村信用合作社在这些地区的存贷款市场上虽具有先天的信息优势，但因实现制度性绩效上的困难而缺乏持续发展的潜力，应该在稳定现有农村信用合作组织基本格局的前提下，充分发挥政策性金融的作用。在东部经济发达地区，农村商品经济已有一定程度的发展，农村信用合作社虽然实现制度性绩效在技术上没有困难，但其经营管理上的非合作性却较为突出，在规范现有农村信用合作社，提高农村信用合作社组织制度性绩效的同时，对一些经济发达地区的规模较大的农村信用合作社进行股份合作制改造，成立农村合作银行，以巩固和强化合作绩效。

1. 我国的农村信用合作社成立到今天，始终保持一定的政策性金融业务份额。实际上对一个农业国而言，农户的稳定和农业的稳步发展是国家政策的需要，也是农户自身生存的需要。两者的一致性导致了农村信用合作社天然具有政策性金融机构的特征。不过金融不是财政，信贷不同于补贴，这是农村信用合作社得以具备财务上的可持续性的基本前提。同时，农村信用合作社的存在与发展是有前提的，即农民必须自发地具备合作意向。仅有合作制是不充分的，必要的政府资金支持是合作金融机构进入良性发展的初始推动力，否则合作金融将难以为继。政府实施对合作金融的扶持政策，首先应当减免农村信用合作社的营业税和所得税。由于农村信用合作社对个体社员贷款数量多、额度小、费用高、利润薄，免征营业税和所得税能够减少信用社的经营成本，有利于其发展壮大。其次，扶持农村信用合作社的政策性金融业务，给予贷款支持。农村信用合作社的资金来源主要是农民的储蓄，低成本资金来源较少，而农村信用合作社却承担着支持农业和开发农业等大量的低息放款任务，严重影响到农村信用社的经济效益，这也正是近几年农村信用社亏损面不断增加的一个重要因素，中央银行应提供专项低利的再贷款支持，对农村信用社发放的农业生产贷款低于存款成本利率的部分，政府应给予利差补贴。最后，改革国家扶贫贷款的发放方式，利用农村信用社机构网点深入农村的优势，将贴息贷款与农村信用社发放农户贷款结合起来，差额由政府补贴，这样既可以保证农村信用社正常的利息收入，扶持农村信用合作社的发展，又可以扩大支农面，提高支农效率。

2. 发展多样化经营，逐步推进农村合作银行发展。农村信用合作社的多元化经营不仅是农村经济发展的必然，也体现了农村信用合作社演化的一种方向。首先，在缺乏资本市场融资的情况下，仅仅依靠每个社员极小的股金是无法确保其扩大资产业务的同时保证资本充足率的。其次，在缺乏必要政府财力支持的前提下，仅仅依靠单一的小额农贷无法确保机构的可持续经营。因此，逐步走向合作银行，实行多种经营，是农村信用合作社的求生本能反应。当然，多样化经营也是有条件的，农村信用合作机构的基层组织必须仍然保持合作制的本色，必须依然坚持为社员服务。农村合作银行的实质就是将合作制和股份制结合起来，实行股份合作制，且偏重合作。它是劳动群众的自愿组合，并以资金、实物、技术等作为股份形式投入，在财产按份共有的基础上，实行集体经营、民主管理、提留一定比例公共积累，实行按劳分配与按股分红相结合的制度。农村合作银行的股权设定为资格股和投资股两种：资格股是取得股东资格必须缴纳的基础股金，主要是农村信用社原来参资入股的农民，他们参加合作银行的目的主要是为了取得服务的资格；另一部分是投资股，主要是参与分红和经营管理，取得相应回报。农村合作银行在管理上吸收了股份制的经验，追求一定的盈利性，在支持"三农"的同时，适当向非农产业、高回报产业投放贷款，实现一定的盈利，以此来稳定资格股，不断吸收投资股，扩大农村合作银行的资本金，不断壮大经营规模。

二、合作金融的内部管理

农村合作金融的内部管理必须通过法人治理结构来实现，一个治理结构良好、经营机制顺畅的农村合作金融机构能够为农村经济和农业、农民带来很大的利益。对于农户而言，建立良好的法人治理结构，能够实现农民对农村合作金融企业所有者应表现出的功能，使农民真正能够方便地获得信贷服务的支持。完善的合作金融法人治理结构由社员大会、理事会、经理层和监事会组成：社员大会由农村信用合作社全体社员共同组成，是农村信用合作社的最高权力决策机构；理事会由社员选举产生，是社员大会或社员代表大会决议的执行机关，对内管理农村信用社，对外代表农村信用合作社；经理层是理事会的下属机构，由理事会确定或任命，负责执行理事会的决策；监事会通常由社员大会选举产生，负责监督理事会和经理层的经营管理活动。建立完善的法人治理结构可以通过以下途径：

1. 制定农村合作金融法人治理的规范性指导。目前农村合作金融完善法人治理主要参照《公司法》和股份制商业银行的有关办法，缺乏专门的指导性规章。由于农村合作金融有着独特的制度基础和发展历史，而且各地农村合作金融发展很不平衡，其法人治理也要体现分类指导的精神。最重要的是国家要颁布农村合作金融的示范章程，引导农村合作金融企业建立现代合作金融法人治理结构。对资产、人员规模都比较大的农村信用社实现通行的法人治理模式，而对大量的小规模的乡镇农村信用社可以在坚持合作制原则的前提下，设计一种简易模式，对其内部组织机构的分设与人员构成降低要求，不单独设立监事会，适当增加理事会人数和提高社员代表比例，监事会的职能由理事会行使。每年召开会员大会是合作金融企业章程中的一项必不可少的规定，也是合作制企业民主管理原则的要求，但是现实生活中往往存在社员大会制度的运作成本较高、效率较低、实际操作性差的情况。在农村信用社规模较小的情况下，其经营机制应采用简单的模式，规模过大无法召开全体会员大会的，只能采取召开会员代表大会的方式，这实际上是借用了股份制公司的股东代表大会的制度模式。

2. 切实保障社员的民主管理权，进一步明确内部管理岗位的职责。农村合作金融的所有权属于社员，社员有权以适当方式参与农村合作金融的经营管理。首先，应当切实发挥社员代表大会作为农村信用社最高权力机构的作用，审查批准年度工作计划和计划执行情况，对农村信用社的工作方针、重点和措施进行把关，对理事会、监事会成员就业务工作、工作人员的作风和道德纪律问题提出质询。其次，保证进入理事会、监事会的社员代表经常获得经营管理的进展情况，以在会议上充分发挥职能。明确理事长和主任的工作职责。理事长要把握信用合作社改革与发展方向，协调各方面关系，组织理事会的决策，要对主任作出的重大的，特别是可能承担民事责任的经营决定进行审查，必要时可以行使否决权，提议主任重新研究决定，并不能擅自对外作出经营管理方面的承诺或决定。主任要按照理事会的授权和决策，认真负责地组织联社的经营管理工作，在授权范围内自主决策，同时按照规定向理事长、监事长、理事、监事、社员代表通报工作进展情况。

3. 丰富社员的组成结构，建立多层次、多类型的社员组成体系。农村信用社的社员与农村信用社利益关系弱化，主要体现在三个方面：股金金额小，分享的股息和红利及其相应承担的经济责任非常有限，这是最基本的因素；"一人一票"的决策机制，使决策权绝对的平均化，导致入股金额多和与农村信用合作社交易额大的社员决策权弱化；在实践中，服务的非社员化，剥夺了社员取得农村信用合作社服务这个最重要的利益，使社员失去了赖以存在的利益基础。因此，要强化社员的积极性，增强社员对农村信用合作社发展的关注，必须丰富农村信用合作社社员组成，使农村合作金融切实与农民构成利益共同体。

三、合作金融的外部保障

由于农业是弱质、高风险产业，农业生产比较收益低。长期以来，农村信用合作社在支持农村经济发展的同时，积累了不少不良贷款和亏损，隐藏着较大的金融风险。农村信用合作社社会地位、行业形象、经营信誉、从业人员素质以及结算服务功能等方面，均远远落后于国有大银行，面临着较大的市场风险。目前，农村信用合作社的风险问题已经逐步地暴露出来，这不仅严重损害了农村信用合作社的良好信誉，影响了其正常的经营和发展，削弱了农村信用合作社进一步筹集资金支持农业和农村经济发展的能力，也不利于农村金融秩序的稳定。因此，应当客观公正地对待农村信用合作社当前所出现的各种风险问题，建立和完善合作金融立法、存款保险、行业监督等保障机制，以促进农村信用合作事业健康发展。

1. 加快农村合作金融立法工作。合作金融法律是由国家最高权力机关及其常设机关依法制定的有关合作金融活动的规范性法律文件，如日本的《信用合作法案》、美国的《联邦信用社法案》等，合作金融法律在合作金融法律规范中具有最高的效力。从世界合作金融的发展来看，合作金融发挥有力作用的国家，必定都是合作金融法制建设比较完善的国家。大多数国家对合作金融都有专门立法，使得这些国家的合作金融得到合法地位，为其发展提供了较为健全的法律保障。目前，我国农村合作金融的法制建设相对落后。合作金融不同于商业银行，对合作金融实行有别于商业银行的法律管理是各国合作金融的主要管理方法。建立适应合作金融特点的一套法律法规，以及以法律形式体现的区别于商业金融的一系列公共政策，不但可以确立合作金融的合法地位，而且对合作金融组织的成立条件、管理体制和管理原则、社员的权利和义务、业务经营范围、组织机构、股权设置、财务会计制度和分配标准等加以规范，从而使合作金融机构牢固地保持合作组织的特色，使得合作金融能够与商业金融并行发展，成为一个国家金融体系中的一支重要的力量。

2. 强化行业监管职能。金融监管是指金融的主管机关或监管执行机关根据金融法规对金融机构实施监督与管理，以确保金融机构的安全与盈利。在我国，中国银行业监督管理委员会是全国银行业的监管机关，也是合作金融机构的监管机关。与监管商业银行相同，银监会对农村合作金融组织的监管的一般目标是保证金融体制的健全、高效、稳定，但在具体目标上则有更明确的界定，银监会对农村合作金融的监管要注意以下几点：第一，监管并不是万能的，不能保证所有农村信用合作社不倒闭。我国目前有3万多家农村信用合作社，个别农村信用合作社由于经营不善、严重违法违规造成高风险，必须退出市场，以维护整个农村金融体系的安全，实现资源的最优配置。第二，监管更多地要放在事前的预防和风险及时的控制上，应更多地注重风险事前的发现、预警、控制、防范，而最后风险的补救和处置只能作为整个持续监管的组成部分之一。第三，监管不能越位，也不能错位。要真正有效地防范风险，维护农村合作金融体系的安全，光靠监管是做不到的，必须使监管对象建立起有效的内部控制和治理。监管的职责在于指导督促、检查落实农村信用合作社真正建立有效的内部控制与治理，不能替代农村信用合作社的内部控制与治理。

3. 建立存款保险制度。当前我国农村合作金融业面临的风险主要表现为政策性责任过重，资产质量较差，资本金严重不足，违规经营活动屡禁不止，经济效益欠佳。我国金融体系改革的一个重要目标就是要建立适应市场经济要求的多种金融机构并存的商业银行体系，以形成竞争局面，提高金融运行效率。然而农村合作金融机构同国有银行的竞争条件是不公平的，国有商业银行有国家作后盾，且规模比较大，在竞争中拥有优势。在这种条件下，合作金融机构由于没有国家作后盾，在业务开展中处于不利地位。因此，国家有必要为金融机构的发展创造一个公平的竞争环境。存款保险制度能够淡化国有银行的优势，促进公平竞争，进而提高市场效率，使整个金融业更富有活力。目前，我国没有以法律或其他形式对存款保险的各项制度作出规定，没有成立存款保险机构，也没有对存款保险的各项要素如存款保险的范围、保险限额、资金安排等作出明确的规定。在条件成熟的时候，应当考虑建立独立的存款保险机构，其基本职能包括：对金融机构存款中的活期存款、定期存款、储蓄存款提供保险；负责归集、管理、营运存款保险基金；履行对投保机构退出市场的清算职能并及时向存款人进行赔付；在金融机构面临严重的系统支付问题时，依法向财政部和中国人民银行进行特别融资。

第8章

中国农村金融服务的商业性支持体系

8.1 农村商业性金融的含义和目标

8.1.1 商业性金融机构的含义及特征

商业性金融机构是独立的企业经营主体，是按照《中华人民共和国商业银行法》和《中华人民共和国公司法》设立的，吸收公众存款、发放贷款、办理结算业务的企业法人，其经营目标是追求经济利益最大化，在经营过程中讲求盈利性、安全性和流动性原则，不受政府的行政干预。

商业性金融机构作为企业法人，其行为特征可以概括为以下几点：第一，市场主体明确。商业性金融机构作为市场主体必须是具有独立支配财产、全权承担民事责任的企业法人。第二，经营目标确定。商业性金融机构的一切经营活动都以营利为目的。第三，经营范围广泛。商业性金融机构在经营过程中可以对各种金融商品进行买卖，提供多方面金融服务，同时商业性金融又是唯一能够办理用支票提取活期存款业务，并提供交换和支付媒介、创造货币和信用的机构。第四，责权利关系清楚。商业性金融机构的微观经济行为具有自主经营、自负盈亏的基本特征。其严格的投入、产出与经济核算是商业性金融的生命线。第五，组织结构庞大。商业性金融机构大多采取股份制或分支行制，其严密而众多的网络建设成为国家宏观金融调控的微观金融基础。

在社会主义市场经济体制下，市场机制是实现资源配置最基本的方式。商业性金融机构的经营行为以市场化为特征，主要体现在以下方面：一是资金商品化。金融市场的交易对象本质上就是货币资金的使用权，资金使用权作为商品进行买卖是金融市场交易的核心，没有资金商品化就不会有金融市场，因此，无论是证券买卖的直接融资，还是银行借贷的间接融资，都要坚持资金商品化，发展证券市场和借贷市场。二是信用票据化。信用活动票据化是信用制度发展的重要标志。没有信用票据化，就无法保证债权人——银行、企业或其他投资者的利益，信用活动也就无法正常进行。同时，没有信用票据化，就没有金融交易对象，也就谈不上金融市场。三是产品多样化。如果金融产品单一，融资双方就不会有众多的相互选择机会，也就无市场可言；没有活跃的金融市场，商业性金融机构无法拓展新业务，尤其是金融创新。四是资产流动化。现代商业金融机构所进入的金融市场，应该是完善的借贷市场与发达活跃的证券市场的统一和结合。金融资产包括间接融资工具和直接融资工具，它们具有流通转让属性，可以在地区之间、银企之间、金融机构之间和市场各种参与者之间自由转移。五是主体多元化。金融市场的存在和发展是以市场为主体，以金融机构之间，金融机构与企业、个人之间频繁的金融商品交易为前提的。在成熟的金融市场上，诸多参与者的竞争，会不断创造可供交易的、具有吸引力的新品种，而新品种的推出又为市场的发展创造着动力，推动着商业性金融的业务向纵深方向发展。六是利率市场化。利率作为资金的"价格"，反映的是资金供给与需求的关系，在成熟的市场经济条件下，利率市场化是经济主体参与公平竞争的基本条件。

8.1.2　对农村商业性金融的固有理解

按照一般的解释，农村商业性金融是指在农村地区发生的具有商业性或市场性的金融活动。从涵盖的内容看，它既包括商业银行在农村地区的信贷活动，也包括在农村地区发生的证券、期货等资本性运作。按照这一理解，我们发展农村商业性金融的目标就是要在广大农村地区推广传统的金融活动——简单地说就是把城市商业金融拓展到农村。可是，这一目标的达成需要以下几个假设前提的成立：

第一个前提是，城市金融与农村金融在本质上是相同的。那么解决城市金融发展问题的一切措施都可以用来促进农村金融的发展，并且获得成功。但事实上，农村经济的发展具有不同路径，不仅包括农村的城市化，还可以通过农村富余劳动力的转移和农业产业化等方式实现。这一特点表明，农村经济增长一般是跨越式离散增长，而非城市经济增长中的数量扩张式的连续增长，这必然意味着资源配置形式的变化。在金融领域，我们可以观察到城市金融往往体现为数量扩张，而在农村金融领域则更多地体现为信贷重点的不间断转移，而这种转移意味着农村经济增长模式和主导产业的剧烈变动。因此，无论是中央银行信贷政策、金融监管当局的监管政策还是金融机构的信贷政策，首先需要找到一条独立于城市金融的农村金融发展道路，而不是依赖于城市金融运行的固有惯例。

第二个前提是，农业是弱势产业，农村商业性金融是支农政策的重要手段。由此导致金融运行内在的市场化导向与金融支持的政策性要求之间似乎天然存在对立：农村金融的高风险导致商业性金融很难实现财务上的可持续，因此，国家似乎只有两种选择，要么承认农村金融的政策性质，在缺乏商业利益的前提下不断追加对农村金融的政策性投入；要么承认商业性金融的趋利避险性质，任由金融资源向城市地带集中。但是，孟加拉国银行家穆罕默德·尤努斯创立的格莱珉银行向我们证明了即使是弱势群体依然可以找到一条财务可持续的商业化经营道路。成立至今，格莱珉银行共发放 57 亿美元贷款，受惠人达到 660 万。目前该行拥有 2 226 个分支机构，650 万客户，资产质量良好，还款率高达 98.89%。金融机构作为专业性的风险管理单位不是规避风险而是应该主动管理风险，农村金融机构也是如此。

第三个前提是，经济基础决定金融发展。这样就表明农村金融发展所遭遇的困境都是由于农村经济运行中的种种问题所导致的。但是，发展经济学的基本理论向我们证明：经济的动态演变或经济增长潜力决定了金融发展的方向，而不是当前的经济现状决定了未来的金融资源配置。因此，在现代经济格局下，金融资源配置决定了经济增长，资源配置在前而作为资源配置成果的经济增长在后。江苏昆山的微电子产业、广东东莞的加工贸易，还有浙江绍兴的轻纺市场，都具有资源配置在先而收益在后的特点，金融资源投入在很大程度上改变了原有的经济增长模式，但这要求金融资源配置者具有更为深远的商业眼光。

通过对假设前提的分析，我们发现先前对农村商业性金融的理解存在偏差，这一偏差使得金融机构在发展农村业务的方向上充满挫折。据统计，2007 年末，全国县域金融机构的网点数为 2.6 万个，比 2004 年减少 9 811 个，全国有 2 868 个乡镇没有任何金融机构，约占全国乡镇总数的 7%。[1] 因此，非常有必要重新认识农村商业性金融的含义，确定其地位和目标。

8.1.3 对农村商业性金融的再认识

在我国农村金融体系中，商业性金融机构是必不可少的，并且是农村金融发展的基础。因为从竞争、创新和金融市场的长期发展来说，商业性金融的地位和作用、商业银行的优势和活力，都是合作金融与政策性金融无法比拟的，也是无法取代的。因此，从长远来看，一个完善的农村金融市场，绝对需要商业性金融

---

[1] 王梦遥：《当前农村金融现状分析与对策》，载《财会研究》，2008（24）。

的存在。农村商业性金融的特殊性不在于其资源投入的多少，而在于经济崛起过程中所面临的特殊风险管理需求和金融服务需求，这是不同于城市金融的基本特征。正因为基于这一特殊属性，商业性农村金融发展应坚持既不同于城市金融，又不同于小型互助金融的发展道路，而应当顺应中国农村经济发展和金融深化的内在要求。

农村商业性金融的特殊性质在于金融服务的异质性，这是农村经济发展和农业产业结构演变的必然要求，也是农民就业结构变动的根本出发点。第一，农村经济发展是一种经济结构的演变过程，就目前中国国情而言，体现为土地、劳动力和资金要素的重新组合，这就需要金融在资源配置中发挥预调甚至引领作用。第二，农业产业结构的变化是一个风险和收益并存的过程，我们可以观察到比较成功的结构调整，也可以看到受要素禀赋和自然条件约束下的艰难转型，这些风险最终都可能转化为金融风险，因此，农村金融更多地需要准确的金融资源配置而不仅仅是数量上的增长。第三，农村经济发展伴随的是持续且规模庞大的剩余劳动力转移过程，其中蕴涵着对商业金融发展的巨大潜在需求，也意味着农村商业金融在体制、机制和业务发展上存在较大的空白。综合起来看，农村商业性金融的最大问题不在于覆盖面的空白和业务总量的不足，而在于依照城市金融发展逻辑而形成的农村金融服务种类的严重不足，由此造成了较大的发展缺陷。

根据农村商业性金融的特异性及表现出的不同要求，本书认为可以将农村商业性金融定义为：合理配置农村市场资源，集中管理农村市场风险的金融服务。这就要求农村商业性金融重新确立这样一个目标，即提供与农村金融市场需求相适应的服务，以实现农村资源的优化配置和风险的系统管理。

8.2　农村商业性金融的障碍和问题分析

农村商业性金融的发展要求以市场为导向，充分满足市场上出现的多样化融资需求，实现农业经济的跨越式发展。进入 21 世纪后，我国农村金融体制改革的最大障碍就在于正规的商业性金融机构功能缺失，与政策性金融机构分工不明确。农业银行一方面加速进行商业化改革，另一方面还要承担政策性的支持功能。这种经营目标的模糊导致商业性贷款与政策性贷款互相挤占，融资功能不能够得到有效发挥，并引发了若干问题：

8.2.1　资源配置的扭曲

商业性金融的首要目标是通过市场合理配置资源，但这一功能的发挥在我国的农村金融领域处处受到抑制。

一、机构设置单一，竞争能力差

在农村的商业性金融机构按规模大小可分为大型商业银行、中小型股份制银行。随着工、中、建农村金融网点的上收，为农村提供金融服务的大型商业银行只留下了农行。农行自 1979 年第四次恢复以来，一直在农村金融体系中占主导地位，主要承担农村第二、第三产业发展中市场化程度较高的企业融资与金融服务，同时也承担扶贫贷款、农业综合开发贷款及农业基本建设贷款，为农村经济发展提供金融支持。其他大型商业银行及中小型股份银行也介入农业产业化龙头企业及农村中高端企业，但所占比重很小。随着商业化改革的进行，农业银行也撤销了大批营业网点，导致相当一部分地区县以下，特别是落后地区的农村居民面对的仍然是存在诸多问题的农村信用社。农村信用社在与农行脱钩后"合作制"改革并未到位，在广大农村特别是经济欠发达地区的农村，农村信用社作为唯一的正规金融组织，独享农村金融资源，由于没有与之竞争的金融运作形式和金融机构存在，不但造成融资渠道单一，而且也造成垄断性经营，这必然会阻碍农村经济的发展。根据中国银监会统计：截至 2006 年末，县及县以下农村地区平均每万人拥有机构网点数只有 1.26 个；平均每个县的银行业金融机构网点达到 50 多个，但 30% 以上都集中分布在县城城区，每个乡镇的银行业网点平均不足 3 个，另外还有 3 302 个乡镇未设任何银行业金融机构营业网点；分布在非县城所在地乡镇的银行业金融机构主要是农村信用社或邮政储蓄机构，只设有一家银行业金融机构网点的乡镇全国还有 8 231 个，[①] 当地金融市场基本处于垄断经营状态，难以形成有效竞争。

二、金融产品单一，运营效率低下

社会主义新农村建设涉及多领域、多层次、多类型的金融需求，既有一般农户的小额信贷需求，也有产业集群化龙头企业的大规模资金需求；既有普通的存贷款服务需求，更有各类支付结算和理财等服务需求，客观上要求金融服务品种更加丰富，服务手段更加多样，服务方式更加便捷，而现有的农村金融服务在这些方面显然还存在明显不足。我国的农产品市场已经形成现货市场与期货市场、专业市场与综合市场、批发市场与零售市场共同繁荣的多层次市场体系，但是农村金融市场发展相对滞后，业务单一，资金来源少，使农村金融机构不能满足农产品市场多层次性形成的多形式融资需要。农村企业很少通过发行股票债券来筹措资金；金融机构之间的同业拆借无法进行；农民个人的货币结余也只能选择储

---

① 陆磊：《农村金融的性质与商业性金融的职能》，载《农村金融研究》，2007（10）。

蓄存款，没有更多的投资渠道，购买证券、保险都不方便。这种单一的融资渠道大大降低了农村金融机构的融资效率。

三、利率结构单一，资金外流严重

利率是资本的价格，它是金融市场上供求双方力量作用的结果，资本供求的变化调节着利率水平的变化，利率水平的变化又会引起资本供求的变化。市场利率上升会抑制过多的投资和减少生产；市场利率下降，可以刺激投资、扩大生产。在一个完善的市场体系中，市场供求对利率变化十分敏感，利率是价格机制中非常重要的杠杆和手段，市场经济越发达，利率机制在价格体制中的作用越明显。如果市场中存在信息不完全，竞争不充分，价格机制与利率机制的资源配置功能会被削弱和扭曲，出现不平等竞争，价格机制无法有效调节金融资源的流动，利率机制对社会资本的调节功能无法正常发挥。农业银行和信用合作社的利率是依中央银行颁布的利率而定的，不能准确、及时地反映市场上的资金供求状况。中央银行根据金融市场上的资金供求状况及利率波动适时调节利率，然后再将调节后的利率向商业银行和其他金融机构公布，这样就会存在一个时滞效应。当农业银行和信用社调整利率水平以后，市场上的资金供求状况往往又会发生变化，使现有的利率水平与实际利率水平再次产生偏差。同时，虽然随着农村经济的不断发展，对资金的需求不断提高，但县域资金分流严重：2006 年末，邮政储蓄余额为 52 265 万元，占金融机构各项存款余额的 9.26%，其存款逐级上划后成为中央银行的基础货币，而中央银行应用于县域金融机构的再贷款为零；国有商业银行因为农村信用环境较差，对县域经济支持意愿不强，2006 年末吸收上存资金达 12 亿元，占国有商业银行各项存款的 32.32%，县域金融机构存贷比例为 45%[①]，资金调配严重失衡。

8.2.2　风险管理能力缺失

一、资产质量差

我国还未形成农村金融资金的良性循环机制，农村金融机构亏损严重。农业银行资产回报率多年低于 0.1%，不良贷款率始终保持在 26% 以上，远高于 8% ~9% 的全国商业银行平均不良贷款率；根据银监会 2003 年 12 月公布的数字，农村信用社的不良贷款率平均为 30%；2005 年农业发展银行的不良贷款余额在 798 亿元以上。由此可见，我国正规农村金融机构并未实现金融资金的良性

① 夏乐象、涂盈华：《加强农村金融体系建设，提高农村金融服务水平》，载《金融与经济》，2007 (10)。

循环，同时还存在着发生金融危机的可能性。农业银行面临资产质量差、资本充足率严重不足的问题。其 2001 年的资本充足率仅为 7.1%。政府通过发行特别国债和剥离不良贷款在内的一系列措施来提高农业银行的资本充足率，才使得农业银行的资本充足率在 2004 年达到 8.03%，刚刚满足 8% 的资本充足率最低要求。我国的农村信用社普遍存在历史包袱沉重、信贷质量差的问题，超过半数的农村信用社资不抵债。另外，我国农村信用社普遍存在股本金不足、产权不明晰和内部管理责任不落实等问题，隐藏着较大的风险。

二、农业保险发展滞后

目前，我国农业保险不能适应农业发展的需要。由于农业保险技术比较复杂，赔付率高，而商业保险公司的目的是营利，故为了自身经济效益商业保险公司都不太愿意开展农业保险业务。此外，由于农民的金融知识不足，缺乏主动投保的意识，故农业保险覆盖率很低。这就导致无法规避农业中存在的风险。我国农业主要有两种传统的农业保障方式：行政性的灾害救济和商业保险公司的农业保险。对于民政部门的救济，一方面不利于提高农民参加农业保险的积极性，另一方面受到国家财力的限制，并非长久之计。据统计，2002 年农业保险收入仅占中国人民保险公司保费总收入的 0.6%。2005 年农业保险的保费仅 7 亿元，同年赔款及给付才 6 亿元，保险规模只有 13 亿元；而 2005 年农村 GDP 为 88 429.96 亿元，保险规模还不到同期 GDP 的 0.015%。[①]

三、信用状况恶化

农村金融属于典型的关系型金融，信贷决策主要依赖于信贷人员通过与客户的日常接触了解到的关于客户诚信度、经营状况、销售情况、库存状况等方面的信息。这些信息都是非标准化的、不可量化的软信息，农村金融的信贷决策是否正确都要依赖于信贷人员取得信息的准确性，这就加大了信贷决策过程中的道德风险，如果信贷人员和贷款企业联手提供虚假信息骗取银行贷款，则会给农村金融带来较大的信用风险；或由于设计不当的激励措施，农村金融分支机构管理人员为了取得更好的业绩，忽视风险管理，盲目追求业绩，也会给农村金融带来致命的打击；与此相反，由于大型银行进行信贷决策时依赖的主要是企业经审计的财务报表等硬信息，由于这些信息是可以准确传递的，因此大型银行可以采用集中决策的方式，规避银行当地分支机构管理人员和信贷人员的道德风险。因此，对农村金融而言，强化内部控制制度，强化对员工的诚信文化教育，设计合理的激励约束机制，防范信贷决策过程中的道德风险是极其重要的。由于我国农村信

---

① 甘勇：《农村商业性金融与农村金融发展的实证》，载《求索》，2007（12）。

用体系的发育程度低，整个社会普遍缺乏信用意识，缺乏农户信用管理制度；为信用服务的中介机构规范操作力度不够，市场化程度低；信息数据开放度低；国家信用管理体系不健全，缺乏失信处罚机制。信用秩序相当混乱，信用缺失现象严重，忽视甚至践踏社会信用的现象较为普遍。农村金融监管体系不健全导致农村信用环境恶化，国家对农行的不良资产剥离工作导致借款者的道德风险，从而出现赖账的心理，对农村金融机构不会破产倒闭的预期也使各方产生道德风险，都会影响农村金融经营效益的提高和管理水平的改善。

8.3　农村商业性金融的功能定位

8.3.1　商业性金融定位的基本原则

一、服务"三农"原则

建立新的农村金融体系，要从我国的实际出发，要符合金融发展的一般规律。我国农村的实际，首先是广大农村地区金融服务的需求仍然主要是融通资金和结算的方便，也即仍然是对传统存、放、汇业务的需求。是否满足和在什么程度上满足农村经济主体对此金融服务的需求，是检验农村金融体系完善与否的基本标准。根据这一需求，农村金融机构的设置要尽量接近农户，接近乡村企业，为农村经济主体提供方便快捷的金融服务。农村金融体系的建立和创新必须以农民的参与为指向，必须为提高农民的经济地位提供支持。因为要想实现农村金融的真正发展，充分动员农村地区的金融资源为农村经济发展服务，改变农村经济主体在金融资源获取中的不利地位，就必须让农民参与农村金融的组织制度创新，并让其分享农村金融发展的成果。如果不通过农村金融体制改革和农村金融组织创新活动形成农民自己的金融组织，把农民利益和农村金融的发展联系起来，那么，农村地区很大一部分金融资源势必被城市吸收。

二、市场导向原则

改革开放以来，城乡金融体制实际上也采取了不同的发展道路和发展模式。城市采取的是一种渐进自由化和市场化的道路，其基本特征是金融机构信贷资金管理权限逐步扩大、金融市场准入逐渐放松、金融机构逐渐多样化、利率管理权限逐渐放松。而农村金融体制则是在政府推动下的强制性制度变迁。政府对农村金融的发展一直采取了约束和抑制政策，实行信贷配给和信贷补贴制度，并限制农村金融机构的多样化，不允许农村民间金融机构的发展。商业性金融的目标是合理配置资源、管理风险，而要顺利实现这一目标，就要坚持以市场为导向，以农户和农村企业的实际需要为出发点和切入点，满足广大农村地区的融资需求。商业性金融机构自身是以追求经营效益为开展各项经营活动的根本目标，并且这一效益必须建立在可持续发展的基础之上。只有通过在市场中的积极探索，金融机构才能精确定位自身的业务方向，准确把握自身的发展目标。

三、统筹兼顾原则

随着改革发展的不断深入，农村经济结构日趋多元化和多层次化。农村经济发展过程中涌现出各种所有制形式、各种经济组织类型、各种经济发展水平的多元化的经济主体，多层次性表现为，在经济发展过程中，不同地区特别是农村不同地区的经济发展水平之间的差距进一步扩大。经济结构的多元化和多层次化决定了不同经济主体对金融服务需求的多样化，从而决定了多种类型金融机构并存的客观性和必然性。因此，对农村各种金融机构的建设应通盘考虑，它们之间既要有分工，又要考虑相互配合，以满足农村多样化和多层次的金融服务需求。农村金融体制改革的一个重要任务，就是要构建一个符合市场经济体制和现代金融制度要求的农村金融体系，这个体系应该是一个业务种类齐全、结构丰富的多层次、多样化的金融机构的有机结合体。

8.3.2　商业性金融的功能定位

按照以市场为导向，以创新谋发展的原则，可以对农村商业性金融的功能进行重新定位，即农村的商业性金融应当完成以下几项任务：

一、为龙头企业的发展提供资本

龙头企业涵盖三个产业，可以是生产加工企业，可以是中介组织和专业批发市场等流通企业。它不同于一般的工商企业，它肩负有开拓市场、创新科技、带动农户和促进区域经济发展的重任，能够带动农业和农村经济结构调整，带动商品生产发展，推动农业增效和农民增收。根据国家有关部委文件规定，重点龙头企业（国家级）的标准：一是我国东部地区的企业固定资产达 5 000 万元以上；近 3 年销售额在 2 亿元以上；产地批发市场年交易额在 5 亿元以上。二是经济效益好，企业资产负债率小于 60%；产品转化增值能力强，银行信用等级在 A 级以上，有抵御市场风险的能力。三是带动能力强，产供销各环节利益联结机制健全，能带动较多农户；有稳定的较大规模的原料生产基地。四是产品具有市场竞争优势。

农村龙头企业作为一种新型的市场主体，一头连接农业，一头连接市场，在整个农业产业化发展中起着至关重要的作用。龙头企业能够有效克服农户小生产与大市场、大流通的矛盾，提高农业生产的整体效益；龙头企业通过与农户建立稳定的利益共同体，有利于弱化市场风险和降低交易费用，从而提升产业竞争力；通过向农户提供准确的市场信息、资金支持及技术服务，既保证了优质原材料的稳定来源，又有助于农民组织程度的提高。因此，龙头企业是农业产业化经营的关键，其经营的好坏直接影响到农业产业化的水平和成效。据全国农业产业商会的抽样调查，参加该商会的国家重点支持大型龙头企业中，实际获得的贷款不足企业贷款需求的 8%。大型龙头企业的资金需求尚且不能得到满足，其他中小企业的情况就可想而知了。与农户和其他农村企业相比，龙头企业的资金实力较为雄厚，企业的财务制度也较为健全，贷款风险较小，是农村金融机构的重点客户，比较容易从商业金融机构获得贷款。因此，农村商业性金融应当不断维持和拓展与农村龙头企业的合作关系，在支持龙头企业发展的同时保障自己的稳定收益。

二、为创业企业提供风险投资

农村中小企业的金融需求主要表现为资金融出、结算和资金融入，以资金融入的需求为主。其金融特征主要表现为融资市场化程度高、负债率高和非规范的直接融资占负债的比例较高。目前中国农村地区的正规金融机构基本满足中小企业的存款服务和结算服务，但由于资金规模、贷款方式等因素的制约，对企业的贷款需求满足程度较低。虽然通过各种渠道筹资、融资，但资金短缺的矛盾一直没有得到缓解，加之信用担保体系尚未形成，导致发展资金不足，束缚了一些有市场、有特色、有前景的企业的发展，特别是中西部地区，因多数企业自身实力不强，加之贷款难而使本地区的资源优势得不到充分发挥。

农村中小型企业一般是从重点户、专业户发展起来，也有通过乡政府投资的乡镇企业发展起来，它们是农村企业的主体，生产完全面向市场，基本处于完全竞争状态，资金短缺较为严重，具有很大的资金需求，但由于市场风险较大，一般金融机构对放贷较为谨慎。这就需要金融机构能根据农村经济要素禀赋的变化灵活地进行产品创新。通常，信贷机构的决策行为取决于客户的信贷记录、资本金和抵押担保状况，而中小型企业往往不具备信贷交易得以发生的基本要件，于是我们必然面临一个困境：要么不按信贷风险管理规则办事，盲目投放信贷；要么惜贷，导致资金外流。考虑到缺乏信贷记录的资金投放特点，我们可以发现，农村金融机构在一定程度上属于创业性风险投资机构。这就需要不同于商业银行的管理机制，更紧密地参与农村经济组织的决策，既避免客户缺乏资本导致的对信贷资金的滥用，又可避免因缺乏信贷条件而遭遇融资障碍。此时需要的商业性金融服务不是简单的信贷，而是创业融资。同时，这也可以解释为何民间融资始终在农村地区占据较大的市场份额：不是农村金融组织缺乏金融资源，而是其信贷管理不适应农村金融需求。

三、为信贷风险提供再保险

农村经济的市场化程度较低，面临的风险高，减少了农村地区的投资性需求。农业生产仍未摆脱靠天吃饭的状况，受自然因素影响大，自然风险高，但农业保险落后；同时由于农业生产资料和农产品受市场价格及需求的影响，我国农业还面临较大的市场风险。面对这些风险，在缺乏克服风险的政策工具的条件下，多数农户只有选择经营传统行业，不敢进入非农产业领域，从而限制了他们的投资需求。乡村中小企业由于技术、市场和信息条件的限制，竞争力普遍较弱，生命周期极短，每年有几万家乡镇企业破产，又有更多的乡镇企业诞生，造成农村第二、第三产业的信用风险相应较高。

信贷类机构依然是农村金融主体，考虑到农村经济的特殊风险，必须存在一类系统性信贷风险的再保险机构。从多宝鱼、苏丹红、猪肉价格上涨等一系列事件的发生中，我们可以看到农户收入受到的冲击以及由此传递到农村金融机构的信贷风险，这种冲击令农村金融机构也难以承受。此外，即使在存在存款保险机制的背景下，农村商业性金融机构很难从信贷市场退出，其原因一方面在于即使其可以退出，也缺乏新机构补充其地位；另一方面在于即使因降低准入门槛而出现新的信贷机构，此类机构依然没有能力应对系统性金融风险问题。解决这一风险管理需求需要两种创新：一是引入保险公司为信贷类金融机构提供再保险业务；二是利用信贷衍生工具管理系统性风险。

四、为务工收入提供汇兑等中间业务

实现农村富余劳动力的转移是发展农村经济的一条可行途径，从我国目前的形势看，农业比重大的省份往往也会输出大量的劳动力，由于劳动力跨地区流动所衍生的汇兑业务也是农村商业性金融迫切需要解决的问题。据2007年上半年国家统计局对全国31个省（自治区、直辖市）6.8万户农村住户的抽样调查结果显示，2007年上半年，农民的工资性收入人均746元，同比增长19.3%。其中，农民务工收入人均658元，增长20.3%，外出务工收入人均297元，增长22.6%。当前，中央银行已经在尽力推动农民工银行卡工程，但是，承担中间业务的金融服务还远远没有覆盖到由农产品异地贩运、具有个体工商户或微小企业性质的农户自我就业所引致的支付清算等领域。这是当前以信贷业务为主的农村商业性金融所必须填补的空白，也是中西部农业省份以及发达省份的欠发达县域农村金融发展的要求。

8.4 农村商业性金融支持体系的基本架构

8.4.1 农村商业性金融的发展模式

目前，在我国农村商业性金融领域活跃的金融机构主要包括大型商业银行和各种形式的村镇银行。以中国农业银行为代表的大型商业银行，在农村地区已经建立了牢固的金融服务基础，并积累了丰富的实践经验，有能力为农村金融的发展提供强大支持；村镇银行作为新的金融服务组织形式，虽然正处于试点起步阶段，但由于其具有专业、灵活的特点，也必将对农村商业性金融的发展产生积极的促进作用。现阶段，建立与农村金融发展相适应的商业性支持体系就是要对现有资源进行重新整合，建立使大型商业银行与村镇银行实现优势互补、分工明确的合作机制。

一、大型商业银行是主体，推动信贷资源的合理布局

尽管目前大型商业银行在农村地区的金融业务处于收缩的态势，但只要转变观念，以市场为导向，大型商业银行依然会凭借其自身优势保持商业性金融体系的主体地位。

1. 网点优势。以农行为例，在长期服务"三农"的过程中，农行大部分资源配置在县域，形成了完善的组织和网点体系，在工行、中行、建行撤出部分县域市场后，农行成为唯一在全国每个县市都设有分支机构的大型商业银行，这是中小型银行、政策性银行及其他大型商业银行不具有的优势。统计显示，目前，农行52%的人员、60%的机构分布在县域；截至2008年末，全行涉农贷款余额9 330亿元，其中包括对农户贷款802 717户，贷款余额998亿元；对农村企业及各类组织贷款30 876户，贷款余额6 304亿元。[①] 这为支持农村金融体系建设打下了良好的物质基础。

2. 网络优势。农行经过多年的网络改造，建立了全国数据中心，农村金穗惠农卡和农户小额贷款业务稳步推进，可以为县以下的农村商品流通进行全国性资金实时汇兑服务。截至2009年3月末，惠农卡发卡总量达1 500万张，激活率达95%以上；惠农卡贷款授信户数超过99万户，授信总额244亿元；新增惠农卡贷款155亿元，惠农卡贷款余额达201.1亿元。这是其他银行包括其他大型国有商业银行无法做到的，这也是贯通城乡之间，东部、中部、西部

---

① 中国农业银行股份有限公司2008年年度报告。

发达及不发达地区之间的桥梁，是实现城乡反哺农村、工业反哺农业的最快捷的资金通道。

3. 资金优势。农行 2008 年年报显示，截至 2008 年末，农行资产总额达 70 143.51亿元，各项存款余额 60 974.28 亿元，比年初增加 8 102.34 亿元，全年实现净利润 514.53 亿元，增长 17.51%，实现营业收入 2 111.89 亿元，增长 17.83%。在新农村建设中，每年的农村信贷资金缺口达 5 000 亿元以上，资金实力强大的银行无疑具有不可替代的作用。

结合农业银行的实际情况，我们可以发现：

第一，利用自身资金强大的优势，大型商业银行可以定位于服务高端的农村金融需求，选择重点支持有竞争力、带动力强的农村龙头企业和企业集群示范基地。农行的现行组织架构及网点网络优势，与农业产业化"龙头企业 + 基地 + 农户"资金运行规律相吻合，在支持农业产业化方面具有其他银行不可比拟的优势，是大型商业银行要素比较优势的最佳选择，2006—2008 年，农行对国家级龙头企业贷款年均增速达到 22.61%，与全部 892 家国家级龙头企业中的 592 家保持业务往来，占比 66.37%；对 376 家企业的贷款余额达 372.79 亿元。[①] 支持龙头企业和企业集群示范基地，能够让很多农民从产业化经营中得到实惠，经济效益及社会效益明显。同时，避免了由于农户贷款规模小，大型商业银行很难了解其面临的贷款风险，使得信贷成本过高的缺陷。这就要求大型商业银行构建银行与农村龙头企业密切的银企关系，积极培育融资主体，主动地向龙头企业提供金融服务，切实根据农村地区企业的特点，从信贷业务品种到抵押担保方式进行创新，满足农村企业金融需求。应该提供多样信贷产品，简化贷款手续，灵活掌握农村企业的抵押担保方式，为企业提供优质的服务。既可以有效解决企业融资困难，也为大型商业银行进入农村市场提供了有效途径。

第二，大型商业银行应当充分利用自身的网点和网络优势，面向广大农村的外出务工人员需求，提供覆盖全国范围的汇兑金融服务。统计显示，2006 年全国农村有 13 181 万个外出从业劳动力，外出从业劳动力中，在乡外县内从业的劳动力占 19.2%，在县外市（地区）内从业的劳动力占 13.8%，在市（地区）外省内从业的劳动力占 17.7%，去省外从业的劳动力占 49.3%（见表8－1）。[②]

---

① 中国农业银行股份有限公司 2008 年年度报告。
② 国家统计局第二次全国农业普查主要数据公报。

表 8 - 1　　　　　　　　　　农村外出从业劳动力流向　　　　　　　单位：%

外出从业劳动力从业地区构成	全国	东部地区	中部地区	西部地区	东北地区
乡外县内	19.2	29.9	13.5	15.2	26.9
县外市内	13.8	18.4	9.9	12.4	31.5
市外省内	17.7	33.1	9.0	12.8	24.2
省外	49.3	18.6	67.6	59.6	17.4

随着外出务工人员的增加，外出务工汇兑业务的地位越来越重要。但是，目前银行系统各营业网点在拓展外出务工汇兑业务时却存在许多不规范、不统一的问题，一是服务质量不高，外出务工汇兑业务应具有快捷的特点，24 小时内可以到账，但事实上，有些要拖延 2～3 天；二是收费标准不统一，一些营业网点没有按银行的支付结算业务收费标准收费，汇出时不收、少收或多收手续费，造成收费混乱。这就要求大型商业银行重视外出务工劳动者对金融服务的需求，充分认识到外出务工汇兑业务是农村金融业务的增长点，提高资金汇兑业务的服务质量，并严格统一收费标准，保障资金汇兑业务成为农村商业性金融的又一坚实基础。

二、村镇银行是补充，完善专业化的金融服务

村镇银行是指经中国银行业监督管理委员会依据有关法律、法规批准，由境内外金融机构、境内非金融机构企业法人、境内自然人出资，在农村地区设立的主要为当地农民、农业和农村经济发展提供金融服务的银行业金融机构。村镇银行可经营吸收公众存款，发放短期、中期和长期贷款，办理国内结算，办理票据承兑与贴现，从事同业拆借，从事银行卡业务，代理发行、代理兑付、承销政府债券，代理收付款项及代理保险业务以及经银行业监督管理机构批准的其他业务。按照国家有关规定，村镇银行还可代理政策性银行、商业银行和保险公司、证券公司等金融机构的业务。村镇银行是农村金融体制改革的产物，是在放宽农村地区银行业金融机构准入政策下的试点机构，处于刚刚起步的阶段。与其他农村金融机构比较，村镇银行本身具有诸多优势：

1. 地域优势。与村镇银行相比，农村信用社受结算方式落后，资金实力有限，人员素质较低等因素的影响，很难服务于整个农村市场。这就为村镇银行的发展提供了很好的地域空间。村镇银行通过吸收当地的农户及其他组织入股，从而形成与农户及其他组织的"血缘"关系，易于收集、掌握农户的信用水平及收入状况等信息，形成"近水楼台先得月"的地域优势。

2. 服务领域优势。农村金融市场具有广阔领域，随着农村大型商业银行网

点的收缩，村镇银行将成为又一支农主力，农村金融市场为村镇银行提供了广阔的发展空间。同时，农村贷款需求更具有灵活性，这符合村镇银行专业化的经营特点。目前，我国农村正面临评估、公证、担保等中介组织严重匮乏的难题，一定程度上阻碍了农村金融的发展。村镇银行的建立和发展有利于构建多层次信用担保体系，有利于鼓励各类信用担保机构、评估机构等走入农村市场，积极拓展符合农村特点的业务，从而推动农村评估、担保等中介的发展。

3. 政策优势。随着农村金融体制改革的不断深化，设立村镇银行的条件逐步放宽，对所有社会资本放开，境内外银行资本、产业资本、民间资本都可以到农村地区投资、收购、新设银行业金融机构，这为村镇银行的设立提供了优越条件；同时，由于村镇银行服务的对象的特殊性，在获得国家支农政策（如再贷款）的支持上具有比较优势。

与大型商业银行相比，村镇银行经营方式更加灵活，可以提供更加专业化的服务，满足农村金融的多样化需求，填补大型商业银行由于经营成本限制而不愿涉足的领域：

首先，地域优势为村镇银行开展小额信贷业务，提供创业企业所需贷款提供了便利。相对于大型商业银行，地方的村镇银行，如小额信贷公司对当地农业经济的特质、产业特点和居民的文化习俗更为了解。能够在源头上筛选申贷项目和个人情况，从而很大程度上控制了不良贷款的来源，降低了贷款风险。以四川仪陇惠民贷款有限责任公司为例，该公司注册资本 50 万元，不吸纳存款，只提供贷款服务，主要贷给农户和农民自己的小企业。在贷款发放实际操作中，惠民贷款公司不需要农民进行贷款抵押，但履行严格的贷款程序，在农民获得贷款之前，该公司业务员要到农户做详细调查，并结合农户的实际情况，对其信用等级作出评估。然后，根据再评估情况发放贷款。通过这一经营模式，村镇银行可以将有限的资源集中利用，为农村数目众多的创业性企业提供专业服务。

其次，从制度设计看，村镇银行风险管理起点较高，风险掌控能力较强。一方面，村镇银行的股东至少有一家银行业金融机构，且其最大股东必须是银行，因此，村镇银行风险承担者的主体是持股银行，而持股银行本身就具有较强的风险控制和管理能力，有义务在需要时对村镇银行提供流动性资金支持，保证村镇银行在任何时点有充足的资金头寸，共同防范流动性风险；另一方面，村镇银行在风险管理上吸收和运用了持股银行先进的风险管理机制和制度，从根本上为村镇银行提供了一个较高的风险管理平台。利用这一有利条件，村镇银行可以和保险机构建立合作关系，由保险公司对村镇银行的专项贷款风险提供保险，达到集中管理风险的目的；或者直接建立具有保险公司性质的村镇银行，由大型保险公司对其风险管理业务进行再保险，从而弥补农村保险方面的空白。

总之，构筑完善的农村商业性金融体系，需要大型商业银行和村镇银行开展互助合作，按照自身优势实现互补，承担各自的金融服务职能。大型商业银行可以通过参股村镇银行的方式实现这一合作：比如 2008 年 1 月，交通银行以 3.8亿元现金战略入股常熟农村商业银行，成为其第一大股东。大型商业银行入股村镇银行，是在广大县域地区和农村地区加大金融拓展和技术输出的一项重要举措。商业银行的战略入股，不仅将给农村金融带来资本金，更将带来产品、技术和管理。通过业务和战略上的合作，商业银行将向农村地区提供更丰富、更能满足客户需求的金融产品；村镇银行也将利用商业银行的网络、渠道、信誉向客户提供更有效、更便捷的服务，从而使双方的业务能最大限度地优势互补，满足农村地区的金融服务需求。此外，大型商业银行也可以将农业信贷业务外包给村镇银行，以实现"双赢"：商业银行与当地村镇银行合作，将其自身的农业信贷业务外包给当地的村镇银行，村镇银行负责向零散客户提供贷款，由他们审批和管理信贷项目，监督资金的去向和使用状况。商业银行与当地的村镇银行按比例分担风险、分享收益，并向村镇银行支付预定的服务费用。合作双方发挥各自的优势，这种模式既减少了商业银行在农村建设网点和收集信息以及管理的成本，也解决了村镇银行融资难的问题。

8.4.2　培育农村商业性金融的市场机制

农村商业性金融体系功能的发挥以农村金融市场的有效运行为前提，一方面，商业性金融机构依据市场信息，设计金融产品提供服务；另一方面，农户及乡镇企业通过市场寻找融资机会，满足自身的融资需求。因此，必须在建设农村商业性金融体系的同时，积极培育农村金融市场的健康发展。

一、促进交易机制的公平化

公平交易机制是市场机制的基石。从一定意义上讲，有效的市场机制和公平的交易机制具有同一性，这种同一性在完全的市场经济中表现得更为直接，但是对正处于转型经济中的中国而言，十分有必要从制度层面来推动二者的统一。在充分信息的完全竞争的市场中，交易双方的平等性是避免市场价格扭曲的前提。在传统计划经济时代，我国长期执行的是"重工轻农"、"重城市轻农村"的发展战略，这一战略虽然在特殊时期发挥了显著的推动作用，但随着社会经济的改革与发展，这种战略已经不能适应建设社会主义市场经济和构建和谐社会的需要，因此，有必要打破传统体制中不利于确立各类交易主体平等地位的制度障碍，以保证农业与非农产业、城市金融与乡村金融、市民与农民的协调发展与和谐共处。实现农业部门与非农业部门的平等不仅要把二者置于同等地位来对待，保证二者在获取资源时的机会和价格是平等的，而且还要减少政府部门对市场价格的过度干预，适度地向农业部门和农村地区倾斜，最终实现二者的互动与互补发展；实现市民与农民的平等，则要求打破二元制的户籍管理制度，强调公民的平等意识与平等权利，淡化身份的等级意识，依法保障公民的合法权益。同时，公平交易机制要给予城市与乡村平等的发展机会。

二、推进利率机制的市场化

利率是市场机制中非常重要的杠杆和手段，利率杠杆不仅在农村金融资源的积累与配置过程中发挥着基础性作用，而且利率的变化会迅速地引导农村金融市场的资金循环和投资选择，从而影响农村金融资源的配置结构和配置效率。要实现利率杠杆的这种功能，就必须推进中国的利率市场化进程。借鉴西方发达国家的"利率通道"管理模式，以央行的准备金利率和最后贷款利率为上、下限，形成利率调控通道。当银行头寸不足时，可向央行申请再贷款，再贷款利率成为银行筹资成本的重要参考价格。如果从市场的筹资成本超过了向央行借款的成本，则银行宁愿从央行借款，而不愿从市场借款。而同业拆借利率反映了金融机构之间的资金余缺状况，其水平介于通道之间，央行盯住此目标，通过公开市场吸收或投放基础货币，使同业拆借利率水平在通道之内上下波动，以此来调剂市场货币需求，维护上下限利率的权威，影响银行借贷行为。

依据"利率通道"的管理模式，我国利率管理体制的改革，就必须消除利率管制。中央银行主要制定和调整再贴现率、再贷款率、存款准备金率，其他利率由资金供求双方依据交易来确定。具体做法是：第一，放宽直接融资的利率限制，允许利率在一定幅度内浮动，待条件成熟后再全部放开，利率由发债主体和票据贴现承兑双方自行决定；第二，在全国统一货币市场基础上形成真正的同业拆借市场利率；第三，允许存款利率适当浮动，促进农村商业银行根据存款市场供求格局，随时调整经营战略，加大贷款利率的浮动幅度，待条件成熟时完全放开；第四，建立起一个富有弹性的主要由市场供求决定的有效汇率机制，促使开放的外部经济的影响及时反映到利率上来。

8.4.3　完善农村商业性金融的保障机制

健全的农村商业性金融体系离不开制度的保障，在农村金融这一低收益、高风险的市场上，更需要坚强有力的防范风险机制，辅助商业性金融机构的平稳运行。完善农村商业性金融的保障机制可以从紧急救助、信息披露及行业监管等方面着手。

一、紧急救助机制

紧急救助是指金融监管当局对发生清偿能力困难的银行提供紧急援助的行为。有关金融管理当局对发生清偿能力困难的银行提供紧急援助，可以作为金融市场体系的一道有力防线。在我国实现金融机构紧急救助的方式主要是中央银行提供低利率贷款，即由中国人民银行向问题严重的农村商业银行等金融机构提供低于同期市场利率的短期援助贷款，以此缓解商业性农村金融机构的流动性支付能力不足的问题，及时化解可能出现的挤兑危机。中央银行以最后贷款人的身份出现，是受银行欢迎的一种方式。因为威胁银行安全的核心问题是支付能力的丧失，如果提供贷款可以使那些有问题的农村商业银行经营恢复正常，则选择贷款援助比处理银行破产更为有效；但需要注意的问题是，过度依赖中央银行的贷款救助可能面临新的道德风险，从而使中央银行陷入进退两难的境地：如果中央银行的贷款很容易取得，就会使银行削弱日常实行的一系列谨慎性约束，从事风险更大的业务以获取更高利润，逐步积累起流动性危机。

因此，为避免造成农村商业银行对中央银行的依赖，还可以通过并购方式实行救助。由中国人民银行出面，组织健全银行兼并或收购陷入危机的农村商业银行，承担其部分或全部负债，并购买它的资产。兼并可以采用援助性兼并和非援助性兼并两种方式。非援助性兼并是兼并者对被兼并银行的存款和损失承担全部责任，金融监管当局可以考虑给予兼并银行以一定的政策优惠，允许在合规经营的基础上扩大其经营领域；援助性兼并是金融监管当局向兼并者提供援助或承诺，担保兼并者不会因兼并行动而遭受直接的损失，承诺兼并者可以在任何时候将被兼并银行的资产以面值出售给金融监管当局，以弥补固定数额的兼并损失，承接被兼并银行的坏账资产等。此外，对于确实无法通过紧急援助而摆脱暂时性支付困难的农村商业银行，经中国银行业监督管理委员会的同意，应当依法履行破产程序。

二、行业监管机制

一个完备有效的农村金融监管体制是农村金融市场发展所必需的。目前，我国已经初步建立起一个分工负责、相对独立的金融监管组织体系，防范和化解金融风险的能力不断加强。我国的金融监管是适应分业经营模式的多头监管机制，这种监管体制具有专业分工明细，监管深度明显的优点，但同时也存在着容易出现监管盲区和缺乏监管合力的状况。针对目前农村金融市场可能出现的业务交叉渗透，培育多方监管机制，明确各个金融监管部门的监管职责，解决监管真空或盲点问题。

中国人民银行承担着维护整个金融体系的稳定和防范化解系统性金融风险的

职责：及时跟踪宏观经济形势的发展与变化，监督货币流通秩序与信贷扩张程度，对可能出现的风险和损失作出预警，对已作出的政策调整知会其他金融监管部门，采用道义劝告的方式提醒新的政策调整可能产生的后果，提醒金融监管的执行部门应对可能发生的不良后果。银监会作为银行监管的主干机构，应当加强与证监会、保监会之间的密切、高效配合，加强沟通与交流，防止出现监管真空和监管冲突问题。可以考虑在中国银监会、中国证监会、中国保监会独立的监管机构之上，成立由财政部、人民银行、银监会、证监会、保监会负责人组成的金融监管委员会，由这个委员会负责总体协调商业性金融的监管。

三、信息披露机制

有效的社会监督能够降低金融监管的成本，促进金融机构内部稽核工作的规范和完善。从西方发达市场经济国家的金融监管中可看出，提升外部审计质量、改进信息披露制度是强化社会监督的有效途径。信息的全面、准确、真实和及时披露，是一切监管行为的基础，也是提升外部监督质量的前提。针对我国金融信息披露不及时、不透明、不真实、不全面等问题，应尽快建立现代化的、能确保来源真实可靠的金融信息体系。

金融信息体系应当是以中国人民银行为组织与管理者，由银监会、证监会、保监会共同参与的联合信息沟通与交流系统，规范监管信息的收集、整理和传递，并在条件成熟时建立统一的金融信息中心，专门从事监管信息的采集、整理、分析和公布等，形成集中、统一、高效的金融信息资源，及时、准确、全面地反映金融机构活动的相关信息，保证信息共享的稳定性，提高金融监管效率。银监会、证监会、保监会要在信息供给的充分性、准确性、规范性等制度安排方面作出协调统一，包括互相提供相关数据支持和咨询便利、各种定期和非定期的信息通报和反馈制度、建立信息联网服务系统等。各监管机构要在统计口径和统计科目的设计方面进行全面合作，最大限度地使双方统计科目的内涵、生成方式以及统计报表的报送时间协调一致。健全信息披露制度，增强金融机构的经营透明度，保证监管部门及时发现问题，还需要引导公众对金融形势的预期，定期公开货币政策和金融监管有关信息，向公众表明中央银行和金融监管当局对当前金融运作的看法，通过市场手段调节引导金融机构的经营行为，防止出现金融市场对金融政策预期产生的震动，保持金融市场的稳健运行，促进经济金融活动的有序开展。同时，要加强对审计师事务所、会计师事务所等社会中介机构和新闻媒体规范化管理，充分发挥社会中介机构和新闻媒体的外部监督作用。

第 9 章

中国农村金融服务的民间支持体系

9.1 农村民间金融的含义和目标

9.1.1 民间金融的概念

长期以来，民间金融在学术界一直是争议较多的课题，有众多学者在此领域进行过细致的研究。按照不同的标准，对民间金融概念的不同阐述主要有：

首先，从金融机构的功能特征来看，麦金农指出：与经济结构的二元性相对应，发展中国家的金融系统也体现出典型的二元性，即发展中国家的整个金融系统分化成平行的两部分，一部分是以货币市场、资本市场为代表的有组织的现代化金融市场；另一部分则是以合会、当铺、钱庄等为代表的传统金融市场。现代化金融市场我们称为正规金融，而传统性金融市场就是民间金融。正规金融以国家信用为基础并处于相关金融法律监管之下，民间金融则在这种体系之外运转，二者利率不同、借贷条件不同、目标客户不同，更为重要的是，借贷资金一般不能跨越两个体系流动。但这种平行只是相对的平行，在一定的条件下，二者可相互转化、相互交融、相互作用。其次，从金融法律和金融监管角度来看，以是否纳入政府金融监管体系为标准，将不受国家法律制约和规范，处在金融监管体系之外的各种金融组织及其资金借贷活动统称为民间金融。如有学者将民间金融定义为游离于正规金融体系之外，不受国家信用控制和中央银行管制的信贷活动及其他金融交易。[①] 世界银行也认为，民间金融是没有被金融监管当局所控制的金

---

① 陈蓉：《论我国民间金融管制的重构》，载《中国博士学位全文数据库》，2008（4）。

融活动，民间金融和正规金融之间的区别在于交易执行所依靠的对象不同，正规金融依靠社会法律体系，而民间金融则依靠法律以外的体系。最后，从所有权的归属来看，民间金融的所有权不归国家所有，民间金融机构的最大股东不是国家的金融机构。姜旭朝在其《中国民间金融》一书中对民间金融下了一个定义：民间金融，就是为民间融通资金的所有非公有经济成分的资金运动，它既可以包括经过中国人民银行批准成立的农村信用社、股份制商业银行等正规金融机构，也包括如合会、私人钱庄、合作基金会、民间借贷等非正规金融。

通过对众多研究理论的归纳和总结可以发现，大部分的学者倾向于从法律特征和金融监管的角度来界定民间金融，主要是将正规金融与民间金融划分为界限分明的两大概念：一是正规的，被登记、管制和记录的金融机构和金融活动部分，简称正规金融部分；二是非正规的，未被登记、管制和记录的金融组织和金融活动，简称民间金融部分。因此，民间金融是指存在于政府批准设立并进行监管的正规金融体系之外，自然人、企业及其他经济主体在信贷市场中从事的以货币资金为标的的价值让渡及还本付息活动的总和。相对于正规金融机构而言，民间金融机构通常是未经过金融监管当局批准设立，未被纳入金融管理机构常规管理系统，以民间借贷、当铺、私人钱庄为代表的民间金融组织及其资金融通活动。

9.1.2　农村民间金融的含义和特点

从民间金融的概念及其与正规金融的区别出发，我们认为农村民间金融应当是指发生在农村经济社会的、未被监管的、非正规的民间性金融活动，发生在农村经济社会是对农村民间金融发生的社会环境及参与主体所处的空间的界定，未被监管、非正规、民间性是对农村民间金融长期处于自然发展状态、非正规状态、非正式组织性的现实状况的一个概括。农村民间金融的特点可以总结为如下方面：

第一，建立在个人信用的基础上。农村民间金融是基于一定的地缘、血缘、亲缘关系的金融活动，建立在对个人信息充分掌握的基础上，是以个人信用为基础的金融交易活动，相对正规金融而言，民间金融更多的是一种横向信用，建立在社会成员自律约束的基础上；而正规金融更大程度上是一种纵向信用，正规金融所占有金融资源的多少取决于其社会信用和经济地位的高低，国家的信誉对于维持这种纵向的社会信用关系至关重要。

第二，以个人为主要参与者。从民间金融活动的主体看，民间金融主要发生在自然人之间、自然人与非金融企业之间、非金融企业之间，不包括金融机构和行政机构。从所有者来看，民间金融组织大多是由民间组织或个人独立出资设立的私人企业。民间金融的资金需求者是从正规金融体系中难以得到融资安排的经济行为人，如缺乏合格抵押品的中小企业或农户。资金的供给者也多是民间资本出资组建的私人企业和手中持有闲散资金的自然人。

第三，处于金融监管范围之外。由于从事民间金融的经济主体都是在正规金融体系内无法得到有效资金支持的个体，因此只能在正规金融体系之外寻求金融支持。正因为这一点，民间金融游离于金融监管机构的监管范围之外，不进入官方的统计数据，也未纳入到金融监管当局的日常管理系统。

第四，主要存在于信贷交易活动中。民间金融的交易工具仅限于货币，交易性质为债务性的，交易方式既包括个人之间、个人与企业之间、企业与企业之间的借贷行为，也包括通过民间信贷组织进行的吸纳储蓄、发放贷款、票据贴现、资金拆借等信贷交易的资金融通活动。但民间金融不包括非公开募集的股票发行、场外交易，也不包括从事外汇交易的个人、机构及其活动。

农村民间金融的民间性的含义在于它的交易行为非政府监管和非政府介入的特点，这些交易行为一般被现行的金融法律规范所忽视或遗漏，而现有的法律规范对这些交易行为的约束是被动的和缺乏效率的。除上文列出的四个主要特点外，农村民间金融的特性还有：参与主体身份的底层社会性，即使参与者是村干部或者党员，但他们往往是以个人身份参加的，他们长期生活的地域和环境仍然是底层的农村，他们的社会关系主要在底层的民间；参与者的参与行为一般是出于自发或者自愿，不存在外在的来自政府部门的压力或者政令的驱动，但是却有着一些非正式组织的特点；每一种交易行为的发生带有明显的地域的民间文化或者地方风俗的特色，而且目前的研究表明农村民间金融的发生频率与当地经济发展有一定的相关性，有的地方发生的频率可能很高，有的地方可能一般，即同一性质交易行为的发生存在地域的不均衡；利益所得与利益归属虽然没有经过法定的程序使之秩序化、明晰化，但却遵守民间或各个地方自己的民间潜在规则，每一种交易行为的发生不一定以盈利为唯一目的，而是和当地的乡村风俗人文伦理有一定的相关性，维持这种规则的是在当地农村社会已经沿袭已久的被自觉履行的社会伦理规范和人们公认的某些行为标准；信息传递的非官方性，即信息传递往往是围绕交易行为展开的，同时信息传递往往只限于交易主体之间，交易主体对交易信息一般不对外界宣扬、公布，对外界而言这种信息传递方式有一定的排他性和隐蔽性。

9.1.3　农村民间金融的目标

我国农村民间金融产生于计划经济体制向市场经济体制转轨的过渡时期，正规金融逐步不适应经济体制的改革，不能满足农村民营企业、中小企业的需要，不适应农村经济发展对金融服务多元化的需要，于是各种形式的民间金融迅速崛起，表现异常活跃。民间金融的发展，是遵循市场需求的结果。在目前我国大力发展农村经济，建立和完善的农村金融体系的前提下，农村民间金融应当发挥出应有的作用：

一、支持农村经济，服务"三农"

随着四大银行的商业化改革，农村地区的许多经营网点被撤销，正规金融资源更加稀少，金融资源供给明显不足。而农业、农民、农村，因其所处的弱势地位，往往更加需要金融支持。而现有的农村信用社又主要办理存款业务，导致大量的农村资本流向收益率高的城市，造成农村的金融资源极度匮乏，这不仅满足不了农村普通人群的借款需求，而且严重阻碍了农村经济的发展。民间金融适应了农村的借款特性，主要通过亲情等血缘关系进行借贷，不需要借款人进行物品抵押，这种金融形式有效缓解农村金融资源的极度匮乏，满足农民贷款需求，缩小了城乡之间在金融资源占有上的差距，以此推动农村地区经济社会的发展。

二、支持民营企业的发展

民营企业的发展离不开资金的支持，但当前我国民营企业融资难的问题却普遍存在，早在 1999 年，我国民营经济占 GDP 的比重已达 53% 左右，而其金融信贷占比却只有 27%。[①] 尽管近几年，我国国有金融机构从观念上打破了传统的经济支持"成分论"偏见，中央银行也出台了对"中小企业信贷支持意见"，对民营经济的信贷支持在体制上进行了松绑，但是大型正规金融的信贷对象主要还是在城市的大型企业，民营企业从银行获得的信贷支持仍然明显不足。民间融资可以通过民间信用和亲朋好友的纽带与民营企业联系起来，借助亲缘和地缘优势能很好地掌握中小企业的信用状况，特殊的失信惩戒机制也比较有效，再加上其手续简单、便利，为民营和中小企业顺利成长起到重要作用。

三、促进金融业的市场竞争和管理

发展民间金融，也有利于发展金融业的市场竞争和对竞争的管理。首先，民间金融的活跃和发展必然抢占正规金融机构的部分信贷市场，从而形成对正规金融的竞争压力，促使正规金融转变经营意识，提高服务质量、服务效率和自身竞

---

① 李东海：《我国民间金融发展中存在的问题及对策分析》，载《现代商业》，2009（8）。

争力。其次，发展农村民间金融，引入市场竞争，有利于金融市场的发展，也有利于对金融市场进行规范和对其管理的发展与成熟。其原因在于：政府对市场的管理水平，是随着市场竞争的展开而逐步提高的，管理者只能随着被管理者的成长而成长；只有市场竞争主体发展了、竞争存在了、展开了，管理者才会知道问题会出在什么地方，应该管什么、怎么管，管理水平才能提高。

四、国有金融体制的重要补充

无论是国有控股银行还是股份制银行，目前已逐渐无法满足经济日益多元化的需要，这为民间融资机构提供了发展契机。民间金融机构所占领、面向的市场是国有金融机构忽略的市场，是国有金融重要的补充。民间金融弥补了国有金融的缺口，在一定程度上缓解了社会信贷资金供求之间的矛盾，改变了社会资金低效率地完全配置到国有经济的局面，提高了金融配置效率。同时，发展民间金融又有利于建立合理的金融业竞争秩序。有助于构造多元化的金融体系产权结构和促进原有金融机构的创新与发展，形成多层次、多种所有制、富于竞争性的金融体系。

9.2　农村民间金融的功能定位

9.2.1　农村民间金融的产生原因

农村民间金融作为内生性的金融模式，必然有促使其产生的原因和条件。通过对相关理论的研究，可以把民间金融产生的原因大体归纳为金融抑制作用、信息不对称和交易成本优势三方面。

一、金融抑制作用

金融抑制作用是发展中国家经济发展的一个典型特征，它指出了政府对金融资源实施控制的政策和手段，也指明了这种政策手段所导致的结果。金融抑制的主要手段包括严格的利率控制、金融市场的准入控制、指导性信贷、高存款准备金率和建立特别信贷机构等。这些手段使用的结果是使得大量的廉价信贷资金通过正规金融机构体系分配到政府希望优先发展的部门，导致居民和其他部门中很大一部分成员无法从正规金融机构获得融资，而这些被正规金融系统所抛弃的部门只能依赖于自身的内源融资或者从民间金融市场获得外部融资。同时，民间金融的高利率对资金产生吸引，使得民间金融市场在供给和需求双重推动下得以迅速发展，整个金融市场呈现出明显的二元性。由于我国民间金融是我国金融制度安排缺陷造成的结果，是民间微观经济主体为克服经济体制转轨时期滞后的金融体制自发形成的，它改变了原有的资金流动格局，促进了私人部门的发展，是我国在特定条件下的状态，具有临时和过渡性质。作为自发生成而又在政府管制之外的制度，民间金融存在不可克服的制度缺陷，使其在运行和发展中同时存在诸多矛盾，当金融体系发展深化到一定阶段，民间金融也将走上规范化的道路。

二、信息不对称

从信息不对称的角度进行解释，民间金融得以产生的重要原因在于，民间金融在利用当地私人信息解决信息不对称方面具有比较优势。金融市场具有明显的层级结构，即从最底层的民间金融市场到正规金融市场，再到更高层的国际金融市场，不同的层级分别对应着不同的融资规模和允许使用的资金交易方式。金融市场的层级越高，融资规模越大，贷款人所需要提供的信息量就越多，正规金融体系的交易就建立在信息公开的基础之上。但是，在发展中国家，经济和金融信息不仅缺乏，而且获得的成本高昂，尤其是农户和中小企业的财务报表一般是没有经过审计的。同时，由于发展中国家法律体系的不完善，很多经济活动是在法律边缘地带进行的，通过正规金融系统的交易获取资金所需的信息披露对于这些企业来说可能具有极大的风险，因而中小企业也不愿向正规金融披露信息。因此，在存在不对称信息的情况下，由于大企业的声誉和以往的成功往往被看做是其未来良好的盈利前景的一种信号和保障，银行倾向于向那些声誉较好，有较长时间成功经营的大企业发放贷款。尽管抵押或者担保可以在很大程度上克服信息不对称给正规金融信贷业务带来的风险，并能降低金融机构所面临的逆向选择和道德风险，但中小企业，尤其是农户往往很难提供所需的足够抵押品，这进一步增加了中小企业，尤其是个体私营企业从正规金融市场融资的难度。在信息不对称的情况下，为了避免信贷风险，正规金融机构不得不采取信贷配给，即使具备继续提供信贷的能力，借款人也愿意接受相当高的利率，但正规金融机构仍不愿意向借款人提供贷款。这样一来，一部分借款者的贷款需求只能得到部分满足，或者根本就得不到满足，从而形成了信贷资金的需求缺口。如果借款人同样不能从资本市场等其他正规渠道得到有效的满足，他们就会寻求民间金融的帮助。

三、交易成本优势

对于正规金融的信贷业务而言，交易成本主要体现在三个方面：一是签订贷款合约前对有关贷款者的财务状况、经营状况和偿债能力等信息进行调查的事前调查成本；二是贷款合约签订之后，对贷款者经营活动进行监督的监督成本；三是合约履行过程中和合约到期后保证贷款者按合约规定偿还本息，以及贷款者违约后通过法律或其他途径来促使贷款者履行合约的合约执行成本。一方面，正规金融机构贷款的规模与其交易成本之间并不成正比关系，给大客户发放贷款的单位交易成本要比发放给小客户的贷款单位成本要小得多。另一方面，由于发展中国家法律系统不健全，合约执行成本和违约风险更大。出于对交易成本的考虑，正规金融机构倾向于回避数额较小的贷款，从而使中小企业和农户从正规金融系统融资面临重重困难。与正规金融不同的是，内生于农村经济的农村民间金融首先以地缘、血缘、亲缘为主形成一定的社会关系，这些社会关系在农村借贷行为中起到了抵押品和合约的作用；其次，农村民间金融机构投资者就身处乡村，他们了解农户和乡镇企业的资金供求情况，也有时间和条件往返于金融机构和农户之间，和正规金融机构相比节约了交易成本；最后，农村民间金融机构根植于农村环境之中，其投资者或成员本身可能就和借款人是乡亲或邻居关系，可以节约信息搜寻成本，这种建立在相互信任上的信用关系显然更加适合于小额的、分散性的资金需求。此外，民间金融具有手续简便、效率高的特点，符合农户个人、个体经营者和中小企业生产经营资金周转的特点，其组织和运转成本较低，且民间金融市场上的社区约束力较强，通常不需要通过正规法律途径解决争议，从而节约了高昂的诉讼费用。

9.2.2　农村民间金融的功能定位

　　作为农村金融体系的重要组成部分，民间金融在我国的广大农村地区广泛存在。根据中国人民银行从 1999 年至 2002 年对非政府小额信贷机构覆盖地区的调查结果显示，截至 2002 年末，全国共计有 108 个非金融机构性质的小额信贷机构，其所从事的小额信贷业务覆盖了全国 554 个乡镇，4 635 个村，几乎遍及全国所有的省、自治区和直辖市。[①] 独有的私人信息及交易成本等优势使得民间金融为农村经济的发展提供了强有力的支持，主要表现在民间金融所发挥的宏观与微观两方面功能中。

　　一、农村民间金融的宏观功能

　　（一）优化资金的配置

　　资金的有效配置是指资金的有效流动与高效利用，有效流动指以最低的成本为资金需求者提供金融资源的能力，高效利用是将资金分配给收益率最优的投资者使用。资金配置效率的高低，受到金融市场上供应的金融产品、金融服务的多样性和灵活性的制约。农村经济发展需要大量资金的推动，储蓄是提供资金的重要来源之一，特别是在农村经济从不发达走向发达的过程中，储蓄率的高低起着决定性的作用。直接融资和间接融资是将储蓄转化为投资的两个主要渠道，这两

---

　　① 焦瑾璞、阎伟、杨骏：《小额信贷及小额信贷组织选择》，载《金融时报》，2005 - 10 - 20。

种融资方式的效率直接决定了储蓄向投资的转化能力，金融发展正是通过这两种渠道影响资本形成的质量进而影响经济增长。从各国经济发展过程看，几乎所有国家在发展过程中都伴随着储蓄率的上升。金融活动是促进储蓄率上升的最重要的因素之一，金融的特点在于资金融通，资金的充分流动是资金达到最优配置的前提条件。在农村，由于投资渠道少，投资工具缺乏，使得大部分的民间资本持有者或资金富余者受到利益驱动而成为民间金融的供给者或中介，他们将小规模的短期储蓄集中起来，为各种类型的农村经济主体提供资金，促进了资金向投资的转化，成为对正规金融的有力补充。

（二）促进资本市场形成

农村经济增长在很大程度上依赖于资本市场的竞争和效率，民间金融有助于促进资本市场的形成。为了克服农村分散的、无组织的资本市场的先天性缺陷，一些民间金融机构应运而生，形成了民间金融中的间接融资市场。农村民间金融机构作为最终借款者和最终贷款者之间的中介机构，将农村分散的、无序的资本市场在一定程度上组织起来，改善信息不对称的状况，有利于资源的优化配置，大大提高了资本市场的效率。现代金融中介理论表明，金融中介机构的主要功能是在盈余单位把未支用的收入向赤字单位转移过程中发挥中介作用，在贯彻这一功能时，其有助于提高储蓄和投资水平，并在可供选择的投资项目中最佳地配置稀缺的资金。

（三）提高融资效率

融资效率的高低是影响金融资源使用效率的重要因素，对融资效率的评价，可以从融资成本、融资机制的成熟度和融资主体的自由度来衡量。融资成本是企业筹集和使用资金所付出的代价，是企业选择资金来源、进行资本筹措的重要依据。资金成本与融资效率成反比，较高的融资成本表明金融体系不发达。融资机制的成熟度体现了资金市场的规范程度，机制规范的资金市场融资渠道多、风险小、效率高。融资主体自由度是指融资主体受到法律、规章制度和体制上的约束，与融资效率呈正向关系。民间金融具有信息及交易成本方面的优势，能够有效降低融资成本，在农户和农村中小企业融资机制中，民间金融有着极为特殊的意义，在企业发展的早期，民间金融是最便利的融资渠道，其重要性往往超过所有其他的融资方式。然而，长期以来政府对民间金融一直采取限制政策，使得农户和农村中小企业民间金融体系的效率大大降低。

（四）弥补金融体系的不足

金融体系运行的最终目的是满足资金融通需求，优化资源配置，实现资金流动效率。金融体系的运行绩效对企业的投资决策产生重要影响，同时也会影响一国的经济发展和国际竞争力。长期以来，中国的储蓄率都处于高水平，据中国人民银行的最新统计，2009 年第一季度末居民人民币储蓄存款余额达到 24.31 万亿元，同比增长 29.6%，比上年同期高 20.8 个百分点。[①] 对于中国这样一个资金相对紧缺的国家而言，高储蓄率为中国经济发展提供了良好的资金来源，但欠发达的金融系统一直无法充分利用现有的金融资源，高储蓄率与资金短缺并存，投资效率不高。金融体系功能的核心是金融资源的流动和配置，保持资金的流动性和增值性。农村民间金融通过其灵活便利的支付体系，将积累起来的财富投资于可行的新项目，并为风险管理提供有效途径，其产生和发展弥补了现有金融体系的不足。

二、农村民间金融的微观功能

（一）满足农户的信贷需求

由于信息不对称、农户收入不确定性以及抵押品不足等原因，正规金融对农户的贷款，尤其是消费性贷款普遍存在着惜贷行为，而农户往往需要预支未来的收入进行消费，在婚丧嫁娶、修缮房屋、看病买药等方面均存在资金的需求。特别是在欠发达的西部地区，农村金融不发达，农户的信贷紧缺在正规金融机构体系中得不到缓解。而农村民间金融在一定程度上填补了这一空白，缓解了农户的信贷紧缺。在经济相对发达的东部地区，正规金融机构虽然发挥了一定的作用，但农户的消费需求仍不能完全得到满足，信贷约束依然存在。该地区活跃的民间金融组织，则为农户提供了更多的金融服务，使得农户受到的消费限制进一步降低。因此，无论正规金融体系发达与否，民间金融始终在放松农户信贷约束、克服其消费的资金限制方面，发挥着必不可少的作用。

（二）为农村中小企业提供资金支持

长期以来，农村金融资源短缺对农村中小企业发展的约束受到社会的普遍关注，资金"瓶颈"一直是农村经济发展的主要障碍。从我国金融机构涉农贷款比例偏低以及乡镇企业贷款余额占金融机构贷款余额的份额逐年减少的现状可以看出，我国农村中小企业很难获得正规金融机构的贷款支持。农村民间金融在一定程度上缓解了农村中小企业的这种压力，提供了一种较为便利的融资渠道。据调查，90% 以上的个体私营企业是完全靠自筹来解决创业资金的。在民营企业的融资构成（上市公司除外）中，自有资金约占 65%，民间借贷及商业信用占25% 左右，银行贷款仅占 10%，在正式的资本市场融资则几乎为零。国际金融公司对北京、成都、顺德和温州等地的 600 多家私营企业的调查表明，对中小企

---

① 数据来源：中国人民银行《金融机构人民币信贷收支表》。

业而言，民间金融市场是其外源融资的最大来源。①

（三）完善金融服务

金融服务主要是通过金融工具实现的，而新的金融产品或金融工具的出现，通常是金融机构在市场竞争压力下进行金融创新的结果。内生金融发展理论认为，在经济发展的不同阶段与不同的发展水平上，都存在着对金融服务的不同需求。在经济发展初期，国民收入和财富水平较低，人们只需要金融中介机构来降低信息和交易成本，对其他金融产品、金融服务与金融工具的需求较少。随着经济的发展和国民收入水平的提高，人均收入和人均财富达到一定程度之后，人们才有能力积极参与金融市场活动。因此，国民收入水平越高，金融市场也就越活跃发达。农村民间金融机构通过提高利率，提前支付利息，实行有奖储蓄等灵活变通的方法吸引资金，或改进服务手段，创造新型金融产品，提高金融服务水平。在农村地区，民间金融仍然在为金融体系提供完善的金融服务发挥最重要的作用。

9.3　农村民间金融的发展现状和问题分析

9.3.1　农村民间金融的主要形式

一、民间借贷

民间借贷是指基于血缘、地缘和亲缘所出现的农村居民之间的资金借贷关系，这种借贷关系可以是货币借贷，也可以是非货币的实物借贷。借贷的当事人可能是农村居民中的个人或者家庭，也可能是农村社会的基层组织单位向富裕村民的借贷行为。按利率的高低进行划分，民间借贷有三种形式：白色借贷（友情借贷）、灰色借贷（中等利率水平借贷）和黑色借贷（高利贷）。在我国农村各地，甚至同一个地方民间借贷利率差别很大。民间借贷双方关系的确立可以通过正式的合同体现，也可以以非正式的口头承诺或者寻找中间人订立未经公证的书面协议来体现，双方的利益归属是明确的。农村民间借贷在客观上解决了农村经济在社会变革过程中的资金短缺问题，通过有限的内源性融资部分地解决了农村普遍存在的资金供求矛盾，使得农村经济在有限的社会资源的背景下赢得了发展的机会，这对于农村的经济的长远发展是有积极作用的。同时，农村民间借贷为农民进行农业生产和商品交换开辟了一个便利而有效的资金来源渠道，农村民

---

① 费淑静：《我国农村民间金融的绩效与监管制度安排》，载《农村经济》，2008（5）。

间借贷的自身优势和特点在广大农村获得了农民的普遍认可和接受，这是任何一个正规金融机构所无法比拟的。

二、钱庄

钱庄是由贷款中介人（也称银背）转化而来的一种间接融资形式，常见于我国浙江、福建、广东等经济比较发达的沿海地区。银背自己并不拥有大量的资金，但对周围的资金贷出户情况比较了解并建立信用关系，起初他们以收取介绍费、服务费、担保费等名义向借贷双方索取收入，后来逐步发展成为经营存贷业务、收取利差的钱庄。从事融资和高利贷的私人钱庄在 20 世纪 80 年代开始活跃，90 年代末的发展出现转折，国务院 1998 年 6 月 30 日发布的《非法金融机构和非法金融业务活动取缔办法》宣布了地下钱庄属于非法金融机构，但地下钱庄并没有绝迹，我国各地许多当铺、寄卖店事实上充当着私人钱庄的角色。民营经济发展中的信贷需求与正规金融信贷供给不足、个人与私营企业对外汇需求与国家对外汇的严格管制、对非法资金（腐败、侵吞国有资产、逃税等）的监管漏洞、钱庄经营暴利和针对钱庄的专门法律的缺失等是钱庄产生和发展的主要原因。钱庄的存在缺乏合法的信用基础，虽然它的运作效率高、速度快，但是风险也极高，可能让参与者的资金化为乌有。现代的地下钱庄已经逐渐地走向产业化，与腐败和黑恶势力逐渐合流，正在向社会的各个角落渗透，影响社会的和谐发展。由于监管的缺失，地下钱庄往往参与各种非法活动，为企业偷逃税费提供了通道，造成税源损失，损害国家财政基础；为洗钱提供服务，变相助长贪污、漏税、侵吞国有资产等犯罪行为，给社会经济造成大量的不稳定因素。

三、合会

合会是一种悠久的有组织的民间借贷活动的通称，因具体交易方式和内容的不同，合会有多种形式，如抬会、标会、摇会、打会、聚金会、月会、年会等，其目的是调剂资金余缺，互助互利。合会是现代金融出现以前农村最普及的融资形式，通常是建立在亲情、乡情等血缘、地缘关系基础上形成的信用组织。合会具有的特征主要包括自治，民主管理，自愿参与，进入和退出自由，高度自给自足，实行自律和自我监督控制，奉行一人一票、一致同意的原则。合会的名目虽多，但都不外乎遵循一套简单的规则，即一个自然人作为会首，由于某种资金需求（比如孩子上学、结婚、造房子、买生产原料等），组织起有限数量的加入者（会脚），每人每期（每月、每季、每年等）拿出约定数额的会钱，每期有一个人能得到集中在一起的全部当期会钱（包括其他成员支付的利息），并分期支付相应的利息，由抽签或者对利息进行投标等方式来确定收到会钱的次序。在我国，合会广泛分布在浙江、福建、广东、海南等沿海省份以及台湾、香港等地区。虽然大量的合会活动并非高息活动，但是合会的风险也是存在的。一般情况下，风险并不为外人所知，只有当出现倒会时，风险才以放大形式曝光。合会的组织和运作的成本是比较低的，而与会者彼此之间以自身信用作为互相的承诺和担保，所以合会内部存在一系列相互叠加的隐性契约关系，在这个意义上参与者之间的亲和性以及对合会的接受程度可能超过其他的金融形式。

四、典当

典当，是指当户将其动产、财产权利作为当物质押或者将其房地产作为当物抵押给典当行，交付一定比例费用，取得当金，并在约定期限内支付当金利息、偿还当金、赎回当物的行为。典当行，是指专门从事典当活动的企业法人。一般认为典当行是专门发放质押贷款的非正规边缘性金融机构，是以货币借贷为主和商品销售为辅的市场中介组织。典当贷款期限主要以短期为主，少则十天半月，多则一至三月，最长半年，而银行贷款期限则较长，短期一般为一年，长期贷款三至五年。期限较短这一特殊性主要是典当行从资金的安全性、流动性、盈利性等多方面考虑决定的，所以典当业可以起到明显的辅助性融资渠道的功能。从一般的农户个人角度来看，典当业是一个便利的融资渠道，可以起到扶危济困的作用；对于规模小、资信差、从银行取得贷款较困难的中小企业和工商户来说，典当业是可以依赖的融资渠道。典当业的规范和发展，能从一定的程度上减少民间借贷中高利贷的存在比例，它容易成为一般公众可以信任和接受的一种资金来源，对于债务的处理往往是通过对当物的处理来体现的，比高利贷更为安全；而且对于交易双方来讲不需要有人情和人际关系的背景和投入，是摆脱了人际网络束缚的一种合法的民间融资行为。在我国公民个人信用体系尚不完备，个人信用信息在各个行业不能共享的情况下，典当在一定程度上解决了信息和交易成本的问题。

9.3.2　农村民间金融的发展现状

对农村民间金融现状的研究方法和观点有很多，我们可以通过对民间金融的资金规模、期限结构、利率水平和资金用途四个方面的考察，具体了解农村民间金融的发展状况。

一、资金规模

我国民间金融活动广泛分布于全国大部分地区，既有沿海经济发展较快的地区，也有中西部经济落后地区。中央财经大学课题组于 2004 年曾对全国 20 个省，82 个市县，206 个乡村，110 家中小企业，1 203 位个体工商户进行了实地调查，对各地区地下金融规模、农村地下金融规模、中小企业非正规融资规模进行了基本判断，测算出 2003 年全国民间金融（地下信贷）的绝对规模在 7 405 亿元至 8 164 亿元，并且得出全国 20 个被调查省、区、市民间金融的业务规模占正规金融机构业务规模的比重近三成。浙江、福建、广东等地区民营经济发展较早，民间金融的发展也相对较快；而中西部经济欠发达地区和农村地区，由于民营中小企业和广大农民的资金需求，民间金融也在迅速膨胀。在经济相对发达的东南沿海城市，企业之间，特别是民营企业之间的直接临时资金拆借或高于银行固定利率的民间借贷数量巨大，估计仅 2000 年企业之间直接拆借或借贷的金额高达 800 亿 ~ 1 000 亿元人民币。[①] 2005 年 5 月，中国人民银行在发布的《2004 年中国区域金融运行报告》中指出：中国一些地方的民间融资规模已经占到当地国内生产总值的 8. 88% ~ 10. 53%，贷款余额的 12. 37% ~ 14. 66%，存款余额的 6. 92% ~ 8. 2%。国际农业发展基金会的研究报告指出，中国农民来自非正规金融市场的贷款占来自正规金融市场的 4 倍以上，非正式信贷市场对农民的重要性远胜于正式信贷市场。上述数据表明，我国民间资本存量是巨大的，大量的民间资本游离于正规金融体系之外。让这些资金找到合适的投资渠道，既实现利益最大化，又对国家经济有益。

二、期限结构

民间金融的贷款期限一般以短期为主，针对甘肃省的调查结果显示，70. 3% 的民间借款期限在 1 年以下，2 年以上的比例相当低，还不到 10%。期限为 6 ~ 12个月是民间金融的主流，借款期限近似于正态分布。[②] 从理论上讲，借贷期限和借贷用途有某种对应关系，民间金融的日常周转性和用于生产生活必需品的购置等特性，决定了借贷期限不可能像大规模生产借贷那样具有长期性。民间金融的期限多由借贷双方视资金周转情况而定，企业、单位等经营性借款，个人建房、养殖等相对期限较长，其他用于临时性需求的资金，期限一般较短。

笔者通过对北京郊区十个区县的农户进行问卷调查，发现农户贷款的还款期一般以 1 ~ 3 年为主。从还款期限来看，准备 3 个月还款的农户占 3. 7%，半年期的占 6. 1%，1 年期的占 47. 4%，2 ~ 3 年期的占 32. 5%，另外有 10. 3% 的农户没有明确表示还款的期限。由于农商行提供的农户贷款还款期限主要以 1 年期为主，往往与种植、养殖业的生产周期不协调，很难满足农户的实际需要。房山区石窝镇南河村，一些经营大棚蔬菜的农户 4 月份得到贷款批准，到七八月份才

---

① 李建军、田光宁：《中国地下金融对宏观经济影响的指数设计与分析》，载《华北电力大学学报》（社会科学版），2004（4）。

② 宋爱军：《甘肃民间金融的现状、问题及治理》，载《甘肃金融》，2008（8）。

能拿到资金进行生产，来年还贷前只能获得一茬收入，而实际上往往需要两茬的经营收入才能还清贷款。因此，不少贷款户希望贷款能符合农户生产经营的特点，使还贷周期与收益期相吻合，还款方式更灵活一些。

三、利率水平

我国农村民间金融的利率因各种农村民间金融形态的不同而有所区别，即使在同一种民间金融形式之下，利率也会因为各种情况而发生差别。民间借贷的参与主体多元化，利率主要由借贷双方自行协商决定。主要有：一是互助性质的无息或低息借款，此类借贷主要出于帮助扶持目的，金额一般较小，利率低于同档次银行贷款利率，有的甚至为无息，约占民间借贷的20%；二是高利贷，此类借贷是为谋取高额利息，借贷月利率多在10‰~20‰，约占民间借贷的30%；三是农村互助储金会，虽多次清理，但在部分农村地区至今仍存在；四是乡镇企业内部筹资，此类借贷在乡镇企业比较普遍，利率多数按农村信用社利率，约占民间借贷的20%。[①]

四、资金用途

民间金融的资金用途以生产经营为主，少数用于生活消费。由于民间借贷主要用于正常的生产经营和投资，大多数贷款人对借款人的经营状况、还款能力、道德品格有较深了解，借款的风险较小，资金回收率较高。

9.3.3 农村民间金融发展中的问题

改革开放至今，我国农村民间金融基本处于自发发展的状态。多年来，农村民间金融对我国农村经济发展起到了重要的推动作用，但是，其存在的问题也不容忽视。弄清制约我国农村民间金融发展的因素并采取有效措施加以解决，不仅有利于我国民间金融的健康发展，而且可以使其更好地发挥服务农村经济的作用。

一、金融体制的制约

从我国金融体制的方面来分析，我国始终将国有金融作为支撑经济发展的根本，在建国之初对农村民间金融进行了一系列的改造和打击措施，尽管在改革开放之后农村民间金融再度复兴，但是对农村民间金融的管理依旧延续了先前的模式。首先，国有金融将分支机构延伸至农村，大规模吸收农村地区的富余资金，降低了农村民间金融可能发生的规模。同时由于农村信用社的官办性质，在运行当中并没有发挥服务农村金融的应有功能，加剧了农村的资金外流状况。其次，

---

① 张爱群：《从金融中介的内生形成看我国农村民间金融》，载《乡镇经济》，2008（6）。

在金融体制改革的整体布局中，农村金融体制改革的步伐落后于整个金融体制改革的步伐，而农村民间金融又处于农村金融体制极其次要的位置，因此农村民间金融的发展远远落后于国家金融体制改革的整体进展。最后，在政府对农村民间金融的管理方面，我国采取了国家干预的模式，由地方政府的监管部门介入，从意识形态、金融、法律等方面对农村民间金融及其形式进行多方面的干预，将国家的意志强加给农村民间金融机构，从而影响农村民间金融在现实中的发展方向、发展途径和方式。在对具体的权限缺乏法律界定的前提下，国家干预使得地方政府具有灵活运用政策和操纵国家政策执行的自由度，这些对于农村民间金融生存与发展起到了限制作用。

二、城乡结构的制约

我国的城乡二元经济结构直接导致了农村和城市在经济发展和社会进步中的差距。在经济发展方面，城市和农村被各自实施了不同的经济发展战略和发展措施，不利于农村金融体制向现代化的金融形式的发展，同时也使得农村民间金融的发展被限制在狭小的地域和范围之内，很难向更高层次发展。首先，城乡二元经济结构产生了对农村民间金融形式的歧视，阻碍了农村金融改革向更广更深的领域的进展。城市金融体制和农村金融体制的改革并没有从金融产品交换、金融市场一体化的角度出发，这样的改革对农村民间金融的发展并没有带来机遇和促进作用。其次，城乡二元的经济结构在经济发展和改革开放的趋势下，将农村经济与城市经济相隔离，实际上形成了城市和农村两个市场，不利于农村和农民接收外来信息，也不利于农民接受人力资源方面的培训和教育，限制了农村民间金融新形式的出现和发展，也限制了农民进行金融创新的动力和积极性。最后，城乡二元的经济结构使得农村民间金融市场长期处于低水平的发展状态，使得农村民间金融的参与主体不得不按照民间的潜在规则进行交易，大量的交易活动无法通过合法的途径和方式展开，也使得农村民间金融市场的实际融资规模处于难以精确统计和规范的状态，从而间接地影响到国家金融宏观调控政策的制定和执行，对于农村金融体制改革的进行和农村民间金融发展形成了潜在的制约。

三、思维模式的制约

在传统的思维模式下，对农村民间金融的排斥表现在我国将农村民间金融的存在和发展认为是和国家主权的侵犯者和对现有社会秩序的破坏者，并将农村民间金融发展所涉及的金融资源的分配行为视为对国家资源的掠夺。首先，农村民间金融的存在和发展被上升为意识形态领域的问题来对待，并按照一定的政治理论将其存在和发展的有害性理论化、合法化。在我国通过意识形态层面的排斥而对农村民间金融进行的干预覆盖了农村民间金融生存和发展的几乎所有方面，在国家政权的保护下，这一被反复强化的思维习惯形成了对某些经济现象全民化的接受，也形成了对农村民间金融进行否定排斥的巨大社会力量。其次，通过思维模式层面对农村民间金融的排斥在客观上使得国家成为金融方面的决定性权威，并拥有了对社会资源权力绝对的优越性，可以将国家制度设立之初已经形成的金融体制内对农村金融和民间金融的抑制合法化。在农村民间金融的存在和发展中，意识形态的排斥成为金融体制约束之后重要的影响因素。

　　四、法律规范的制约

　　针对农村民间金融的立法不可能超越于现实的实际情况来进行，从对农村民间金融的重视程度来说，农村民间金融在整个国家和社会的实际地位和状况决定了我国对农村民间金融立法的重视程度不可能达到发达国家那样的程度。首先，在不同法律规范下针对不同的农村民间金融机构的执法主体存在很大差异，这些执法主体包括地方政府、基层的公检法机构以及金融监管部门。在某些规定中，对各个执法主体之间如何进行协调与配合缺乏明确的权利划分和职能分工，往往导致在具体问题上出现多头管理，各自为政的局面。其次，在农村民间金融普遍出现的情况下，金融法规的出台却很少惠及农村民间金融，即金融制度与立法仍然没有走出传统思维模式的阴影，更多的相关立法是从反面对各种农村民间金融形式进行排斥性的规定，使国有金融部门尽可能远离农村民间金融的影响，压制农村民间金融的发展。最后，由于缺乏长远的制度设计和法律方面的基础，金融法规和相应的法律规范往往是在一定的社会背景之下出台的，其约束力经常落后于社会和经济发展的步伐，反而造成了很多难以解决的历史遗留问题。总之，我国现有的法律体系和规范对农村民间金融的发展形成了制约性的效应，这种限制将农村民间金融的发展压制在一定的范围和程度之内，而对于农村民间金融的参与主体的法律保护则显得相对落后，延缓了国家在农村经济社会推进农村金融体系改革的步伐。

9.4　农村民间金融支持体系的基本架构

9.4.1　农村民间金融的发展路径

　　农村民间金融尽管一直受到政策的压制和打击，其规模却不断发展壮大。这表明农村民间金融有其存在的意义和价值，能够有效解决农村地区的资金需求矛盾，完善农村金融体系的功能。因而，在农村民间金融发展路径的方向选择上，应当变更传统的管理理念，赋予民间金融合法的经济地位，引导农村民间金融规范健康发展。

一、确立民间金融的合法地位

确立农村民间金融的合法地位，一是要改变对农村民间金融的固有观念。对民间金融的认识首先应该澄清一点，即民间金融不等于非法金融，尽管现在的法律规范对民间金融仍然采取相对严厉的态度，但在法律禁区和正规金融已经占据的市场之间，民间金融仍然有广阔的生存空间。从制度经济学的角度看，民间金融是一种有效的制度安排，而且具有自发性，在应对正规金融难以解决的信息不对称、融资成本等问题时，民间金融有自己的独特优势，可以有效降低交易成本。尊重民间金融，客观认识民间金融，注意学习和研究民间金融，依法对民间金融进行合理的引导和规范，可能更有利于正规金融和民间金融的合理竞争和良性互动。同时，在改变对农村民间金融观念的基础上，应当重视农村民间金融机构在农村市场活动中的作用，并通过主体法律制度安排，确立各种民间金融机构的合法性，引导民间金融机构逐步实现规范化，从地下走向地上，向制度化、法治化金融转变。在立法中，一方面要通过制度安排允许那些股东人数、资本金、经营者资格及其他条件达到法律规定标准的规模较大的私人钱庄、民间金融合会以股份制或股份合作制的形式进行注册、登记，按正规金融的要求规范管理，接受监督；另一方面，要合理引导小规模的私人钱庄和民间资金参与农村信用社、农村商业合作银行等正规民间金融的改制，把原先投向地下金融的社会闲散资金吸引到合法的投资轨道上来，切实保护农村民间金融组织的法律权益，使其合法规范运作，同时给市场主体充分的自由选择权，为农村民间金融组织创造良好的制度环境，使其健康发展，充分发挥支持农村经济的重要作用。

二、民间金融的发展模式

由于我国城乡存在的二元经济结构以及地区间经济发展的不平衡，农村民间金融的合法化可以采用不同的发展模式实现，以满足不同层次金融形式、金融主体的融资需求。

（一）民间金融向正规金融转化

从金融体系发展的过程来看，民间金融最初是主要的资金融通渠道，随着正规的金融市场和现代金融机构的发展，相当一部分民间金融向着正规金融转化，正规金融的作用逐渐增强。但民间金融并没有随着正规金融的出现而消失，这种自发形成的金融形式在社会经济体系中一直延续发展着，执行着提供信贷资金和分散风险等重要的经济功能，构成了金融体系的一个不可缺少的部门。正规金融机构将原本由单个借款人与单个贷款人之间的借贷行为逐步累积为大量资金需求者与大量资金供给者之间的借贷行为，集中地、专业地处理交易中发生的巨额信息费用，降低单位资金的融通成本。与此相反，由于民间金融的活动是基于参与主体之间的人情关系、血缘关系等非正式规则而产生的，其存在的根本原因就是基于民间金融在特定范围内所具有的信息优势和交易成本优势。因此，民间金融只能在人际关系简单、社会圈小、信用要求低的情况下存在。当民间金融的经营活动区域扩大，业务范围和成员扩展，人们之间的关系趋于复杂，交易范围超出既定的社会圈时，民间金融的局限性就将显露出来。一旦超过一定的人数和地域范围，民间金融的信息和交易成本便开始上升，逐渐丧失相对于正规金融的竞争优势，其发展程度也会受到限制而被迫采用正规金融的借贷模式和技术来降低成本，逐步向着正规金融的方向转变。在我国经济发展程度较高的广东、福建、浙江等沿海地区，经济市场化程度较高，经济主体具有较高的利益驱动性和防范风险性，在经营中注重资金的流动性、安全性和盈利性。这些区域的民间金融机构之间激烈的竞争使得借贷利率更接近于资金的机会成本和真实的供求状况，有动力引入更新的服务手段防范风险和拓宽服务，具备了正规金融对资金定价与风险管理的经验，可以实现向正规金融机构的转化。

（二）保持民间金融的自发属性

相对于沿海经济发达的地区，我国中西部地区农村生产力水平和生产方式相对落后，经济发展水平不高，经济组织表现为小资本小生产的个体经济、家庭经济。正规金融机构是追求经济利润的主体，总是将其主要的力量放在本国经济相对发达的地区或行业的龙头企业群体，但对于经济欠发达的地区，尤其是在以小型个体经济、工商户为主的农村地区，尽管其资金需求较多，但由于其融资交易规模较小，参加者比较分散，交易方式也较为传统，运行成本较高，即使能够向农村企业提供大额贷款，也会由于农户抗风险能力弱，金融风险较高而采取信贷配给。此外，导致农村民间借贷发生的农村的生产方式和生活方式，在一定的时期内仍将长期存在。虽然农村社会的固有传统和社会人际网络在经济发展的前提下发生了一定的改变，但却不能改变人际交往的社会属性，不能改变人际交往对社会信用的依靠，在我国公民的信用体系没有建立起来之前，农村民间借贷的内生机理的作用仍然发生作用，即使在国家公民的信用体系建立起来之后，也不能从根本上否定和排斥农村民间借贷的存在与发生。因此，基于正规金融机构撤离农村，广大乡镇企业与农户的资金需求以及相关金融服务无法得到满足的市场状况，在这些地区仍应保留民间金融所固有的自发式特性以构建多层次的信贷市场，从事多种不同层次的资金融通活动，从而满足市场主体不同层次的资金需求。随着改革的深入，我国政府已经认识到发展和规范民间金融对我国经济发展的正面作用，在央行公布的《2004年中国区域金融运行报告》中，民间金融开始被确立为正规金融的有益补充，政府开始尝试引导民间金融的合法化和规范化。

9.4.2　农村民间金融的制度安排

引导和规范农村民间金融支持体系的发展，不仅要将民间金融纳入法制化的轨道上来，还需要建立和完善与之相配合的金融制度，为民间金融机构的平稳运行提供制度保障。

一、产权制度

农村民间金融需要产权保护制度作为规范化发展的保障，要真正实现民间金融经营规范化、管理规范化，根本途径在于产权制度改革，建立健全合理的产权制度，使社会公众的财产权利得到有效保护。一方面，当实现财产权的分散化，使社会公众的财产权利同国家的财产权一样得到法律明确而有效的保护时，民间金融的法律地位也就得以确立。在此基础上，由个人集资入股而组成的民间金融机构所有者权利明确，股东权利能真正得到有效保护，成为契约型组织或拥有独立财产的法人。民间金融机构自然会有动力和压力来实现经营利润的最大化和风险的最小化。另一方面，一旦社会公众的财产权利得到法律的明确承认、尊重及有效的保护，个人也就能够成为真正拥有财产权利的财产所有者，个人的财产权利也就能得以真正的行使。确立产权制度并使产权制度合理化将会在法律及制度上保护民间金融机构的财产权利和正当的经营活动，降低经营上的不确定性，从而解决我国的一些民间金融机构规模小、内部管理混乱、风险积聚及业务操作不规范等一系列问题，使得民间金融机构及其经营活动克服盲目性、不确定性的缺陷。同时，在合理的产权制度基础上，我国的一部分民间金融机构将会通过市场竞争逐步发展成为真正有竞争实力的正规金融机构，有利于金融体系的安全与稳健运行。

二、市场准入制度

市场准入制度的合理与否对经济发展具有重要的影响。目前，我国金融市场主要有两部分：以国有金融市场为主体的正规金融市场和非正式的民间金融市场。由于金融体制上的原因，使得民间金融事实上无法真正进入金融市场，形成了事实上的非市场准入机制，两个市场存在着不公平的竞争。因此，民间金融市场准入制度确立的重点一是要从源头上杜绝不合格的民间金融机构进入金融市场，同时也在于消除对民间金融的歧视，使其成为市场竞争的平等主体。一般来说，相对宽松的制度安排，能够降低公众参与各类经济活动的成本，创造经济发展的整体活力；相对严格的制度安排，虽然能够为市场秩序和交易安全提供一定的保证，但同时也提高了市场主体的进入门槛和成本，从而影响经济效率的提高和经济发展的进程。金融活动越是发达的国家，市场准入制度越是宽松，金融机构也是多元化的。一方面，农村民间金融的长期存在一定程度上说明了农村金融市场在实际上存在多元性，因此，应当建立符合实际情况的市场准入制度，从制度上降低农村金融市场的准入限制，引导民间金融机构走多元化发展的市场竞争之路，打破垄断和歧视，鼓励产品创新和经营创新，逐步改变原有的农村金融体系模式，逐步建立多元化高效竞争的农村金融体系。另一方面，降低市场准入限制还包括通过制度和政府的服务引导多样性的金融组织进入农村领域，并引导已有的农村民间金融机构走上法制化发展道路，引入新的管理模式和经营模式。

三、市场退出制度

我国在很长时间内都没有建立金融机构的退出制度，监管层也没有建立有效的风险预警系统，金融机构一旦出现严重的支付问题，监管当局不能强制要求金融机构股东以追加资本金的方式改善状况，也不能强制出现支付危机的金融机构退出金融市场，只能依靠中央政府或地方政府为金融机构的损失埋单，防止出现金融恐慌，保证存款人的存款安全。在农村多元化金融市场的建设进程当中，应当允许经营不利、问题严重的民间金融机构按照制度程序退出农村金融领域，完善相关的退出机制，并建立保护股东和储户的利益机制。一方面要改变我国农村金融市场缺乏竞争的状态，改变以往通过国家行政命令强制金融机构关闭或者合并的方式，鼓励和督促农村民间金融机构的完善发展。另一方面，市场退出制度的建立将明确风险和收益之间的关系，明确经营业绩和经营责任的关系，将退出机制的建立和农村民间金融机构的经营发展相结合，为农村民间金融的发展创建新的模式和思路。应当针对不同产权形式的农村民间金融机构制定不同的退出方式和退出程序，建立透明公正的退出监督机构，规定股东、储户和借款人具体的权利和义务关系，并相应建立最大限度保护股东和储户利益的机制与模式。通过退出机制的建立，鼓励农村金融市场的多元化竞争，促进农村金融市场的繁荣，加强国家对农村金融市场的监管。在多种民间金融模式逐步成熟的前提下，建立相应的退出机制是对农村民间金融市场的保护，有利于农村金融市场整体的健康稳定发展。

四、外部监管制度

建立和完善农村民间金融的外部监管制度，首先要完善农村民间金融监管立法。目前，对农村民间金融的监管尚处于立法的空白，可以援引的法律主要是《中国人民银行法》、《商业银行法》等关联性较强的法律，尚未出台专门的监管法律。应该尽快出台专门的民间金融监管法律法规，使民间金融机构的经营和监管机关的执行有法可依。其次要对民间金融的监管实施分类监管政策。同样作为民间金融机构，由于规模、业务范围和财务状况等方面的不同，其风险水平也存在巨大差异。因而，监管当局应当将它们划分成不同的类别，确立合适的标准然后有针对性地实施分类监管。对于规模大、业务范围广、风险程度高的民间金融机构应该采用相对严格的监管措施，而对那些使用自有资金的民间借贷、非正规机构的小额信贷业务，则可以通过相应的民事法规来规范其经营行为。再次要完善农村民间金融信息监测制度。为了及时掌握农村民间金融市场的动态，防范金融风险，监管部门应建立完善有效的民间金融信息监测制度，通过农村金融监管机构定期收集民间金融活动的有关数据，及时掌握民间金融活动的资金规模、利率水平、交易对象等资料，为有关部门制定宏观经济政策提供信息支持。最后要成立民间金融的行业自律组织。行业自律在辅助政府监管金融体系的运行过程当中发挥了重要作用，从民间金融基于一定的亲缘、血缘、地缘发展而成的特性来看，民间金融活动的参与各方通过非正式的信用约束往往比政府监管更有效率。因此，在政府机构的监管之外，应当重视运用行业自律的补充与配合作用。

第 10 章

京郊农村金融环境调查分析

2008 年 7 月《创新和完善农村金融服务支持体系研究》（教育部"十一五"规划项目）课题组为了解农村金融服务状况，对京郊十个区县农村金融供需状况及农村金融环境进行了调研，本章就是对这次调研结果的分析。从京郊农村金融状况，可见我国农村金融之一角，从中可以得到某些启示。

10.1 京郊农户贷款需求分析

农村金融供给不足是现阶段中国农村的一个普遍现象，其中信贷供给不足是最突出的问题之一，贷款难同样是长时间困扰京郊农户发展的一个突出问题。本次问卷侧重点之一是针对京郊信贷市场状况的调查。京郊农村信贷机构主要是北京农村商业银行，从信贷机构看非常单一，存在竞争不足等很多弊端。从信贷市场调查结果看：一方面，广大农户强烈的资金需求，另一方面，作为京郊农户主要资金供给者——北京农村商业银行，在满足农户金融需求方面还远远不够。从本次调查问卷分析结果看，有 32.2% 的农户表示"目前急需资金"。同时，从信贷供给方——北京农村商业银行的情况看，截至 2007 年末，该行农户贷款余额达 34 亿元，较上年末增加 10 亿元，增长 42%，占北京市银行业农户贷款的 100%，数据说明，北京农村商业银行是京郊农村信贷服务的最主要供给者。同时，笔者根据相关统计资料发现：至 2007 年末，在京郊十个区县，该行贷款市场占比为 28.2%，同比提高 1.9 个百分点，而同一时期在存款市场占比为 26.9%，同比提高 2.2 个百分点，可见存款的增速超过了贷款的增速。并且从表 10 - 1 可见，近三年北京农村商业银行的存贷差在逐年扩大，[①] 这也意味着京郊

---

① 数据来源于《北京市农村商业银行 2007 年度年报》。

农村金融实际相对供给状况在恶化。

表 10 - 1　北京农村商业银行存贷差　　　　　　单位：亿元

年度	存款	贷款	存贷差
2005	1 089	547	542
2006	1 332	725	607
2007	1 695	974	721

　　这些也说明了京郊农村信贷供给严重不足，并且近年来情况并没有好转，要解决这种供需矛盾确实需要设计一套切实可操作的方案。当然，任何成功的方案都是在充分调查研究的基础上产生的，为此，笔者分析了这次调查问卷的情况，发现京郊农村金融供需状况具有如下特点：

一、农户贷款主要用途为发展生产

　　从京郊农户信贷需求看，贷款以发展生产为主要用途的占 69.8%，成为资金最主要用途。其次是用于生活开支，占 24%；另外有 6.2% 的农户没有明确的目标。

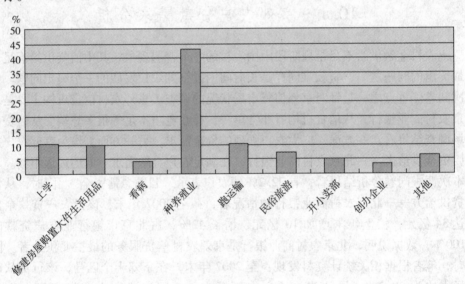

图 10 - 1　京郊农户需求资金的各项用途

二、贷款需求表现为小额特点

　　统计问卷结果发现：希望获得万元以下贷款的农户占 16.2%，1 万 ~ 2 万元的占 31.4%，2 万 ~ 5 万元的占 33.0%，5 万 ~ 10 万元的占 12.0%，10 万元以上的占 7.4%。总计 64.4% 的农户贷款需求规模在 1 万~5 万元。

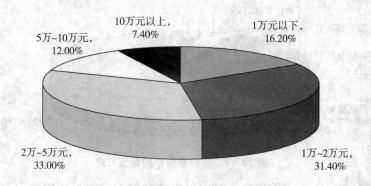

图 10-2　农户贷款需求的规模结构

三、信贷需求以短期为主，信贷供需期限匹配不理想

现阶段北京农村商业银行为京郊农户提供的农业信贷主要以 1 年期为主，而从问卷结果看，贷款需求期限 1 年期以内的占 57.2%，2~3 年期的占 32.5%，可见农户信贷需求以短期为主。表面看京郊农村信贷供需期限比较吻合，但事实上供需期限匹配并不理想。主要表现在贷款供给与种植、养殖业的生产周期不协调，使得很难满足农户的实际需要。调查中发现，一些经营大棚蔬菜的农户 4 月份得到贷款批准，到七八月份才能拿到资金进行生产，来年还贷前只能获得一茬收入，而实际上往往需要两茬的经营收入才能还清贷款，信贷供应与需求期限不匹配弱化了信贷支农效益。因此，现阶段农村信贷一方面存在供给不足的问题，另一方面是期限不匹配的问题，今后在农村信贷中应注意上述两方面问题的解决，使支农资金使用效率最大化。

四、银行信贷仍是农村资金需求的主要选择

调查问卷特意设置了农户资金需求渠道选择的相关问题，以了解现阶段农户信贷习惯，结果发现：农户在贷款渠道选择上倾向选择银行信贷。具体如图 10-3 所示，当农户需要资金时，选择通过银行获取贷款的占 60.2%，准备找亲戚朋友借的占 26.8%，寻求乡镇政府有关部门支持的占 6.3%，找村集体解决的占 3.8%，寻求其他方式筹资的占 2.9%。

五、贷款担保以农户联保为主

农村金融供给不足，主要的一点表现为农户贷款难。而缺少相应的财产抵押担保，使得风险无法控制，是商业银行不愿意为农户提供贷款的主要原因之一，也是造成农户贷款难的主要原因之一。调查中发现京郊农村目前大多数农户以信

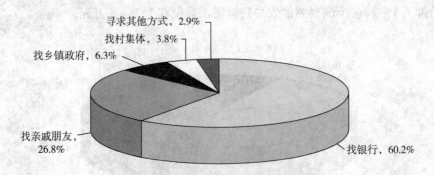

图 10 - 3　农户意向中的筹资方式

用和自有财产保证来获得贷款，其中以农户联保方式取得贷款的占 56.3%，采取小额信用贷款方式的占 17.8%，通过质押方式取得贷款的占 14.2%，第三方担保贷款占 11.7%。上述数据说明农户联保是京郊农户取得贷款的主要方式，这一形式值得在农村信贷中加以推广。

10.2　京郊农户贷款难的原因分析

贷款难是中国农村金融现阶段的一个普遍问题，因此分析京郊农户贷款难的原因，对解决农户贷款难具有普遍意义。综合问卷结果京郊农户贷款难有以下几个方面：

一、农业经营的高风险性及相应保险体系的缺失，制约了商业信贷的投放

农业的高风险性，决定了农业信贷的高风险性。从农业金融体系比较健全的国家的情况看，一般通过农业保险体系的建立弱化或对冲农业经营性风险和信贷风险，但我国农业保险体系基本处于缺位状态，使信贷供需双方都面临较大的风险，这种情况制约了农民贷款的积极性和银行放贷的积极性。调研发现京郊的农业保险只是处于刚刚起步阶段，险种和覆盖面非常有限，从而使农业贷款机构面临高风险。调查资料显示 1999—2000 年，北京某银行为养殖农户提供了 2 000 万元的贷款，但由于受禽畜类疾病的影响，大批贷款户经营亏损，不能及时偿还贷款，有的甚至无力偿还贷款，目前这批贷款还有相当一部分本金没有收回。

二、农户信贷资质与商业银行的信贷资质要求有差距，使得相当一部分农户难以获得贷款

现阶段商业银行信贷一般采取抵押担保形式，或采取严格的信用等级要求。从京郊农村情况看，一方面，绝大多数农户信用等级达不到商业银行规定的无担

保授信要求。如《北京农村商业银行农户小额信贷管理暂行办法》规定，只有特级信用户无须其他担保，可凭借个人信用获得 2 万元以内的贷款。但据调研资料显示，自 2004 年，北京市农村工作委员会和北京市农村信用合作社联合社决定开始实施"三信工程"，即在认真总结和推广农户信用等级评定工作试点经验的基础上，推进京郊信用村、信用镇（乡）建设，以信用户、信用村、信用镇（乡）评定工作为切入点，构筑京郊良好的信用环境，打造京郊诚信品牌。同时，将支农方式改革和创新农村金融体制相结合，加大对郊区农户小额信用和联保贷款的投放进度和力度，促进京郊农村经济发展和农民增收。但到 2007 年底只有 13.0% 的农户被评为信用户，而特级信用户比例更低，仅占被调查农户的0.6%。可见按商业银行的规定，只有极少的农户才有资格可以申请无担保贷款。另一方面，农户抵押担保能力不足。就我国农村现状看，绝大多数农民收入比较低，其自有财产价值有限，制约了其通过抵押担保形式获取贷款额度。据调研资料显示，京郊农户银行存款余额在 2 万元以上的仅占 17.0%，有存款但余额不足 1 万元的占 43.1%，没有存款的占 18.3%。同时，作为农户最重要的财产——农村住宅，由于没有产权证，不能用做贷款抵押，上述种种原因使得农户很难通过抵押获取贷款。

三、第三方担保缺乏有效的政策支持，涉农担保比重低

商业担保机构出于自身盈利的考虑不愿为农户提供担保服务，而政策性担保机构由于政策支持力度不够、运行机制不健全，发展面临诸多困难：

其一，区域性的担保机构缺乏政策支持，为农户提供服务的积极性不高。目前顺义、昌平等地成立了政策性担保公司，但是这些公司的商业性取向很重，更愿意开展营利性较好的担保项目，因而涉农担保比重低。如顺义光彩担保公司只有 20% 的业务为涉农贷款担保；另外在财政投入上，对政策性担保机构的资金支持多为一次性投入，没有风险补偿机制，一旦涉农贷款发生大面积风险，这些机构很难支撑，这一方面迫使担保机构提高农户贷款担保的条件，另一方面出于公司可持续发展的角度，使担保机构不得不更偏重盈利性的考量，上述两方面原因使得一般农户很难取得担保。

其二，"银农合作"政策法律环境尚待改进。前些年，部分区县政府与北京农商行合作，将一定数量的财政资金存入商业银行，以银行存款的形式为农户和涉农企业贷款提供担保，支持"三农"成效明显。但是，我国《担保法》规定国家机关不得作为保证人，银监会也不允许以政府信用为企业和个人担保。因此这种政府直接担保的形式由于受法律和行业规定的限制而逐步减少。

四、农村信用环境较差，道德风险高

部分农民缺乏信用意识，还款不积极。有些农户甚至把农村金融机构的贷款等同于国家的扶贫款，到期不还款的现象很严重，于是产生了一些不良贷款。如调查发现：2001—2003 年，北京某商业银行以"银农合作"形式发放贷款 8.24 亿元，到 2005 年末贷款余额为 5.22 亿元，其中不良贷款为 2.7 亿元，不良贷款率达 51.7%。农户信用意识差，导致农户投机心理严重，一旦村里有人拒还贷款，就竞相效仿，出现集体逃废贷款现象。

10.3　解决农户贷款难的总体思路和建议

从以上的原因分析中我们不难看出，农户贷款难源于农户和农村金融机构两方面，从农户角度看，他们中的大部分还没有完成原始积累，拥有的资产较少，没有合适的抵押担保物；而从农村商业银行角度看，由于农村经营环境差、经营风险高，从自身发展角度考虑，对农户信贷产生了惜贷现象。应该说农户贷款难实际上是一个问题的两个方面，即作为资金供给者的农村商业性金融机构和作为资金需求者的农户之间缺少一个桥梁来降低双方的交易成本。贷款担保公司在一般情况下是可以起到降低风险，缓解信息不对称从而起到金融市场润滑剂的作用。但是由于"三农"特有的弱质性和高风险，商业性贷款担保机构不愿意进入这一领域，致使农户贷款市场中存在着"市场失灵"，在农户与银行之间没有形成有效的衔接机制，导致了农户贷款市场的供求失衡。

因此，解决这一问题的主要途径就是依靠政府建立政策性担保为主的农户贷款担保服务体系，完善贷款担保机制，才能增强农户的融资能力，同时又合理分散银行的信贷风险。注重发挥政府在农户贷款方面的作用，通过财政支持、政策引导，在农户和银行之间搭建政策性担保桥梁，弥补市场机制的不足；注重建立有效的贷款担保运行机制，提高政策性担保的可持续发展能力；注重建立健全农村金融服务体系，为农户贷款担保机制发挥作用提供保障；注重政策性担保机构对商业性担保机构的引导和协调，实现贷款担保机制的良性运作。其关系如图 10-4 所示。

其基本含义是通过政策性担保机构引导商业性担保机构对农户贷款进行服务，农户获得贷款生产后得到的利润既有助于商业性担保机构的发展，又可以增加当地财政收入，加大对政策性担保机构的资金支持，从而实现整个农户贷款市场的良性循环。

根据以上思路，提出以下具体措施：

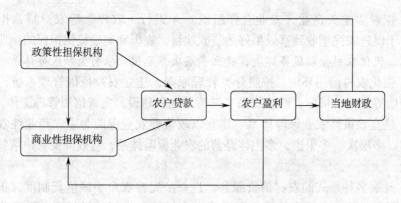

图 10 - 4　农村贷款担保机制流程图

一、加强政策性担保机构建设

1. 加强区域性农户贷款担保机构建设。由市、区（县）两级财政先期注入资本金，由政府牵头组建政策性的农户贷款担保公司。积极吸引农村龙头企业、农民专业合作组织、经营大户等民间机构和个人入股，壮大担保公司的实力，按政策性和商业性相协调原则开展农户贷款担保业务。政府作为出资人对担保机构资金的运用、运作程序进行规范和监督。担保公司坚持"保本微利"原则，为农民创业投资、发展生产服务。担保收费标准由政府主管部门制定。

2. 建立健全内部风险控制和外部监管机制。首先，担保公司要有完善的内部风险控制机制，减少代偿损失。其次，相应的监管部门要加强对担保公司的外部监管，防止和降低担保公司的运行风险。定期对担保公司的代偿损失率、担保贷款规模、担保覆盖面、担保贷款经营项目等进行综合评价考核。最后，担保公司还要不断扩大农户贷款规模、提高服务质量、支持农村主导产业发展，通过增加盈利来增强抗风险能力。

3. 建立合理的风险补偿机制。在市、区（县）财政预算中安排一定比例的资金，补偿担保公司因政策性业务赔付造成的损失，保证担保公司有长期稳定的补充资金来源。具体补偿标准可参考综合评价考核结果、农户贷款规模等因素制定。

二、引导和鼓励商业性担保机构、涉农企业和农村专业合作组织为农户贷款提供担保

1. 出台相应的优惠政策，鼓励商业担保机构为农户贷款提供担保。市级财政安排专项资金，采取补偿率招标的方式，选择信誉好、操作规范、条件成熟的商业担保机构开展农户贷款担保业务。

2. 探索"龙头企业（专业合作组织）＋银行＋农户"等农户贷款担保模式。对于促进农民增收致富效果好的贷款项目，表彰和奖励提供担保的企业。

三、优化农村金融服务环境，建立多层次多元化的农村金融服务体系

1. 强化农村信用环境。按照分类管理原则，建立农户征信管理系统，健全农户资信等级评价机制，继续加强"三信"工程建设，完善信用管理工作。

2. 建立政策性农业保险体系。建立以政策性农业保险为主、商业性农业保险为辅，多层次、多渠道、多主体经营的农业保险体系，有效降低农户信贷及担保风险。

3. 开展多种形式的农村信贷服务。进一步完善农户小额信贷制度，积极推广农户联保贷款；广泛吸纳社会资金建立农村扶贫小额信贷基金，为低收入农户、贫困家庭提供低息或免息的信贷服务；引导农户发展区域性或行业性的农村合作金融组织，以及互助性的存贷款机构，在农村建立多元信贷服务体系。

第 11 章

结 论

改革开放 30 多年，中国经济在经过一个阶段的飞速发展之后，"三农"问题已经成为影响中国社会和谐稳定，经济可持续发展的主要问题之一，"三农"问题到了必须解决的关键时期。尤其在金融危机背景下，"三农"问题变得尤为突出，在新的形势下，农村将可能成为拉动投资、消费、就业，保持中国经济持续稳定发展的一个新的增长点，也可能成为制约中国经济发展的短板。借鉴国际经验结合中国实际，"三农"问题解决离不开金融支持，而创新和完善中国农村金融服务支持体系，是解决好"三农"问题的关键。

本书运用现代经济学、金融学相关理论和方法，在对京郊农业、农村金融环境进行调查分析的基础上，分析了农业发展状况比较好的发达国家和发展中国家的农村金融支持体系的结构和特点，以及中国农村金融支持体系的现状，基于中国农业多重弱质性和小农户特点，提出了创新和完善农村金融服务支持体系的目标和原则，并分别论述了如何构建农村金融服务支持体系的外部环境，以及如何从政策性金融、商业性金融、合作金融和民间金融四个层面，创新和完善农村金融服务支持体系的架构、思路和方法。

本书主要观点：

一、农村金融困境与农村金融道路反思

从宏观角度看：在中国农村金融市场上，正规金融机构单一化、垄断化的趋势比较明显，且提供的金融服务比较单一，覆盖面窄；农业投入资金短缺；农户和农村企业贷款难的问题仍较为突出。具体来说，主要体现在以下几方面：

1. 农村金融机构运行机制僵化，金融服务滞后于"三农"的实际金融需求。

2. 财政支农资金有效投入不足。政府财政支农资金支出总量不足；政府支农资金投入结构不合理；政府财政支农资金管理体制不完善，资金使用效果不理想；部分财政支农资金投入不到位或被挤占挪用；政府财政支农资金使用的引导、监督机制落后。

3. 农村资金外流严重。首先，由于农业的高风险与商业银行稳健经营要求相矛盾，原国有商业银行撤并了在农村的大量分支机构。其次，邮政储蓄只存不贷的特殊制度对于有限的农村金融资源有漏出效应。最后，农村信用社也在一定程度上分流农村资金。

4. 农村融资体系不健全。

5. 农村金融机构风险突出，金融监管存在不适应性。

从微观角度看：政策性银行存在内部治理结构、职能定位不清，民间金融需要加强监管，以弱化其负面效应，农业保险保障体系需要进一步完善。具体表现在：

1. 农业发展银行内部治理存在问题。首先，资金来源渠道单一，筹资成本过高；其次，由于农业发展银行主要提供公共产品，会产生一些弊端；最后，农发行政策性业务与商业性业务有待协调。

2. 农村信用社不能完全适应农村经济发展的需要。首先，农村信用社的产权模式容易导致"外部人控制"现象。其次，原有产权组织形式，甚至是改革过程中创新的三种产权组织形式极易产生内部人控制问题。再次，外部人控制和内部人控制的同时存在，加上社员入股的实际情况，使得现有的农村信用社很难真正贯彻合作制。最后，农村信用社的内部控制制度不健全。

3. 农业银行政策性职能和商业性职能难以协调。

4. 民间金融的负面效应比较大。

5. 农业保险状况亟待改善。

6. 小额信贷的作用还未能充分发挥。

二、农村金融服务支持体系的目标、原则与环境

创新和完善农村金融服务支持体系首要的和基础性的工作，是确立构建农村金融服务支持体系的目标和原则，以及如何营造良好的农村金融服务体系的外部环境，为此本文做了如下论述。

1. 农村金融服务体系的内涵。农村金融服务支持体系的内涵目前还没有统一的界定，笔者认为仿照金融体系的内涵，界定农村金融体系的内涵，尤其比照六要素论界定农村金融体系的内涵更具有合理性。为此把农村金融体系的内涵界定为：在一定制度背景下，农村金融交易主体、金融工具、金融市场和农村金融调控与监管多方面相互联系而形成的有机整体。这种关于农村金融体系内涵的界定包含五要素，分别为制度、金融交易主体、金融工具、金融市场、金融调控与监管。

2. 中国农村金融体系构建的目标。农村金融体系的目标，在本质上应该是实现农村金融结构的优化和金融深化，充分考虑中国"三农"对金融服务需求的特点，构建多层次、广覆盖、可持续的农村金融体系，包括构建农村金融组织体系、农村金融市场体系、农村金融产品体系和农村金融监管体系，增强农村金融为"三农"服务的功能，为建设社会主义新农村提供有力的金融支持。

3. 构建农村金融体系应遵循的基本原则。市场导向原则，竞争性原则，多层次、差异化原则，金融效率原则，全面协调、和谐发展原则。

4. 构建农村金融服务支持体系的外部环境的主要思路。

（1）营造良好的农村金融政策环境。具体做到财政支农政策通过金融手段实现，利用货币政策支持农村金融发展。

（2）提出了适合中国农村特点的信用担保模式为政府组建、市场化运行模式和互助合作型运作模式。

（3）加强农村信用环境建设。广泛开展农村信用记录制，树立良好的信用意识。培育信用中介组织，促进农村信用环境的改善。加大对失信行为的惩戒，提高失信者的违约成本。

（4）完善农村金融保障机制，构建适合我国特点的农业保险体系。

（5）完善农村金融法律体系和监管制度。

三、农村政策性金融服务支持体系的基本架构及重点关注的问题

1. 中国农村政策性金融体系构成应该包含四大块。其一是信贷体系。由专门的政策性金融机构组成，主要业务范围为农业、农村中长期固定资产贷款和基础设施贷款；政策性金融支持的合作金融，业务以农业为主的中短期生产、经营性贷款；承担部分政策性业务的商业金融，作为政策性金融的补充；小额信贷体系，主要负责小农户和贫困人口的生活、生产、经营性融资。其二是农业保险。建立以合作保险为基础、政策性保险为主体、商业性保险为补充的农业保险体系。其中政策性保险主要体现在提供再保险服务、保费补贴和政策性经营亏损补贴三个方面。其三是建立粮食储备、主要农产品价格风险补偿、信用担保和信贷保险，应由专门的政策性金融机构承担。其四是以财政支持为基础的农村社会保障体系，以财政出资为主承担社会保障、农业基础设施、环境保护等方面的资金支持。

2. 构建农村政策性金融体系应重点关注的问题。

首先，注意农业政策性和商业性金融业务的协调发展。其次，整合现有农村金融资源，培育发展新型农村金融组织，增加农村政策性金融供给。最后，优化农村金融生态环境，保障农村政策性金融更好地发挥作用。

四、农村合作金融支持体系的架构

主要提出了农村合作金融体系的发展路径：在经济欠发达的中部、西部地区，应该在稳定现有农村信用合作组织基本格局的前提下，充分发挥政策性金融的作用。在东部经济发达地区，应该规范现有农村信用合作社，提高农村信用合作社组织制度性绩效的同时，对一些经济发达地区的规模较大的农村信用合作社进行股份合作制改造，成立农村合作银行，以巩固和强化合作绩效。

五、农村商业性金融支持体系的基本架构

1. 提出现阶段农村商业性金融的发展模式：建立与农村金融发展相适应的商业性支持体系就是要对现有资源进行重新整合，建立使大型商业银行与村镇银行实现优势互补、分工明确的合作机制。

2. 完善农村商业性金融的保障机制，包括紧急救助机制、行业监管机制、信息披露机制。

六、农村民间金融支持体系的基本架构

1. 提出了农村民间金融的发展路径。应当改变传统的管理理念，赋予民间金融合法的经济地位，引导农村民间金融规范健康发展。同时强调，在民间金融的发展模式选择上要注意，一方面，使民间金融向正规金融转化，另一方面要保持民间金融的自发属性。

2. 提出农村民间金融的制度安排问题。总的原则在引导和规范农村民间金融支持体系的发展过程中，不仅要将民间金融纳入法制化的轨道上来，还需要建立和完善与之相配合的金融制度，为民间金融机构的平稳运行提供制度保障。具体考虑：

（1）产权制度。农村民间金融需要产权保护制度作为规范化发展的保障，要真正实现民间金融经营规范化、管理规范化，根本途径在于产权制度改革，建立健全合理的产权制度，使社会公众的财产权利得到有效保护。

（2）市场准入制度。主张建立符合实际情况的市场准入制度，从制度上降低农村金融市场的准入限制，引导民间金融机构走多元化发展的市场竞争之路，打破垄断和歧视，鼓励产品创新和经营创新，逐步改变原有的农村金融体系模式，逐步建立多元化高效竞争的农村金融体系。另外，降低市场准入限制还包括通过制度和政府的服务引导多样性的金融组织进入农村领域，并引导已有的农村民间金融机构走上法制化发展道路，引入新的管理模式和经营模式。

（3）市场退出制度。在农村多元化金融市场的建设进程当中，应当允许经营不力、问题严重的民间金融机构按照制度程序退出农村金融领域，完善相关的退出机制，并建立保护股东和储户的利益机制。

（4）外部监管制度。首先要完善农村民间金融监管立法。其次要对民间金融的监管实施分类监管政策。再次要完善农村民间金融信息监测制度。最后要成立民间金融的行业自律组织。

参 考 文 献

［1］舒尔茨：《制度与人的经济价值的不断提高》，载《财产权利与制度变迁——产权学派与新制度经济学译文集》，上海，上海三联书店，1994。

［2］国彦兵：《新制度经济学》，上海，立信会计出版社，2006。

［3］诺斯：《制度、制度变迁与经济依赖》，上海，上海三联书店，1994。

［4］菲吕博顿、配杰威齐：《产权与经济理论：近期文献的一个综述》，载《财产权利与制度变迁——产权学派与新制度经济学派译文集》，上海，上海三联书店，1994。

［5］沃克：《牛津法律大辞典》，北京，光明日报出版社，1988。

［6］德姆塞茨：《关于产权的理论》，载《财产权利与制度变迁——产权学派与新制度经济学派译文集》，上海，上海三联书店，1994。

［7］郭家万：《中国农村合作金融》，北京，中国金融出版社，2006。

［8］刘锡良等：《中国转型期农村金融体系研究》，北京，中国金融出版社，2006。

［9］白永秀：《我国落后地区农村合作金融组织模式的创新研究》，北京，经济科学出版社，2005。

［10］白钦先、曲昭光：《各国政策性金融机构比较》，北京，中国金融出版社，1993。

［11］瞿强：《经济发展中的金融政策》，北京，中国人民大学出版社，2000。

［12］平狄克、鲁宾费尔德：《微观经济学》（第四版），北京，中国人民大学出版社，2000。

［13］何广文等：《中国农村金融发展与制度变迁》，北京，中国财政经济出版社，2005。

［14］白钦先、刘刚：《再论中国农村金融体制改革的战略性重构》，2007年中国农村金融论坛。

［15］王振猛、郭俊荣、何宇：《现阶段我国财政支农资金存在的问题及对

策》，中国论文下载中心，2007。

[16] 彭俊：《农业投融资为何这么难》，载《人民日报》，2003 – 11 – 27。

[17] 张元红：《新一轮农村信用社改革及其对农村金融发展的影响——重庆案例调查报告》，载《中国农村观察》，2005（4）。

[18] 郝亚明、张荣乐：《中国农村金融改革：市场视角下的思考与选择》，载《管理现代化》，2005（3）。

[19] 苗燕：《中国农业发展银行改革路径明确　须强化支农》，载《上海证券报》，2006 – 07 – 31。

[20] 焦瑾璞、杨骏：《小额信贷和农村金融》，北京，中国金融出版社，2006。

[21] 弗雷德里克·S. 米什金：《货币金融学》（第六版），北京，中国人民大学出版社，2005。

[22] 张贵乐、于左：《合作金融论》，大连，东北财经大学出版社，2001。

[23] 刘加华：《中国农村合作金融改革与建设研究》，西南财经大学博士论文，2004。

[24] 王若宇：《发展中国农村信用社应遵循的原则》，载《时代金融》，2008（7）。

[25] 王梦遥：《当前农村金融现状分析与对策》，载《财会研究》，2008（24）。

[26] 陆磊：《农村金融的性质与商业性金融的职能》，载《农村金融研究》，2007（10）。

[27] 夏乐象、涂盈华：《加强农村金融体系建设，提高农村金融服务水平》，载《金融与经济》，2007（10）。

[28] 甘勇：《农村商业性金融与农村金融发展的实证》，载《求索》，2007（12）。

[29] 陈蓉：《论我国民间金融管制的重构》，西南政法大学博士论文，2008。

[30] 李东海：《我国民间金融发展中存在的问题及对策分析》，载《现代商业》，2009（3）。

[31] 焦瑾璞、阎伟、杨骏：《小额信贷及小额信贷组织选择》，载《金融时报》，2005 – 08 – 20。

[32] 费淑静：《我国农村民间金融的绩效与监管制度安排》，载《农村经济》，2008（5）。

［33］李建军、田光宁：《中国地下金融对宏观经济影响的指数设计与分析》，载《华北电力大学学报》（社会科学版），2004（4）。

［34］宋爱军：《甘肃民间金融的现状、问题及治理》，载《甘肃金融》，2008（8）。

［35］张爱群：《从金融中介的内生形成看我国农村民间金融》，载《乡镇经济》，2008（6）。

［36］曹玉玲、宦连英：《发展弱势金融　破解农村"金融贫血"——格莱珉银行给我们的启示》，载《农村金融》，2007（9）。

［37］江苏省淮安市农金学会课题组：《对组建农村商业银行几个问题的研究》，载《福建金融管理干部学院学报》，2001（3）。

［38］伍艳：《多维视角下农村金融服务体系的完善》，载《农村经济》，2008（3）。

［39］翟书斌：《论现阶段我国农村的金融抑制》，载《河南金融管理干部学院学报》，2004（2）。

［40］李爱喜：《农村金融生态建设：基于"三农"视角的分析》，载《河南金融管理干部学院学报》，2006（5）。

［41］廖正娟、张丹：《浅析我国农村金融服务体系》，载《安徽农业科学》，2007（7）。

［42］王大用：《通过改革加强农村金融服务》，载《经济日报》，2004 - 02 - 26。

［43］陈时兴：《完善农村金融服务体系的理论基础、国外经验及启示》，载《中共浙江省委党校学报》，2006（2）。

［44］刘峥：《我国农村正规金融机构改革探讨》，载《安徽农业科学》，2007（4）。

［45］晏岚：《我国农业政策性银行发展商业性金融问题研究》，载《消费导刊》，2007（10）。

［46］李变花：《析我国新农村建设中农村金融服务体系的完善》，载《山西高等学校社会科学学报》，2009（3）。

［47］秦菊香：《新农村建设中农村金融服务体系缺失与功能再造研究》，载《农村经济》，2007（7）。

［48］中国人民银行随州市中心支行课题组：《新形势下农村金融服务创新问题研究》，载《农村金融》，2008（5）。

［49］晏照华：《中国农村金融的现状、问题及出路》，载《云南财贸学院学

报》，2003（3）。

［50］王威：《中国农村金融服务体系协调发展研究》，东北林业大学博士论文，2007。

［51］李敦瑞、郝嘉妮、孔群喜：《中国农村金融供给抑制研究》，载《安徽商贸职业技术学院学报》，2008（2）。

［52］蔡玉胜：《中国农村金融体系三十年改革的经验总结与创新研究》，载《开发研究》，2008（6）。

［53］张志刚、吴治民：《村镇银行在农村金融生态的作用研究》，载《农村金融》，2007（10）。

［54］庞如超：《大型商业银行增加农村金融供给的途径探讨》，载《黑龙江金融》，2008 特刊。

［55］梁彦君、辛立秋：《黑龙江省发展外向型农业的商业性金融支持研究》，载《商业经济》，2008（7）。

［56］杨菁：《利率市场化对农村信贷市场供求主体的影响》，中国农业大学博士论文，2005。

［57］农行党校 2007 春季班第六课题组：《农村金融需求与大型商业银行产品供给》，2007－09。

［58］唐晓旺：《农业银行的准确定位与路径选择》，载《中州学刊》，2008（4）。

［59］王建军：《我国宏观经济政策如何引导商业性金融投入新农村建设》，载《金融管理》，2006（12）。

［60］陈建国、余章炎：《大型商业银行的支农定位》，载《农村金融研究》，2006（8）。

［61］杨建光：《村镇银行：定位控险稳步发展》，载《农村经济》，2008（11）。

［62］陈锐：《村镇银行——金融支农的新生力量》，载《农村金融》，2008（12）。

［63］秦汉峰：《村镇银行的制度安排及其演进》，载《今日财富》，2008（3）。

［64］王亮、雷立钧：《村镇银行建立对我国农村金融影响分析》，载《内蒙古金融研究》，2008（7）。

［65］丁忠民：《农村金融市场成长机制与模式研究》，北京，农业出版社，2009。

［66］高晓燕：《基于供给视角的农村金融改革研究》，载《财经问题研究》，2007（11）。

［67］类淑志：《中国农村金融体系的变迁与重构》，复旦大学博士论文，2004。

［68］王若宇：《发展中国农村信用社应遵循的原则》，载《时代金融》，2008（7）。

［69］陈小玲：《农村合作金融风险防化问题探讨》，载《现代经济探讨》，2000（2）。

［70］谷慎：《农村信用社的企业制度选择：一个系统论的分析视角》，载《农业经济》，2006（1）。

［71］杨桂兰：《农村信用社改革与发展问题研究》，载《首都经济贸易大学学报》，2003（5）。

［72］白冰：《农村信用社改革中的问题及其对策》，载《农村经济》，2007（12）。

［73］陈清：《新时期中国农村合作金融转型与创新研究》，福建师范大学博士论文，2008。

［74］胥德勋：《中国农村信用合作社体制研究》，西南财经大学博士论文，2006。

［75］安春梅：《发展农村民间金融的优势与制度安排》，载《管理观察》，2009（3）。

［76］邹新阳、王贵彬：《规范农村民间资金价格的制度供给研究》，载《价格月刊》，2009（1）。

［77］张燕、吴正刚、杜国宏：《金融垄断格局下的农村民间金融发展路径分析》，载《东南学术》，2008（5）。

［78］邹新阳、王贵彬：《论农村民间金融发展不规范的现实表现》，载《中共南京市委党校南京市行政学院学报》，2007（4）。

［79］文晖：《民间金融对农村消费的效用探讨》，载《消费经济》，2008（6）。

［80］王曙光、邓一婷：《民间金融内生成长机制与政府规制研究》，载《农业经济问题》，2009（3）。

［81］孙阳：《民间金融微观基础的经济学分析——基于转轮基金的文献综述》，载《经济评论》，2009（2）。

［82］王清星：《民间金融与农村减贫》，载《商业研究》，2008（9）。

［83］陈时兴、蔡祖森：《农村民间金融的双重效应与发展对策》，载《中共浙江省委党校学报》，2007（4）。

［84］张燕、邹维：《农村民间金融监管的国际比较》，载《南方金融》，2009（1）。

［85］邹新阳、王贵彬：《农村民间金融面临的风险及防范策略研究》，载《当代经济管理》，2008（2）。

［86］王双进：《农村民间金融问题研讨述评》，载《经济研究导刊》，2009（9）。

［87］杨兆廷、金磊、冯景蕊：《通过委托代理实现正规金融与民间金融的结合》，载《商场现代化》，2009（4）。

［88］张希慧：《我国民间金融发展规范边界研究》，载《财经理论与实践》，2009（1）。

［89］宋波：《我国民间金融制度透析与构建设想》，载《学术论丛》，2009（1）。

［90］王相敏、郝海燕：《我国农村民间金融存在的问题及对策》，载《宏观经济研究》，2008（10）。

［91］张燕、潘虹、黄岳文：《我国农村民间金融发展的困境分析与立法完善——基于以金融利益为中心的经济法分析视角》，载《农村金融》，2008（10）。

［92］张燕、冯营丽、吴正刚：《我国农村民间金融风险防范问题的分析——以法经济学为视角》，载《广西政法管理干部学院学报》，2009（1）。

［93］赵永亮、张记伟：《信息优势和关系契约优势是农村民间金融发展的内在动力》，载《海南金融》，2009（4）。

［94］高原：《浙江温州民间金融运作模式调查与分析》，载《浙江树人大学学报》，2008（5）。

［95］杜伟：《中国农村民间金融发展研究》，载《西北农林科技大学》，2008（3）。

［96］崔慧霞：《中国农村民间金融效率分析》，载《经济与管理》，2006（10）。

［97］R. Coase：The Institutional of Production，American Economic Review，1992（9）.

［98］M. Jenson and W. H. Mecking：Theory of the Firm：Managerial Behavior，Agency Costs and Management Ownership Structure，Journal of Economic History，

1976（1）．

[99] Petersen, M. & Raghuram, R. : The Benefits of Lending Relationships: Evidengce form Small Business Data, Journal of Finance, 1994.

[100] Berger, A. & Gregory, U. : Relationship Lending and Lines of Credit in Small Firm Finance, Journal of Business, 1995.

[101] Cole, R. : The Importance of Relationships to the Availability of Credit, Journal of Banking and Finance, 1998.

[102] Aschhoff, Henningsen: Das deutsche Genossenschaftswesen, Fritz Knapp Verlag, Frankfurt/M, 1985.

[103] Levine, Ross: Financial Development and Economic Growth: Views and Agenda, IMF Working Paper, 1996.

[104] Arestis, P. & Demetriades, P. & Luintel, B. : Financial Development and Economic Growth, The Role of Stock Markets, Journal of Money, Credit and Banking, 2001.

[105] Adams, Dale, W. & Fitchett, Delbert A. : Informal Finance in Low - Income Countries. Boulder, San Francisco and Oxford: Westview Press, 1992.

[106] Adams, Dale, W. : Filling the Deposit Gap in Microfinance. Paper for the Best Practice in Saving Mobilization Conference, Washington, D. C. , 5 - 6 November, 2002.

[107] Aleem: Imperfect Information, Screening, and the Costs of Informal Lending: A Study of a Rural Credit Market in Pakistan, The World Bank Economic Review, 1990.

[108] Patrick, Hugh T. : Financial Development and Economic Growth in Underdeveloped Countries, Economic Development and Cultural Change, 2 January, 1996.

[109] Stiglitz, J. &A. Veiss. : Credit Rationing in Market with Imperfect Information, American Economic Review, 1981.

[110] Stiglitz, J. : Market, Market Failure, and Development, American Economic Review, 1989.

[111] Morduch, Jonathan: The Microfinance Promise, Journal of Economic Literature, December 1999.

[112] Holt, Karla, Joseph E. Stiglitz: Imperfect Information and Rural Credit Market, The World Bank Economic Review, 1990.

［113］ Ardener, S.： The Comparative Study of Rotating Credit Association, Journal of the Royal Anthropological Institute of Great Britain and Ireland, 1964.

［114］ Albert Parka & Loren Brandtb & John Giles： Competition under Credit Rationing： Theory and Evidence from Rural China, 2002.

［115］ Timothy Besley & Stephen Coate & Glenn Loury： The Economics of Rotation Saving and Credit Associations, 1993.

［116］ Levine, Ross： More on Finance and Growth： More Finance, More Growth, Federal Reserve Bank of ST, Louis Review, 2003.

［117］ Azuma, Yoshiaki and Herschel I. Grossman： A Theory of the Informal Sector, Working Paper 8823, National Bureau of Economic Research, 2002.

［118］ Jennifer Isern： Commercial Banks and Microfinance： Evolving Models of Success. Focus Note No. 28 of CGAP, 2005.

［119］ Beatriz Armendariz de Aghion： Development Banking, Journal of Development Economics, Vol. 58, 1999.

［120］ Batra G. S. and Dangwal R. C. ： Banking and Development Finance： New Vistas, Deep & Deep Publications, 1999.

［121］ Tufano, P. ： Times Mirror Company PEPs Proposal Review, Harvard Business School case 296 – 089, 1996.

［122］ Van Horne, J. C. ： Of Financial Innovations and Excesses, Journal of Finance 15, 1985.

［123］ Chandavarkar, Anand： Of Finance and Development： Neglected and Unsettled Questions, in World Devel. , 1992.

［124］ Goldsmith, Raymond W. ： Financial Structure and Development, New Haven, CT： Yale University Press, 1969.

［125］ Simon, Johnson, Boone, Peter, Breach, Alasdair & Friedman, Eric： Corporate Governance in the Asian Financial Crisis, 1997 – 1998, Cambridge, Mass： MIT. Manuscript, 1999.

［126］ Stulz, Renee & Williamson, Rohan： Culture, Openness and Finance, NBER Working Paper 8222, 2001.

［127］ Reinganum, J. ： The Timing of Innovation： Research, Development and Diffusion in R. Willig and R. Schmalensee, eds. , The Handbook of Industrial Organization (North Holland), 1989.

［128］ Rogers, E. M. ： The Diffusion of Innovations, Free Press, New York,

1983.

[129] Saloner, G. and A. Shepard: Adoption of Technologies with Network Effects: An Empirical Examination of the Adoption of Automated Teller Machines, Rand Journal of Economics, 1995.

[130] Scherer, F. M. and D. Ross: Industrial Market Structure and Economic Performance, Houghton – Mifflin, 1990.

[131] Schmookler, J.: Invention and Economic Growth, Harvard University Press, Cambridge, MA, 1967.

[132] Silber, W.: The Process of Financial Innovation, American Economic Review, 1983.